新中国経済秩序個性論

―「生意人」が形づくる経済秩序―

原田忠直
Harata Tadanao

あるむ

新中国経済秩序個性論＝目次

はじめに

中国研究を始めてからすでに三十年という歳月が流れた。三十年も中国に携わっていれば、「中国通ですね」といわれることがある。しかし、このような言葉をかけられてもそれほど嬉しくはない。中国について知っていることはたかが知れているし、中国を理解するには三十年という時間はあまりにも短すぎる。それでも、宴席で〝酒風好〟といわれると、ついつい嬉しくなって杯を重ねてしまう。この三十年間、随分と白酒を酌み交わした。その量を測ることができるとすれば、気が遠くなるほどの分量が体内で消化されたことであろう。卓を囲んだ人びとの顔を思い起こせば、白酒とともに歩んだ月日を長くも感じる。

そもそも三十年前、筆者は限りなく下戸に近かった。ところが、江西省広豊県の汪国兎という名の農民に、朝、昼、夜と自家製の白酒を一週間飲まされ続けた。目を開けることが苦痛に感じられるほど酔い、井戸水を幾度もかぶり、満天の星々が勝手に動き出す幻覚に襲われながら、鍛え上げられた。それ以来、調査の合間に宴席に参加しているのか、宴席の合間に調査をしているのかよく分からないし、今さらその境を明確に区切ることは野暮なことであるとすら感じている。その上、筆者にとっての中国研究の目的とは、天地がひっくり返るような事実を明らかにすることではなく、「中国人が行っていること」を明らかにするだけの実に単純なものである。この驚くほどシンプルな目的を達成するためには、とりわけ堅苦しい調査を繰り返し、さらに高度な数式やモデル化された理論などは必要ない。ゆく先々で杯を重ね、少しばかり話を聞き、あとは自宅で書籍や資料の海に溺れぬように注意しながら、思考するだけで十分である。もっとも、このような調査・研究方法を正当化する根拠はないが、ハイエクの次のような言葉には勇気づけられることもある。すなわち、「社会現象の研究者たる者は、ある特定の仕方で活動したり動いたりしている「社会」とか「国」について、けっして云々してはならず、常に、かつひたすら、行為するものとしての個人について考えることを学ぶ（または学ぶべきである）ということである」（ハイエク2004: 83）。この指摘に従うならば、「中国人が行っていること」の解明を目的に据えることは、まんざら間違いではなさそうでもある。しかし、杯を重ねるだけで、学ぶことができるのかという非難は少なくないだろうが、気にしていたら切りがない。ただし、外国人が、現地調査を繰り返し、中国人との交流を重ね関係を深めても、所詮、「中国人が行っていること」を理解することは無理であると、その出自としての限界性を指摘されると反論したくなる。(1)

かつて広東省河源市の出身者から、遠い昔、河源市のある村で暮らしていた劉姓の一族が、日本に渡り原田姓を名乗ったという伝承を教えられたことがある。(2)この話を信じるならば中国人の血が流れている可能性もあるのだが、自らを中国人であると自覚したことはない。実際、中国社会のなかで、得体の知れない秩序・風習、明らかに価値観の異なる人間に遭遇しても、この血が共鳴することはなく、どこまでも違和感を抱くだけである。いうまでもなく、その源泉は近代化された社会で生きてきたことに由来する。日本社会のなかで教育を受ければ、その思考・行動は近代化の影響を強く受けていることを否定することはできない。しかし、違和感と近代化された社会の優位性とを結びつけるような思考回路は持ち合わせていない。ましてや優位性の視点から中国社会の問題点をあげつらうことに意義を見出すことはできない。ただ、違和感を抱かせる「中国人が行っていること」に遭遇し、なぜ、違和感を抱くのか、と自問を繰り返すだけである。(3) もちろん、違和感を抱くことは、外国人の専売特許ではない。中国人が中国人として存在しうるシンプルな問題を考察する場合、生まれ育った環境は関係ない。そもそも違和感を抱くことは始まりに過ぎない。それ以上に重要なことは、その背後を知ることである。そのためには、これまで人類が蓄積してきた全方位的な学問領域を学ぶことが不可欠であろう。もちろん、その作業は、とても困難であり、いくら時間があっても足りない。その上、一人で負うにはあまりにも重すぎる。それゆえ、経済という領域に限定して論を進める。すなわち、本書の目的は、経済、あるいは市場という舞台で「中国人が行っていること」を明らかにすることである。

もっとも、本書における考察は、どこまでも抽象的である。その上、満天の星空にこれまで肉眼ではなかなか捉えることができなかった幾つかの星を加え、とりわけ酒の力を借りずに新たな星座を描くことが目的である。ただし、予め断りを入れておくならば、この新たな星座とは、頭のなかで作り上げた一つのイリュージョンにほかならない。個別な実証研究、そのエビデンスを揃えるための統計的なアプローチに依拠する研究者たちからみれば、イリュージョンと聞いただけで強い拒否反応が示されることになるであろう。無論、研究者の端くれである以上、イリュージョンという言葉を口に出すことに迷いがないわけではない。ところが、歴史学者である岸本美緒の次のような指摘は、ハイエクと同様に、勇気を与え、中国研究における本書の位置づけを明確にする。

岸本は、福武直の『中国農村社会の構造』に対する戒能通孝の書評に記された「著者には独特のイリュージョンが欠けている」(4) という一文から、戦前・戦中の日本の中国研究において、「実証を自己の任務とする人々」と「それを超えて文明論的議論をしようとする人々」の二つの大きな流れがあったとする。そして、「「イリュージョン」の欠如を果たして欠点と見なし得るかどうかはさておき、個別実証を超えて「中国的なるもの」を構想することを「イリュージョン」と呼ぶなら」、そうした試みは、戒能通孝と平野義太郎を中心として展開した「共同体論争」に限らず、同時期、別の流れにおいても活発に行われていたとする。その時期とは、日本の敗戦から中華人民共和国の成立までの数年間、「中国の社会秩序に関する斬新な問題提起がなされた特色ある時期」（岸本編 2006: 281）を指す。いうまでもなく、「共同体論争」とは異なるイリュージョンの流れのなかで斬新な問題を提起した研究者とは、本書でも取り上げる柏祐賢、村松祐次、費孝通にほかならない。そして本書は、彼らによって育まれたイリュージョンの系譜に連なるものである。

このように本書は、その内容はともかく、岸本によって居場所を与えられているといっても過言ではない。それゆえ、この稀代の歴史家ともいえる岸本美緒に対して、畏敬の念を抱くのだが、心のどこかで一体何者だろうかと不思議に思い続けてもいる。

岸本は、歴史学者としての特質なのかどうか定かではないが、「「イリュージョン」の欠如を果たして欠点と見なし得るかどうかはさておき」と含みを持たせながら、慎重に論を展開する。しかし、その含みを外すと、その内容は、実に挑発的なものである。実際、岸本は、これまで幾度も分野を問わず中国研究者に対して挑発を繰り返してきている。たとえば、経済学者に対しては次のように問いかける。「中国史における「発展」のシェーマが自明のものではなくなった今日、柏や村松の論じた「中国的なるもの」のモデルをどのように受け止めるかは、そこにおける強烈な文化本質主義的傾向をどのように評価するかということも含めて、我々にとって新たな、かつ興味ある課題である」（岸本編 2006: 284）。ここで岸本が名を挙げる柏祐賢と村松祐次とは、革命以前に斬新な問題を提起した研究者たちであるが、両名は「第一に実証的分析を超えて社会のあり方をトータルに概念化しようとする強い志向、第二に西洋的な発展段階論や共同体論などのモデルでは捉えられない中国社会の「個性」を考察しようとする関心」（岸本編2006: 283）をともに携えていた研究者であったと位置づける。つまり、岸本の挑発とは、改革開放以降の中国経済を対象とする研究者に対して、中国経済のシェーマを自明なものにするには至らず、その上、その糸口すら見出せていないという批判である。より簡潔にいえば、柏や村松のように歴史に残るほどの研究には未だ出会えていないということであろう。[5] ただし、このような挑発あるいは批判に触れるたびに、イリュージョンを「作り上げてみなさい」と聞こえてならない。もっとも、歴史を知り尽くした者だけが、現代を、さらに未来を描くことができると痛感している。さらにいえば、岸本の頭のなかにはすでに見事なまでのイリュージョンが作り上げられているのではないかと密かに疑ってもいる。しかし、その右手には数多のイリュージョンが隠されているとしても、その手に跪くわけにはいかない。ただ、左手に跪き[6]「万難を排してチャレンジします」と宣言するしかあるまい。

チャレンジとは、岸本の挑発に応えることであるが、その真意を人文科学と社会科学の垣根を超えること、あるいはこの二つの学問領域の融合であると理解している。少なくとも岸本が柏や村松の研究を高く評価する理由とは、両名の研究が、社会科学的アプローチである実証的分析を超えていた点、すなわち、研究対象である中国経済を統計や調査結果だけを用いて分析するのではなく、「中国人が行っていること」の解釈または意味づけを重視していた点に求めることができる。[7] 簡潔にいえば、研究対象の解釈なきところに分析は意味を持ち得ないということであり、中国経済の研究者に対する批判とは、社会科学的分析だけに偏った研究方法そのものに向けられているといえよう。つまり、岸本の挑発を打破するためには、人文科学的アプローチに依拠しながら、既存の概念や定義に囚われることなく、「中国人が行っていること」に新たな解釈を加え、それを一つの立脚点として、中国の経済秩序を明らかにするためにチャレンジを行うということである。そして、このようなチャレンジを通して初めて、少々語彙矛盾ではあるが「実体を内包したイリュージョン」を描くことができるのだろう。

序章　本書の課題と個人的な動機

1　本書の課題と意義

「生意人《せいいじん》」「包」「擬態」という用語によって、筆者は、新しい中国経済秩序個性論を世に問う。表題に記した「新」という形容は、柏祐賢[1]が一九四八年に発表した『中国経済秩序個性論』[2]を「旧」と位置づけることによって生まれたものである。柏はそのなかで「包的倫理的規律」(以下、「包の倫理的規律」とする)の分析を通して中国経済秩序の個性、すなわち「中国的なるもの」へと繋がる一つの扉を開けた。さらに、加藤弘之[3]は柏の「包の倫理的規律」論を継承し「曖昧な制度」論を展開し個性についての考察を前進させた[4]。しかし、両名の探究によって個性のすべてが浮かび上がったわけではない。それゆえ、「生意人」と「擬態」という新たな二つの概念を加えることによって、柏と加藤を乗り越え、中国経済秩序の個性の核心へ迫る。

「生意人」という用語は中国語がもとになっている。〝生意〟とは日本語に訳せば「商売」の意味であり[5]、「人」を付ければ「商売人」となる。しかし、本書において「生意人」を「商売人」という意味では用いない。もっとも、〝生意〟とは、「生き生きとした雰囲気」とも訳され、「生意人」を「生き生きとした商売人」あるいは「活力に満ち溢れた商売人」と意訳することもできる。中国を歩き回り、市井の人びとの生活に触れたことがあれば、商売人の漲る活力に圧倒され、そこに中国経済成長の源泉を見出そうとした者は少なくないであろう。それゆえ「生意人」を「生き生きした、活力ある商売人」とイメージすることはまんざら間違いではない。(6)しかし、「生意人」を次のように定義する。すなわち、「生意人」とは、「包の倫理的規律」と「擬態」の概念を習性化した人間である。もちろん、中国人の誰もが、それらを習性化しているわけではない。つまり、「生意人」とは、中国社会で生きるすべての人間の特徴を包括するものではなく、中国人の一部を構成する一群である。しかし、彼らの存在を抜きにして中国経済秩序の個性を語ることは不可能である。なぜならば、「生意人」こそが中国の経済秩序に形を与え、個性を自明のものとしているからである。

「包」とは、(7)経済活動を行う上での労働倫理観であるとともに、この倫理観を習性化した「生意人」によって形成される一つの経済組織の意味を持つ。ところが、柏は、この二つの意味を明確に分離することはなく、それが原因で経済秩序の個性の描写に曖昧さを残す結果となった。そのため、「生意人」が習性化する労働倫理観を「包の倫理的規律」、「生意人」によって形成される経済組織を「包の経済組織」とする。ただし、「包の倫理的規律」と「包の経済組織」とは表裏をなすものであり、この二つが重ね合わさるところに「中国的なるもの」を読み解くヒントは隠されている。すなわち、「生意人」が、「包の経済組織」を構築することによって、具体的にいえば、「生意人」と「生意人」とが数珠のように繋がりながら、仕事(業務)を他者から他者へと渡していく、いわゆる一つの経済組織を生み出すことによって「包の倫理的規律」は初めて可視化されることになる。もちろん、このような経済組織は中国に限らず世界のどこにでも散見できるものである。しかし、「包の倫理的規律」と「擬態」の概念を習性化した「生意人」が生み出す「包の経済組織」は、他国に類をみない「利潤の社会化」

と「水平的な人間関係の形成」という中国経済秩序の個性を浮かび上がらせることになる。

「擬態」とは、一般的にいえば、「他のものの様子に似せること、または、動物が、体の形・色などを周囲に併せる」ことであり、擬態動物が外敵から身を守るため、餌を得るためにその身体を周辺の植物などに似せる姿を想起することが多い。いうまでもなく、この説明に従えば、人間を擬態動物の仲間に入れることはできない。しかし、解釈を広げ、人間およびその関係性、経済組織を対象とする。もちろん、人間が経済活動を行う上で、誰もが労働者、従業員、資本家、経営者などへ、また、人間の関係性が経済組織へと変化することは、一つの擬態化にほかならない。ただし、「擬態」という用語を使用する理由は、この用語の背後に循環性を読み取ることができるからである。昆虫たちが茎や葉にいつまでも擬態化しているわけではないように、人間から労働者へ、労働者から「生意人」へ、さらに「生意人」から元の人間や別の何者かへと変化を繰り返すという循環性が隠されているからである。あるいは、少々角度を変えてみれば、「擬態」の概念には、予め時限的な性質、いわゆる同じ状態を維持できないという特徴が付与されていると理解することができる。つまり、「擬態」の概念を習性化した「生意人」とは、「生意人」自身も含め、「生意人」と「生意人」によって形成される「包の経済組織」などの諸要素は、時限的な性質を帯び、循環的な「擬態」が繰り返されることになる。そして、この循環性によって、中国経済秩序の個性である「利潤の社会化」と「水平的な人間関係の形成」が生み出される。逆に、循環性を考慮せず、労働者でもないのに労働者として、企業でもないのに企業として、集団所有でもないのに集団所有として捉え続けている限り、すなわち、「生意人」が習性化する「擬態」の概念の特質を無視して中国研究を進めてもその個性に辿り着くことはできない。

以上、「生意人」「包」「擬態」という三つの用語について、基本的な説明を行ったが、その具体的な考察は、第一章以降で展開するとし、ここでは、予め「生意人」「包」「擬態」という用語で中国経済を語る意義について述べておきたい。

第一に、「包の倫理的規律」を習性化した「生意人」によって生み出される経済秩序とは、ハイエクのいう「自生的秩序」[8]の概念に限りなく近い。「自生的秩序」とは、周知のように国家や政府によって作り出された制度とは異なり、長い歴史のなかで人間が選択した結果として形づくられるものである。もっとも、人間はこの秩序を意識的に選択することはできない。なぜならば、それを伝える手引書のようなものは存在していないし、ましてや学校教育で教えられることもない。つまり、無意識のうちに、経済活動を営むなかで知らず知らずのうちに形成された秩序といえる。実際、「生意人」に対して「包」と「擬態」についての説明を求めても明瞭な回答を得ることは難しいだろう。同様に、これらの秩序を数値化し把握することは不可能である。したがって、「包」と「擬態」について考察することは雲を掴むような作業でもある。しかし、中国経済を語る上で、「生意人」という一群を中心に据えなければその実態に迫ることはできないと確信している。[9] その根拠の一つは、三十年以上中国研究に携わるなかで、市井の人間から感じた強烈な活力が大きく影響している。そして、この活力の源泉を求めれば、共産党の指導であるとか、イデオロギーとはまったく無関係な「生意人」の存在に辿り着く。つまり、「生意人」をどこまでも主人公として、中国経済論を語ることは本書の一つの特徴である。

第二に、外国人による中国経済研究とは、アメリカ経済、ＥＵ経済研究などと同じく地域研究の一つである。もちろん、地域研究の目的とは、対象地域の特徴を明確にすることにほかならないが、その過程において自国との比較を通して、すなわち、違いを通して対象地域の特徴を浮かび上がらせる点にある。もっとも、このような比較に基づく分析方法は王道であることに違いはないが、いくつかの落とし穴が隠されてもいる。「生意人」について引き寄せていえば、経済学に登場する人間の別称である資本家、投資家、経営者、労働者、従業員、農民などの用語に対して、何一つ疑いを持たずに使用することがある。すなわち中国において経済活動を営む人間を既存の用語で捉え続け、それを前提とし経済に関する数値の相違点だけから、「本当にその国のことが理解できるのか」[10]という疑問でもある。「生意人」とは、すべての中国人の特徴を包括するものではない。しかし、資本家、投資家、経営者、労働者、従業員、農民のなかに、さらに官僚、共産党員のなかにも「生意人」は含まれる。つまり、疑いを抱かずに使用し続けられている、人間に関する用語に縛られることなく、中国において経済活動を営む人間のなかから「生意人」を抽出し、新たな解釈を加えた上で分析する点に、これまでの中国経済研究とは異なる視座を有している。

第三に、「生意人」を既存の用語で捉えることができない理由は、「生意人」は、私たちの知らない未知なる文明を備えた人間だからである。このような差異に着眼したのは、筆者が初めてではない。柏も加藤も、「包」の研究を進めるなかでその差異を発見し、未知なる人間の存在を起点としてそれぞれの中国経済論を形づくっている。柏は、「利潤の社会化」、加藤は人間関係の「水平性」という特筆すべき点を発見している。そして、「利潤の社会化」は「経済格差の緩和」、「水平性」は経済活動における「自由の実現」へと直結する。ただし、経済学において、このような差異は必ずしも重視されることはない。その理由はさまざまであろうが、経済活動を営む人間は、いずれも「生きるための糧を得る」という目的、それを最大にしたいという欲望を共有し、その目的と欲望を前にすれば、差異は取るに足らないものであり、経済分析を行うなかで切り捨てられても大局に影響を与えることはないと考えられているからである。しかし、「生意人」が「包の倫理的規律」と「擬態」の概念を習性化することによって、「経済格差の緩和」と「自由の実現」を導くための手段を手にすることができるとするならば、地域研究の枠を超え、人間にとっての重要な普遍性を導くための一筋の道が浮かび上がってくる。つまり、本書の視点は、一方では、中国経済秩序の個性を把握するためにどこまでも中国社会の深淵に注がれながらも、他方では、「経済格差の緩和」と「自由の実現」のための道筋をこの手に収め、中国から世界へと向けられることとなる。

第四に、市場とは、富める者はどこまでも富み、貧しい者はどこまでも貧しいという貧富の格差を生み出す源泉である。そして、市場そのものは、富の偏りを自己調整する機能を持たず、富を再分配させる役目は国家に大きく依存することになる。しかし、国家による市場への介入、または、富裕層への高額な課税などは市場の活力を弱めかねない。すなわち、自由な市場か「国家」によるコントロールか、いずれが人間の生活を豊かに導くのかという論点は経済学の大きなテーマであり続けている。無論、この論点は二者択一を迫るものではなく、自由かコントロールかの間で、時代の状況に対応しながら揺れ続けているのがその実際に近い。そして、将来、この揺れに対して、明確な回答を用意することは難しそうであるとともに、あたかも経済学の一つの存在価値を担保し続けているようにも映る。しかし、「生意人」の存在は、この揺れに一石を投じることになるであろう。なぜならば、「生意人」と「生意人」が数珠のように結びつく「包の経済組織」の構造の下では「利潤の社会化」、すなわち「資本独占」が忌避される結果を生み続けるからである。もっとも、「生意人」が、慈愛の精神、またはボランティア精神に満ち溢れ、他者の懐を配慮して自らの取り分を少なくしているわけではない。「包の倫理的規律」のなかにそのような考え方は一切含まれていない。むしろ中国には生きるための糧を得るという目的、それを最大にしたいという欲望に満ちた人間が多くを占めている。つまり、欲望の塊のような人間であるにもかかわらず、「生意人」として数珠のように結びつくことによって、経済格差問題を緩和するような結果が生まれているのだ。富の偏りを「生意人」たちが修正していることは、本書の中核の一つである。

第五に、ハイエクの「自生的秩序」を引用している点からも明らかなように、筆者は自由主義者である。ハイエクの指摘通り社会主義・全体主義批判に強く同意し、市場は自由であること、それを実現するためには「自生的秩序」を重視することが何よりも大切であるという立場に立つ。逆に、市場を排除した計画経済システムはいうに及ばず、国家が市場を設計・管理すること、人間の理性に基づきそれらが可能であるとすることは、致命的な思いあがりそのものであると考えている。市場は自由であればあるに越したことはない。しかし、資本主義社会の現実を顧みれば、人間が経済活動を営むなかで、いわゆる資本家、投資家、経営者、労働者、従業員、農民などが、その経済的身分に関係なく等しく自由を享受しているとはいい難い。なかでも人間の大半を占める労働者・従業員は所属する組織のなかで隷属的な状態に置かれ、「人間らしい生活」[11]を手に入れるための代償として、あるいは資本家や投資家からみれば雀の涙程度の消費の自由にごまかされながら、経済活動における自由は奪われ続けている。無論、このような結果は、ハイエクが望んだかどうかは別としても、一部の人間あるいは組織または企業が、自由に振る舞うことで、一部の人間にとって都合の良い状態が形成されていることにほかならない。そして、その背後で組織に隷属せざるを得ない人間の自由の問題は置き去りにされている。すなわち、ハイエクが唱える自由とは、資本と権力を有する一部の人間によって都合よく設計されてしまう危険を内在するものである。しかし、「生意人」は、ハイエクも知ることがなかった経済活動における自由を作り出している。つまり、本書の意義の一つとして、ハイエクの先を描くための序説と位置づけることができるであろう。

第六に、中国は社会主義国家である。市場は導入されているが、農地は集団所有、それ以外の土地は国有である。この点からみても資本主義ではない。さらに、その道のりがどの程度のものであるかは明確に示されていないが、社会主義国家建設の途上にある。そして、その建設を推し進めているのは中国共産党であり、この強力な共産党の指導の下で、中国は形づくられている。これは揺るぎない事実である。それゆえ、ハイエクが想定する「自生的秩序」が成立できる空間は、どこに存在しているのか、あるいは共産党政権の下で、そもそも存在することができるのかという批判は、ある意味妥当である。ところが、冷静に歴史を振り返るならば、「自生的秩序」を容易に発見することができる。[12] たとえば、一九七〇年代後半、農民たちが人民公社を勝手に解体した事実は、典型的な事例の一つである。このような事例をあげれば枚挙にいとまはないが、おおよそ「上に政策あれば、下に対策あり」という言葉のなかに、「自生的秩序」の存在可能な空間を掴み取ることができる。「上に政策あれば」とは、共産党政権による国家建設と捉えることができる。そして、「下に対策あり」とは、一見すれば「下」がどこを指し、「対策」とは何を指しているのか分かりにくい。しかし、「下」を「生意人」が躍動する空間、「対策」を「生意人」たちが形づくる「自生的秩序」とみれば、「自生的秩序」が存在する空間、さらに、中国社会を構造的に把握することができるであろう。本書では、このような社会構造の枠組みのなかで、「生意人」および「自生的秩序」を捉え、論を展開する。

第七に、「上に政策あれば、下に対策あり」という言葉に含まれる「上下」という概念に基づけば、共産党政権と市井の人びと、社会主義的イデオロギーと伝統的価値観などの対立構造を想起することは容易である。無論、共産党政権を悪玉として非難することだけを目的とする研究ならば、この対立構造の視点は不可欠であろう。しかし、本書は、そのような単純なスタンスは採用していない。なぜならば、「生意人」とは、市井の人びとだけによって構成されているわけではなく、官僚、共産党員も含まれているからである。一見すればあたかも対立しているように映る官僚や共産党員と市井の人びとは、その背後で、「包の倫理的規律」と「擬態」の概念を習性化した「生意人」としてともに経済秩序を形づくっている。あるいは、「生意人」が形を与える中国の経済秩序とは、単に伝統的価値観だけを対象として、その個性を明らかにするのではなく、社会主義という概念も射程に入れなければ、その実態を把握することはできないといえよう。つまり、本書では、「上」と「下」が複雑に交じり合いながら、その過程でいかなる経済秩序の個性が形成されているかを明らかにする。無論、「生意人」に社会主義的イデオロギーが習性化されているとは考えていない。しかし、「生意人」がその存在を知らないわけではないし、無視しているわけではない。むしろ彼らは、社会主義的イデオロギーに抵触せずに、あるいは共産党の権力を利用しながら、政治的な立ち回りを習得しながら経済秩序を形づくっている。このような状況を俯瞰してみれば、それは社会主義的イデオロギーと伝統的価値観との調和のとれた一つの経済秩序が生み出されているともいえよう。もちろん、この調和を中国共産党が望むものであるかどうかはさておき、どこまでも現実の実態に即しながら、現時点における中国の社会主義建設の到達点を明らかにすることも一つの課題である。

以上七点は、本書の目的であり、意義である。このうちもっとも突き動かされているエネルギーの源泉は、経済活動における自由の問題である。以下にその個人的な動機を示しておきたい。

2　個人的な動機

本書の動機は、中国で抱いた「違和感」を解明することであるが、その過程で、あるいは長く中国社会に関わるなかで、中国に対する「違和感」が反転して、日本社会に向けられるようになっている。なかでも中国での経済活動における自由を知れば知るほどに、日本で働く人びとに対して「違和感」、さらにいえば「嫌悪感」すら芽生え始めている。

たとえば、日本の大学の食堂でトレイを持ちながら並んでいると、厨房で働く女性たちの手料理を食べてみたいものだという願望が自然と湧き上がってくる。セントラルキッチンから運び込まれ、冷蔵庫や冷凍庫に保管されている食材を取り出し、湯煎に通し、フライヤーで揚げるなど、ほんの少しだけ手を加え、皿に盛り付ける女性たちの姿、包丁はどこにも見当たらず、フライパンが振られることのない厨房が視線に入るたび、「違和感」や「嫌悪感」を覚える。彼女たちが作る料理の方が美味しいに違いないし、日々、美味しい料理を作る方が、仕事も楽しいだろうと考えてしまう。

もっとも、短い時間で多くの胃袋を満たし、その上、低価格で供給する食堂のシステムとは実によくできたものである。いうまでもなく、それを支える一つの要因は、日本の冷蔵・冷凍の高い技術力にほかならない。そして、この技術力は、食材の低コスト化、労働の単純化（＝低賃金化）を達成し、資本蓄積がはかられる見事なまでの利潤創出システムである。まさに大学の食堂とは、自動車を組み立てるようにどこまでも無駄を最小限に抑えた合理的なシステムにほかならず、実に「日本的なるもの」の光景の一つといえよう。しかし、筆者は、このような「日本的なるもの」に強い「違和感」や「嫌悪感」を抱く。その理由として、主に次のような点が指摘できる。

第一に、女性たちの能力、とくに「料理を作る」能力はまったく生かされていない。もちろん、そればかりではなく、彼女たちのなかには、大学・大学院を卒業した人がいても決しておかしくはない。つまり、食堂を経営していく上での経営学や会計学などの能力を秘めている可能性を否定できない。しかし、その実際は、代替可能な単純労働を担っているに過ぎず、それは社会全体にとっての損失であるとともに、彼女たちの能力も抑制されてしまっている(13)。

第二に、食堂でどれだけ長く働いたとしても知識・技能といった能力の向上は望めない。もちろん、「食材の無駄をなくすためにどうすべきか」「盛り付けの時間を短くするためにはどうすべきか」「利用客の回転率を速くするためにどうすべきか」「利用客を増やすためにはどうすべきか」など、より合理的な経営を目指すために女性たちは、営業終了後にＱＣサークルを行い、あるいは自宅で改善策を練っているかもしれない。しかし、改善策を考え実践したとしても、食材の入った袋の切り方、お皿の配置、笑顔の作り方などの改善を思いつく程度であろうし、そのような作業を何度繰り返したとしても能力は決して向上することはない。

第三に、女性たちは、改善策を一人でまたは仲間と一緒に考えることを通して、その効果があるかどうかは別として、その作業にやりがい(14)を見出しているのかもしれない。しかし、それは合理性の追求、無駄の削減という枠のなかでの作業であり、そこからの逸脱は許されない。勝手に新しいメニューを考案し、営業時間外に訪れたお客に料理を提供するような気の利いたサービスは一切求められていない。すなわち、女性たちに自由裁量権は与えられていない。単純作業の繰り返しと、利潤向上のための改善策の要求に応えることが労働のすべてであり、そこに自由は存在しないし、労働を通して自由を感じることはまずありえない。

ただし、このような「違和感」や「嫌悪感」を女性たちに直接伝えたとしても、逆に嫌悪の目を向けられるだけだ。もちろん、女性たちだけではない。多くの日本人は、「どこが問題なのだ？」という態度を露わにするだろう。

なぜ問題はないのか。それは女性たちが、または多くの日本人が、能力を生かされない職場や能力の向上が望めない職場であっても、時折、改善を通してやりがいを感じることができる職場であれば、充分に満足できるからである。つまり、「手料理が食べたい」と要求すれば、「そんな面倒な注文はしないでください」ときっぱり拒絶されるに違いない。その上、そもそも労働に自由がないのは当たり前で、さらに、能力を高めるための努力をしなくても、賃金が約束され、潰れそうもない職場であれば、安心であるし、その方が楽であると判断しているのだろう。そして、手にした賃金で生活を維持し、欲しい物を手にできれば、それだけで充分と受け止めている、といっても言い過ぎではなかろう。

なぜ労働において能力の向上や自由を求めようとしないのか。無論、その理由は多々あるであろうが、高度成長期以降、積極的に進められた企業による「人づくり」[15]、それに並走するようにして展開した教育機関による「管理教育」によって、人びとを設計する作業が完遂したことも一つの要因として挙げられよう。

少なくとも筆者は、義務教育を通して設計されたという自覚がある。とくに、故郷の愛知県は、トヨタによる「人づくり」の一環として、「西の愛知、東の千葉」として有名な「管理教育」が展開された地域であり、小・中学校で「トヨタマン」としての素地を、精神と肉体の隅々まで刷り込まれた[16]。

実際、「人づくり」という名の下で、設計は次のように進められた。通学していた中学校では、掃除の時間、給食の時間になると、校内には有名なクラシック音楽が流れ始める。「トルコ行進曲だ！　さあ、掃除を始めよう！」「どうして君はやらないの？」「トルコ行進曲が流れたら、みんな掃除を始めなきゃだめでしょう！」という日常である。今でも染みついたままであり、中学を卒業してすでに四十年以上が経過しているのだが、街なかでそれを耳にすると、思わず箒を探してしまう。まさに、「パブロフの犬」以外の何ものでもない。すなわち、「管理教育」とは、校内のスピーカーから流れる音楽を通して、生徒たちをまるで犬のように扱う教育にほかならず、トヨタと愛知県の教育委員会による「人」を「犬」のごとく設計する過程である。

その上、設計の背後には、「条件反射」をより精密にするための恫喝と暴力が潜む。「トルコ行進曲」が流れてきて、掃除をしなければ、「ルールや決まりごとを守れない生徒」「協調性のない生徒」というレッテルを貼りつけられることになる。そして、一度、負のレッテルが貼られてしまうと、希望する高校への進学が許されないばかりか、進学の道すらも閉ざされてしまう可能性が出てくる。[17] つまり、まじめで、従順で、仲間意識が強い（仲間に迷惑をかけない）子どもたちの希望は叶いやすく、反対に、異質な価値観を持つ子どもたちは徹底的に学校や職場から排除されることになる。それゆえ、「排除されたくない」という強い危機意識の下、すなわち、恫喝と暴力のなかで、自由を求めないばかりか、自らの潜在能力を発見するための手段も失い、上からの命令に従順でまじめに勉強や仕事をこなし続けるように設計されるのだ。[18] そして、このように設計された人びとに、「違和感」や「嫌悪感」、すなわち異質な価値観を示せば、「どこが問題なのだ？」と身を固め、幼年期より刷り込まれた共通認識を持つ同質な人びとを指差し、「みんなもそうだから間違いないだろう」と言い、「世界的な企業のやり方に文句をいうな」と、逆に責め立てられることになるだろう。

このように設計された人びとが暮らす社会とは、オーウェルが『１９８４』で描いたディストピアよりも醜く、滑稽ですらある。しかし、設計された人びとは、『１９８４』で登場する二五セント硬貨に刻まれた「自由は隷従なり無知は力なり」（オーウェル 2009: 44）というスローガンに忠実であるようにみえるが、[19] 彼ら自身が進んで『１９８４』の登場人物と自らを重ねることはないだろう。むしろ疑いを何一つ持たずに設計された人間こそが、高い能力を有し、逆に、異質な価値観を抱く人間、従順にはなれず、不真面目な人間は、どこまでも無能、「負け組」という範疇に収められてしまうだろう。または、「トヨタシステム」の特徴である「ジャスト・イン・タイム」「看板方式」「多能工」「QCサークル（小集団における仲間意識）」「五回のなぜ」を難なくこなせることは、設計が高度の水準に達した証であり、有能な人間であると信じ込んでいるようでもある。

もちろん、人間は誰であろうと、家族、地域、教育機関、働く場所、生きる時代などの影響を受けるのは必然であり、外部から設計されることを避けることはできない。しかし、「管理教育」による設計過程は、家族、血縁者、地域などとは無縁の空間、すなわち、社会から離床した空間で進められた。別の言い方をすれば、企業の利潤の最大化という明確な意図の下、恫喝と暴力に怯えながら市場に対する従順力を身体の隅々まで埋め込まれていったのだ。

筆者が、もしも中国に行かなければ大学の食堂で働く女性たちとの間に大きな違いは生まれなかったし、女性たちと似通った人生を送っていたはずである。日本の日常の風景に溶け込み、合理性に欠ける組織や他者を忌み嫌い、さらに、無駄や問題を発見し、それを解決することに喜びを感じていたであろう。つまり、「どこが問題なのだ？」という反応は、中国へ行く前の筆者自身の言葉そのものでもある。しかし、中国における経済活動の自由に出会ってしまった。知ってしまった以上、この問題についての思考を止めることはできない。

労働する人間の自由または組織のなかでの個人の自由があるのかと疑問を抱くことは、いうまでもなく、筆者が初めてではない。少なくとも、この疑問を世に問い、世間に衝撃を与えたのは、フランス人映画監督ルネ・クレール[20]ではなかろうか。クレールは、『自由を我等に』（一九三一年）において大量生産・大量消費時代の到来、より端的にいえば市場のなかで、「人間らしい労働」を問うた。なかでも、主人公の二人が、道の彼方に消えていくラストシーンは、市場からの逃避を直接示すとともに、「人間らしい労働」とは何かと、鋭く問い掛けている。しかし、主人公たちが、どこに向かっているのか、その先に人間らしい労働の下で人間らしく生きることが可能な場所が本当に存在しているのかどうか、クレールは答えていない。また、数年後、チャールズ・チャップリン[21]は、クレールとほぼ同じ視点から『モダン・タイムス』（一九三六年）を発表する。チャップリンが工場で機械に翻弄されるシーン、酒場で意味不明な言葉で「ティティナ」を歌い上げるシーンはあまりにも有名であるが、なによりもそのラストシーンで、チャップリンがポーレット・ゴダード[22]に笑顔をつくるように誘い、道の彼方に消えていく後ろ姿は、たとえ『自由を我等に』のラストシーンと似ていると揶揄されたとしても、二十世紀でもっとも美しいラストシーンの一つであるといっても過言ではなかろう。しかし、チャップリンも、クレールと同じく、彼らが、どこに向かっているのか、その先に人間らしい労働の下で人間らしく生きることが可能な場所が本当に存在しているのかどうか、答えてはいない。少なくともチャップリンには、ラストシーンを十分に再考する時間は足りていたはずだが、「人間らしく生きる意味」に答えをみつけることは、天才の名をほしいままにしたチャップリンですら困難な作業だったのだろうか、と思わずにはいられない。

もっとも二人の巨匠が提起した、市場のなかで「人間らしい労働」、それを「どのように実現するのか」と問うてからすでに一世紀近くが過ぎ去ろうとしているが、明確な回答が導き出されているわけではない。

その理由は、それほど難しくはないであろう。これまでに世界各国で多くの人びとが『自由を我等に』と『モダン・タイムス』を鑑賞し、そのラストシーンに胸を打たれたであろうが、大半の人びとは、主人公と同じような生き方を選択しなかった、あるいは選択できなかったからである。主人公たちは尊敬すべきヒーローではなく、どこまでも市場経済の脱落者にしか映らなかったということであろう。もっとも、誰もが、「人間らしい労働」について考える一つのきっかけとなったかもしれないが、逃避した先の世界を想像することはできず、さらに、そこに「人間らしい生活」を描き出すことはできなかったのだろう。

二人の巨匠は、市場のもとでの「人間らしい労働」、そして、「人間らしく生きる意味」を世間に問うてはみたが、人びとは「人間らしい生活」の大切さを再認識し、またはそれを失うことの恐怖を呼び起こしたに過ぎなかったのではなかろうか。それゆえ、巨匠たちからみれば、随分と皮肉な結果というほかあるまい(23)。

もちろん、「人間らしい生活」を求めることは、人間にとって普遍的なテーマの一つであることはいうまでもない。そして、空腹を満たされたとしても、次から次に新しい商品が目の前に現れるなかで、人びとの欲望は刺激され続け、「人間らしい生活」の基準はまさに天井知らずでもある。確かにハイエクの指摘通り、「人間らしい生活」、より豊かな生活をこの手にするために、自由な市場を堅持することはもっとも有効な手段であろう。しかし、「人間らしい生活」を手に入れるためには、「人間らしい労働」を犠牲にしなければならないのか。または、月曜日から金曜日まで半ば隷属状態のもとで労働に従事し、それ以外の時間のなかだけで、「人間らしい生活」を送るという生き方を容認しなければならないということなのか。もしこのような事実を認めてしまうならば、そこに私たちの文明の限界を感じざるを得ない。そして、この文明の果てで、筆者は多くの友人を失った。本書は、「擬態」の概念と「包の倫理的規律」を習性化した「生意人」から中国経済を読み解き、クレールとチャップリンが見つけ出せなかった答えを用意すると同時に、隷属状態に疲れ果て自死を選んだ友人たちへのレクイエムでもある。

第一章　視座としての「生意人」

1　「習性化」と「自生的秩序」の概念

本書の目的は、「包の倫理的規律」と「擬態」の概念を習性化した「生意人」が中国の経済秩序（いわゆる「自生的秩序」）に形を与え、他国に類のない、これまで捉えることができなかった中国経済の個性を自明なものとし、その個性の意義を世に問うことである。本章では、「生意人」「包」「擬態」という本書の中核を構成する三つの用語、さらに、補助線的役割を担う「習性化」「自生的秩序」を加えた五つの用語について詳細に説明する。

本節では、まず、視座としての「生意人」を着想した背景と意義について、習性化と自生的秩序の視点を絡ませながら考察する。

そもそも「生意人」が中国の経済秩序を形づくるという発想は、倫理と経済との間には、重要な接点があるという考え方を基礎としている。[1] 倫理と経済の問題は、アリストテレスまで遡る必要があるが、少なくとも筆者が「生意人」の着想を得たのは、柏の「倫理こそは、まさに秩序に型・類型を与えるものである」（柏 1986a: 297）という一文である。柏にとって、この倫理とは、「包の倫理的規律」を指し、それが経済の秩序を形づくるとする。

もっとも、このよう考え方は、マックス・ヴェーバーの方法論の影響を強く受けたものであり、倫理が経済秩序の形成に重要な役割を果たしているという考え方に基づくものである。ただし、柏は、ヴェーバーの方法論をそのまま踏襲しているわけではない。

柏は、ヴェーバーの方法論を「特定の宗教倫理的な精神的規律の下に整序された秩序体系としての経済組織形態というものが、類型的に純粋定型化されて把握されるのである」（柏 1986a: 297）と解釈した上で、ヴェーバーとの違いを次のように語る。「経済の外にある倫理と経済との関係として事態を把握するのが、マックス・ウェーバーの立場であろう。しかしながらわれわれは、経済自体が倫理的な秩序であることをみとめ、いわば倫理を経済主体の内側においてみとめる必要があろう。事態を経済秩序自体のこととして把握すべきであろう」（柏 1986a: 214）。このように柏は、ヴェーバーによる「経済の外にある倫理」、すなわち、『プロテスタンティズムの倫理と資本主義の精神』や『儒教と道教』などで展開された宗教と経済秩序の関係性を否定する。そして、経済秩序とは、「自然環境・社会的周辺および自己自身の過去的な姿である歴史的環境」（柏 1986a: 20）において、「主体的に自己形成している秩序である。環境に呼応する秩序である。環境に呼応して内面的に自己自身を形成している秩序である」（柏 1986a: 148）とする。つまり、経済秩序をその外側の倫理から眺め、それを類型的に把握するのではなく、どこまでも「経済の内側に倫理を発見することによって、経済秩序の個性を認識しようとする立場に立つべきである」（柏 1986a: 309）と自らの理論的枠組みを示す。そして、内側で「形成」される秩序に着眼することによって、はじめて中国の経済秩序の個性が浮かび上がると結論づける。

このように柏は、ヴェーバーの方法論を批判的に継承しつつ、経済の内側に存在する「包の倫理的規律」という一つの倫理観を発見したのだが、筆者は、この柏の方法論を踏襲していない。その理由は、柏が、「倫理が秩序に型を与える」と唱えるとき、「倫理」は前面に押し出され、人間は、ただ倫理に従うことを運命づけられた受動的な人間像しか浮かび上がってこないからである。筆者は、「生意人」を「包の倫理的規律」と「擬態」の概念を習性化した人間であると捉えるが、その意図は、それらが「生意人」の内にあることを示すためである。つまり、倫理に従って「生意人」は動かされているわけではないし、支配されているわけではない。筆者は、「包の倫理的規律」を主語とするのではなく、あくまでも主語は「生意人」であり、「包の倫理的規律」は習性化の目的語と捉えている。そして、倫理を習性化の対象とする以上、柏が主張するように経済の内側にこだわる必要はなく、むしろ人間は、内と外に関わりなくさまざまな倫理を習性化しているとみるべきである。

倫理を主語とするのか、目的語とするのか、柏と筆者の違いは、実にシンプルである。ただし、この違いは、中国の社会構造を知る上で非常に重要な視点である。なかでも、本章の第三節、第四節で考察する中国における人間と人間の間で形づくられる倫理観を理解するためには不可欠な視点でもある。それゆえ、ここでは、まず、倫理と経済の問題を提起したアリストテレスにまで遡り、この問題を考察する。そして、本節の最後で、柏の理論的枠組みに戻り、柏が倫理を主語とした背景およびその限界性についての見解を示す。

アリストテレスは、倫理と経済の問題について、人間の飽くなき利己心、より具体的にいえば、人びとの貨幣愛に基づく功利主義、さらに経済の貨殖的な性格を否定する。逆説的にいえば、アリストテレスは、すでに貨殖という言葉を使用していることからも明らかなように、交換によって最大の利益を上げるための知識、より多くの富を蓄積するための術を身につけている人間の存在を認知していた。つまり、経済がポリスから離脱し制御不能になる危険性を察知していたといえよう。もちろん、古代ギリシャと現代の社会構造や経済状況は大きく異なり、直接比較することはできない。少なくとも現代において奴隷制度は存在しないし、技術力、産業構造、市場規模などの違いを挙げたらきりがない。しかし、アリストテレスが経済活動に邁進する人間に抱く不信感、経済が社会に与える悪影響に対する不安とは、現代社会においても抱かれたままである。そして、このような不安とは、功利主義、貨殖的な人間は「正義」を達成することはできないばかりか、「正義」を脅かす者として位置づけられている。

そもそもアリストテレスが、経済に対して抱く不信感・不安は、ポリスで生活する人びとが、貨殖的性格を強めれば、ポリスの市民が目指すべき「善き生」とはかけ離れ、「善き市民社会」を作り出し維持することはできないという危惧を抱いていたためである。そして、そのような状態を回避するためには、ポリスのルールが定める「正義」の条件下で、人間は、個人の能力の向上に努め、「徳」の実現を図ることが重要であるとした。[2] さらに、「徳」を習性化した人間によって「正義」を達成できるような制度を作り、この制度によってより多くの人間に「徳」が習性化されるという好循環を生み出す必要性を唱えたといえる。そして、その好循環の下で、経済はコントロール可能となり、それを維持することが人間の目指すべき目的の一つであるとした。いうまでもなく、このような考え方の背後に、経済を独立した学問として扱わず、どこまでも政治学、倫理学の枠組みのなかで経済を捉え続け、「徳」によって、すなわち、倫理によって経済は形づくられるべきであるとするアリストテレスの真意を読み取ることができる。

もっとも、善き習性が制度作りに反映され、善き制度が生まれること、さらに、その善き制度を維持するために、善き習性を身につけた人間を養成・教育するような試みは、幸福な社会を実現するための王道であるかのように映る。しかし、人びとの善き習性を育成・教育することは、人間を設計することにほかならない。簡潔にいえば、善き習性の目的語から主語への転換を意味する。そして、この転換は、たとえ善き習性を身につけるという崇高な目的であったとしても、ひとつ間違えば、全体主義への扉を開きかねない。あるいは、全体主義とまではいわないにしても、自らの存在そのものに対する疑問を抱くことができない人間を設計し、あたかも自らが存在する社会を善き社会と思い込む人間を作り上げることになる。

人間が「善き生」を求めるか求めないかはどこまでも個人的な問題であり、「善き生」とかけ離れた人間が存在することは当然であり、そのような人間を、倫理によって育成・教育、あるいは否定、排除するような社会や国家を求めることはできない。ましてやアリストテレスのように「徳」という善き倫理観で、欲望を抑えつけることは人間の本質を破壊しかねない。アリストテレスは、「善き生」という視点から、利己心、貨幣愛を否定するが、経済を考察する上でそれらを否定することはできない。つまり、本書は、「生意人」のなかに「徳」を見出すことが目的ではないし、視座として「生意人」を取り上げることは、どこまでも利己心と貨幣愛を最大限に発露した人間によって創出される「善き社会」について考察することである。少なくとも本書において中国経済秩序の個性と位置づける「利潤の社会化」と「自由の実現」は、アリストテレスが描く構図とは真逆な利己的で欲望に満ち溢れた人間が生み出しているものである。

このように筆者は、功利主義、貨殖的行為、すなわち、人間の欲望そのものを否定することはない。むしろヘーゲルがいうように人間が幸せを望むこと、満足を得ることは「人間の義務」であると捉えている[3]。無論、自らの欲望を満たすために、他者の存在を否定し、その生命を奪うことは論外である。したがって、ここでいう「人間の義務」とは、他者の存在を前提とするものである。経済学的視点からいえば、他者の欲望を促進することなしに自分の欲望を促進することはできず、他者の利益を実現することなしに自分の利益を実現することはできないということである。

しかし、このようなウィンウィンの関係を現実社会のなかで成立させることは容易なことではない。欲望と欲望とが衝突するなかで、「人間の義務」としての欲望を抑制することなく、どのようにウィンウィンの関係を成立することができるのか。

本書の目的とは、「包の倫理的規律」と「擬態」の概念を習性化した「生意人」が形づくる経済秩序、いわゆる中国人がその長い歴史のなかで選択した結果として残った「自生的秩序」によって、経済格差が緩和され、自由が実現するようなウィンウィンの関係性が成立していることを論証することである。ただし、この考察は次節以降に譲るとし、本節では最後に、柏が「包の倫理的規律」を発見した時点まで戻り、彼の理論的枠組みの限界性について考察する。

柏は、一九四四年に実施した第四回目の中国現地調査において、「シナ経済秩序が、自分を規律している原理になるようなもの、それが第四回目のシナ旅行中に、何か一つの確信めいたものとなって、固まってきた」とし、「それは、やっぱり一種の請負的なものだと、何でも請負的なリズムを持っているんじゃないかと、つまり請負の倫理みたいなものが、シナ経済秩序の中に支配しているんじゃないか」と「包の倫理的規律」を発見するに至った経緯を語る（柏 1990: 305）。

わずか四回の調査で、「包の倫理的規律」を発見し、その上、数年後には『中国経済秩序個性論』を出版することを可能にしたのは、いうまでもなく、柏の才能に求められる。ただし、短期間の現地調査に基づき大著を世に問うことができた理由は、柏のなかに予め中国経済は停滞しているという結論が用意されていたことと無関係ではない。実際、柏は、「われわれはここで、なお若干のそれに関する学史的考察を行うべきであるかも知れないが、いまはそれをば止め、その後においても、経済学者の間には、このような中国経済の停滞性が深く信じられていることだけを指摘するにとどめておこう[4]」と語る（柏1986a: 321）。この一文からも明らかなように、柏は、「中国経済＝停滞」という図式に疑いを抱かず、あるいは吟味することなく、「深く信じられている」という通説的理解にその身を置く[5]。つまり、柏は、「中国経済＝停滞」という先入観を抱き、それを立証するための「倫理」に関する情報を採取することだけに集中し、それゆえ、素早く成果を挙げることができたといえる。そして、柏が求めた「倫理」とは、簡潔にいえば、経済を停滞させるための「悪しき倫理観」にほかならない。さらに、この「悪しき倫理観」の対概念である経済発展を促進する「善き倫理観」はすでに柏の手中に収められてもいた。それとは、いうまでもなく、ヴェーバーが、『プロテスタンティズムの倫理と資本主義の精神』で展開したピューリタン的な禁欲主義や天職義務などに基づく労働観である。つまり、柏は、現地調査で、ヴェーバーが指摘した「善き倫理観」とは異なる「悪しき倫理観」を探し、自己努力を怠り、どこまでも他人任せな「悪しき倫理観」に支配された中国人を発見することによって、停滞要因の核心部分は容易に形づくられることになったといえる。

このように柏の「停滞論」とは、通説的な先入観に基づき、さらに「善き倫理観」と「悪しき倫理観」の単純な対比に留まる点にその特徴がある。言い換えれば、大野英二郎（2011）が明らかにしたように、西欧のキリスト教宣教師たちの報告、モンテスキュー、テュルゴー、カント、アダム・スミス、マルサス、ヘーゲル、マルクス、ジョン・スチュワート・ミル、そしてマックス・ヴェーバーなどによって展開された「中国停滞論」の文脈の延長線上に、柏の中国停滞論は位置づけることが可能であろう。もちろん、「包の倫理的規律」を用いて停滞論を論じたことは、西欧の研究者に比べより具体的である。しかし、大野が指摘しているように西欧における中国停滞論とは、西欧の進歩論あるいは優位性の自負とともに形成されたものであり、柏もその枠組みから決して逃れることができなかった。そして、その結果、柏の停滞論の底流には、西欧の進歩性・優位性という偏見ともいえる特質が色濃く残ることになったといえよう[6]。

無論、柏自身が西欧の研究者を乗り越えることに大きな意義を感じていた点は評価すべきであるが、柏が西欧の進歩論や優位性を疑いもなく受け入れた要因は、中国停滞論という通説を無防備に受け入れただけではなく、彼の労働観そのものに求めることもできる。柏は、『中国経済秩序個性論』を発表して以降、中国研究から離れ[7]、その後、「柏史観」というべき論を展開し、その史観の一つの到達点ともいえる「職分社会的共同体[8]」を世に問う。そして、この共同体の根底を支えるのが、「権利即義務」という思想であり、「生きるためには、働かざるを得ないが、とすれば、働くことは権利であり、しかも働く以上、恣意的になることが許されないとすれば、働くことが義務である」（柏 1986c: 288）とする。すなわち、与えられた場所で一所懸命に働くことを美徳とする労働第一主義的[9]な柏の労働観が余すところなく示されている。いうまでもなく、この労働観とは、「善き倫理観」に限りなく近く、「悪しき倫理観」とは真逆な概念でもある。つまり、柏にとって、「善き倫理観」に支えられた人びとによって形成される社会が是であり、「悪しき倫理観」に支配された社会とは、否定すべき研究対象であったといえよう。もちろん、このような視点とは、まさに柏の個性[10]にほかならない。しかし、「倫理」をどこまでも主語と捉え続け、その先に、理想的な社会を描こうとした研究スタイル、すなわち、自らの労働観を支える「善き倫理観」に対して一切の疑問を挟むことのなかった頑なさは、一方で膨大な研究成果を残すことになるが、他方で、柏の「善き倫理観」の他者への押しつけという息苦しい論調を生み出すことになったといえる。そして、その論調のなかで、柏が捉える中国人像とは、怠け者の象徴のように描かれることになる。

2　「擬態」の概念と「生意人」

「擬態」という用語は、本書のオリジナル性を顕著に表現するものである。筆者は、この「擬態」の概念には二つの意味を持たせている。一つは、資本家、投資家、経営者、労働者、従業員、農民、さらに官僚、共産党員などが「生意人」へと擬態化することを指す。もう一つは、この「生意人」の擬態化に呼応するようにして、彼らによって構成される経済組織が擬態化する働きを指す。ただし、これら二つの意味を同じ「擬態」という用語を用いると、やや混乱を与えてしまう危険がある。そのため、前者を「人間の擬態化」、後者を「対象物の擬態化」とする。

この「擬態」の概念は、ポランニーの「擬制商品」の概念に着想を得ている。本節では、ポランニーの「擬制商品」、すなわち「労働、土地、貨幣を商品とするのは、まったくの擬制（fiction）なのである」（ポランニー 2010: 125）という一文を起点として「擬態」の概念を説明する。もっとも、ポランニーは労働、土地、貨幣という生産の本源的要素の問題を取り上げるが、以下、「労働」と「生意人」、すなわち「人間の擬態化」についての考察を中心に進める。

「労働」と「生意人」は人間の別称であり、経済活動を行う時、または市場という舞台の上で生身の人間が、ポランニーであれば擬制化、筆者は擬態化した状態と捉える。いずれにせよ、人間は、市場を前にして生身の人間のままでは存在していないということであるが、このようなポランニーの視点に同調する。また、ポランニーの次のような指摘に対して、強い共感すら覚える。すなわち、労働は、「販売のために生産されたものではなく、まったく違う理由で生み出されたものである」（ポランニー 2010: 125）。そして、市場システムが、「一人の人間の労働力を使う時、同時に、商札に付着している一個の肉体的、心理的、道徳的実在としての「人間」をも意のままに使うことになるであろう。文化的制度という保護の覆いを奪われれば、人間は社会に生身をさらす結果になり、滅びてしまうであろう」（ポランニー 2019: 40）。

ポランニーに従えば、まさに市場システムという「悪魔の挽き臼」（ポランニー 2010: 59）によって擬制化された「労働」は粉々にされてしまい、それは同時に生身の人間の死をも意味するということである。あるいは、「悪魔の挽き臼」から滴り落ちる人間の肉片と血をエネルギー源とし、市場の躍動感は担保され続けるということである。もちろん、「悪魔の挽き臼」に投げ込まれるのは、「労働」へと擬制化した人間であり、資本家、投資家、経営者が含まれることはない。つまり、「悪魔の挽き臼」とは、それを回す者と潰される者は明確に分類され、言い換えれば、対立構造の象徴でもある。そして、擬制化とは、弱者の悲劇的結末に向けての過程にほかならない。実際、このような悲劇は、筆者の目の前で幾度も繰り返され、日本社会に関していえば、ポランニーの指摘はかなり的中率の高い予言であったといえる。

ただし、中国に目を向ければ、ポランニーの予言はその域を超えることはない。もちろん、改革開放後において市場システムが導入された後、「悪魔の挽き臼」が音を立てながら、労働者、とくに農村出身者（農民工）を中心にすり潰していくだろうという推測がないわけではない[11]。しかし、このような推測は中国人を労働者、従業員、農民という既存の用語で分類し捉え続けていることによって生まれるものである。

繰り返しになるが、「生意人」とは、資本家、投資家、経営者、労働者、従業員、農民、さらに官僚、共産党員など、さまざまな経済的階層、社会的身分の人びとによって構成され、ポランニーがいう「労働」の範疇を超えた一群を対象としている。つまり、「人間の擬態化」とは、「労働」の範疇に収まらない資本家、投資家、経営者から「生意人」になることを意味する。言い換えれば、ポランニーは、人間の「労働」への擬制化に留まるが、筆者は、さらにもう一歩進んで、「労働」だけではなく、経済学に登場する人間のすべての別称から「生意人」へと擬態化することを前提としている。(12) このように「人間の擬態化」を想定する理由は、いうまでもなく、目前に広がる中国経済の現実を対立構造の視点からでは捉え切ることができないためである。すなわち、中国では経済学によって別称を与えられた人間が、「生意人」へと擬態化するなかで、「悪魔の挽き臼」を誰が回し、誰を潰そうとしているのか明確に区別することはできない。あるいは、中国における市場は、人間の肉片と血をエキスとしながら成長を遂げているわけではない。むしろ経済的階層、社会的身分という枠には収まり切らない「生意人」と「生意人」の結びつきが原動力となり市場の秩序が形成されている。ただし、その糸口を見つけるためには、少々回り道でもあるがもう少しポランニーに触れなければならない。

このような対比から明らかなように「生意人」を視座とすることは、資本家と労働者、国家と民間などの対立構造に基づき中国経済を理解しようとする試みからの離脱を意味する。ただし、この離脱は「生意人」を理解する上で一つの前提条件に過ぎず、ポランニーの視点から離れ、異なる切り口が必要といえよう。以下では、ポランニーが、対立構造を乗り越えるために、または、「擬制商品」としての人間を本来の姿に取り戻すための解決策を紹介する。

ポランニーは、擬制商品化した人間が「悪魔の挽き臼」によってすり潰されていくことに人類の悲劇を見出す。このような問題設定はポランニーの核心であり、その反転として「市場経済をふたたび社会のなかへ埋める（reembed)」「埋め直しの作業」の重要性が唱えられる。[13] そして、「擬制商品」を本来のあるべき姿に戻すために、「自由社会主義」「協同組合的社会主義」という二つの概念を提示する。

「自由社会主義は、その根本的な思想からしてあらゆる強制に敵対的である。人間に対する支配機構としての国家だけでなく、事物を管理する存在としての国家すら、自由社会主義にとって実践的には必要悪であり、理論的には有害かつ無用の構築物である。諸個人の生と活動からのみ生み出されうるものを、国家権力によって代替しようといういかなる試みも破滅的な結果をもたらさざるをえないのだ」(ポランニー 2015: 326–327)。

　このように自由社会主義者としてのポランニーは、国家による、あるいは「上からの指令・計画」「強制」を必要悪とする。さらに、都市の大企業の社会化は不可欠であるとしつつも、「都市の大企業の再編成は市場経済を止揚してしまってはならない。さもないと経済活動自体が停止してしまうからだ」(ポランニー 2015: 327) とし、国家による市場の撤廃およびコントロールも無用なものであるとする。つまり、ポランニーは、市場の存在を否定しているわけではなく、市場に対する見解に限れば、ハイエクの視点(「オーストリア学派」)と大きな違いはない。それゆえ、「擬制商品」を本来の姿に戻す作業とは、どこまでも「市場経済」を前提としている。そして、その作業を「市場経済」のなかで、「マルクス主義の理論と実践がおかしてきた最大の怠慢は協同組合の問題を等閑に付したことであり、この点でマルクス主義は、これ以上ないほど手痛いしっぺ返しを受けてきたのである」(ポランニー 2015: 325) と実際の社会主義国を批判しつつ、「協同組合的社会主義」という概念を用いて、新たな世界を描き出す。[14]

「協同組合的社会主義は市場経済と同義である。ただし、それは価格に隠蔽された剰余価値の搾取を実現する場としての、資本主義的な利潤追求経済の無秩序な市場ではない。そうではなくて、自由な労働の等価な生産物によって有機的に構成された秩序を持つ市場である」（ポランニー 2015: 323）。ここでいう「有機的に構成された秩序を持つ市場」とは、「労働、消費と生産の三者の代表により運営され、そこで問題が発生すればこの三者が力を合わせて解決できるような協同組合的な経済」（ポランニー 2015: 439）ということである。すなわち、ポランニーの唱える「協同組合的社会主義」とは、「協同組合」という一つの組織を核として、人びとの力を結集させ、市場に対抗しつつ、「擬制商品」を本来の姿に戻そうという狙いがある。そして、「協同組合」によって人びとが組織された社会とは、経済がふたたび社会のなかへ埋め込まれた状態にほかならず、これこそが、ポランニーが描く市場を内包した社会主義像といえる。無論、この「協同組合的社会主義」についての是非は、いくつかの問題が潜んでいるのだが、少なくとも「協同組合的社会主義」の背後に、人間の「進歩」、あるいは、その無限の可能性に対するポランニーの根底を支える思想、すなわち、「諸個人の行為の非意図的な望ましからぬ社会的影響に人間がまったく無力であると予断する社会科学」に対する「戦い」を垣間みることができる[15]（ポランニー 2012: 335）。まさに「協同組合」を「擬制商品」としての人間同士による自己防衛的な社会運動として位置づける点にポランニーの意図はあり、自然発生的ともいえる「自生的秩序」を尊重するハイエクとの違いが露わとなる。

以上、ポランニーの「悪魔の挽き臼」から人間を救い出すための解決策であるが、「自由社会主義」「協同組合的社会主義」に対して、次のような批判点が指摘できる。

第一に、ポランニーが期待する人間の「進歩」やその可能性を受け入れることはできない。むしろこの点では、ハイエクと同じ立場である。すなわち、「諸個人の行為の非意図的な望ましからぬ社会的影響」、あるいは市場経済の失敗や欠陥に対して、人間は無力に近く、少なくとも理性によって克服できる、克服すべきだとは考えない。ただ人間は、伝統や習慣を通して規範や秩序を発見し、市場経済の失敗や欠陥を経験的にしか乗り越えることはできないという立場である。ただし、「協同組合」を頭から否定しているわけではない。実際、世界を見渡せば、協同組合は無数に存在しているし、それらの多くは、市場に抵抗するために、あるいは「擬制商品」を本来の姿に取り戻すために、人間の叡智を結集して作られている。しかし、そのような協同組合が、いつまでも設立当初の目的を維持することができるのだろうか、という疑義を抱かざるを得ない。つまり、協同組合の設立までは、人びとは、自らの理性に従い行動することが可能かもしれないが、設立後、協同組合の内部には、知らぬ間にヒエラルキーが形成され、いつしか「すべての権力をソヴィエトに」とよく似たスローガンが協同組合の事務所に掲げられることになるのではないか、と疑っている。いわゆるスローガンが主語となり、人間はただその目的を達成するための道具に位置づけられることになるだろう。少なくともたとえ「労働」が理性的に団結し、生身の人間へと回帰しようとしても、一部の人間の独占欲、権力欲によって、大半の人間の道具化は時間の問題といえよう。

第二に、「協同組合」の存続に懐疑的になる理由は、必ずしも理性だけの問題ではない。むしろ「市場経済」そのものに潜む矛盾、端的にいえば、「市場経済」あるいは資本主義に不可欠な概念というべき私的所有に対して疑義を抱いているためである。無論、私的所有を排するというような極端な論を展開するつもりはないが、ポランニーが期待を寄せる「協同組合的社会主義」とは、一方において、「市場経済」を承認する以上、私的所有は大前提である。しかし、他方において、この私的所有を堅持すれば、協同組合が掲げる理念の存続、すなわち「擬制商品」を本来の姿に戻すという作業は難しくなる。なぜならば、協同組合の構成員同士の私的所有の多寡に基づく矛盾・対立を避けることはできないからである。すなわち、私的所有とは、資本家と労働者との対立だけではなく、労働者同士の対立構造の源泉でもある。もちろん、この対立構造は、協同、団結、友愛などという用語で覆い隠されることが常であるが、「市場経済」に対処するために、または、荒れ狂う市場のなかで、協同組合を存続することが一義的な目的になれば、それら用語は無力化し、たとえ協同組合であっても「指令・命令」という用語に支配されることになる。そして、それらを実行するために恫喝が常態化し、私的所有の境界線は侵害され、結果として、大半の人びとは、「指令・命令」の受け手となり、「擬制商品」としての定位置に戻されることになる。

第三に、自由社会主義者ポランニーは、「マルクス主義的社会主義の体系とは対照的に、自由社会主義は独立独歩の十九世紀思想家たちによる開放的な知的共同体として位置づけられる」(ポランニー 2015: 316) とした上で、この系譜に連なるテュルゴー、アダム・スミス、ケアリ、プルードンなどの思想家たちをあげ、彼らの「著作に通底する根本的な主題」を次のように述べる。すなわち、「自由こそあらゆる真の調和の基礎である。そして、自由から生じる状態こそ自然な状態である」(ポランニー 2015: 317)。無論、ここでポランニーが指摘する自由とは、必ずしも自由社会主義の独占物ではなく、自由主義者ハイエクにも通底するものであり、さらにいえば、私的所有に基づく自由、その自由を前提とする「市場経済」の排除を望まないすべての社会科学者に通底する思想でもある。ただし、十九世紀から現代にいたるまで、この自由を前提とする「市場経済」の在り方の論争が繰り返されているが、周知のように、その在り方が定まっているわけではない。いうまでもなく、ポランニーとハイエクが描く「市場経済」の在り方は異なる。もちろん、このような論争こそが重要であり、人間の未来は、この論争の先にしか存在しないと考えることもできよう。しかし、筆者は、「市場経済」の不可欠な概念としての私的所有に疑義を挟むように、自由の源泉を私的所有の堅持に求めることに疑問を抱かざるを得ない。または、自由についての論争は、互いの自由を主張することに明け暮れ、あるいは、利潤追求という大義名分の下で、他者への侵害を正当化し、人びとから安寧の場所を奪い続ける。すなわち、私的所有に基づく自由を立脚点とする社会が存在する限り、人間は、私的所有の争奪戦、または、その境界線を巡る戦いへの参入を余儀なくされる。そして、大半の人びとは、その戦いのなかで敗者となり、擬制商品化することが運命づけられ、「悪魔の挽き臼」によってどこまでもすり潰されていくことになる。つまり、ポランニー（もちろん自由社会主義者だけではなく自由主義者も含めて）が立脚する自由が、私的所有を源泉とする限り、どこまでも対立構造を内包し、たえずそれが先鋭化する危険を孕み続け、「真の調和」は永遠に訪れることはない。

以上三点は、ポランニーが提示した「人間の理性」への期待、私的所有を源泉とする「市場経済」、自由に対する疑問点および批判点である。そしてその批判点の根底には、「擬制」の概念の問題が横たわっている。すなわち、ポランニーは、「人間の擬制化」の問題を解決するために、人びとの結束力を前提とした協同組合、または、人間そのものが存続を願い続ける私的所有に依存したまま論を展開するが、経済組織内部における人間同士の関係性にも目を向け、経済組織の視点から考察する必要があるのではないかという疑問を抱かざるを得ない。少なくとも利益を得るため、またはそれを守るために人間同士が結びつく経済組織の本質とは、利益の最大化と分配における平等性であり、一部の人間による利益の独占化（権力の集中も含め）が許される状態とは、ポランニーの「擬制商品」の概念に従えば、協同組合の本来の姿ではない。つまり、本来の姿ではないことを前提として、「擬制商品」の問題を考察しても、その先に解決策を見出すことはできない点に批判は注がれる。むしろ本来の姿ではない経済組織こそが、人間を「労働」という「擬制商品」へと導く源泉そのものである。あるいは、対象物の協同組合や経済組織を「擬態」の概念で理解しなければ、「擬制商品」としての労働を本来のあるべき姿に戻すことはできない。さらにいえば、それらの組織内部における対立構造の源泉でもある私的所有の概念、いわゆる労働の産物は各人の所有権として各人に帰属するのが正当であることを否定はしないが、その帰属の正当性があたかも永遠に保証されることを前提とした論に疑義を挟む。少なくとも私的所有に基づき欲望の最大化が目指されることを「善き倫理観」に裏づけされた経済行為であると解釈することはできない。そして、このような批判点を念頭に置き、「対象物の擬態化」、いわゆる「包の経済組織」が「生意人」によって擬態化する中国の経済秩序のなかに、ポランニーが探し求めた解決策を見出すための考察を行うが、その前に、内山完造の「包」論、費孝通の「差序格局」という中国革命以前の中国社会の実態に即した論に依拠しながら、「生意人」と「擬態」の概念についての考察をさらに進める。

3　内山完造の「包」論

内山完造（一八八五〜一九五九）は、周知のように内山書店の店主として、日中の知識人の橋渡しを担いつつ、『両辺倒』（一九五三年）、『生ける支那の姿』（一九三五年）など数多くのエッセイを世に送り出した。もっとも、内山は、自らの中国解釈をいずれかの学問体系に落とし込んでいるわけではない。まさに文化人という称号を与えられている理由はそこにあるのだろうが、その描写は、日本人への痛烈な批判を含みながら[16]、中国人、中国社会を理解する上で多くの示唆に富み、学問体系を貫き通す力を秘めている。そして、この真の中国通と呼ぶにふさわしい内山による「包」論は、決して多くを語っているわけではないが、その核心を突き、「生意人」と「擬態」の概念に奥行きを与える。

内山は、「包」を一般的な日本語訳である「請負」を使わず、「区切り」と定義する。すなわち、「中国の習慣の中に包と云う制度があって、日本語には請負制度と訳されて居る。間違いではない。土木、建築、修理その他何でもこれだけの場所にこれだけの事を何日間に仕上げて何程でするかと云う風に何でも請負わせるのである。甚だしいのは包医と云って、医者が病気を請負うて治すと云うことまである。三度の食事を仕出し屋が請負うて包飯と云うなどは、何の不思議もないことである。この包を請負と訳して居るが、私はもう一歩踏み込んで包とは区切ることであると云うのである。一戸の家は一つの区切りである。一つの市街に城をつくる（武装と云うことも出来る防壁と見ることも出来るが）大陸地帯での区切りである（村落の堡とか塁とか云う土を堆《うずたか》くしたものも同様）、国境線は大陸の大区切りである。こう考えて来る時に、中国人は中国人として生きる為めには、先ず区切りからやらねばならぬ。ここに中国人が何事にも客観を先ず重視して、その客観との調整の範囲内でのみ主観を考えた、むしろ宿命とも言われる民族的習性がうなずかれるのである」（内山2011: 60‒61）。

この内山による「包」=「区切り」という定義に基づき、「生意人」と「擬態」の概念を考察すれば、主に次のような点が指摘できる。

第一に、内山がいう「包医」「包飯」に倣えば、現代社会においても「包車」（自動車の借り上げ）、「包厢」（レストランや喫茶店などでの個室利用）、「包房」（ベッドが二つ以上あるホテルの部屋や留学生用の部屋を貸し切る）など、「包」という言葉は、ことのほか日常生活のなかに溢れている。もちろん、すべてが経済活動に直結する言葉ではないが、少なくとも「包」という言葉には、内山が定義する「区切り」の概念、すなわち防壁、堡や塁のように可視化できるかどうかは別として、自動車や部屋の借り上げを通して他者との境界を立て自らの空間、または自らの仕事（業務）の領域を明確にするという習性を読み取ることができる。そして、この区切るという行為とは、資本家、投資家、経営者、労働者、従業員、農民、さらに官僚、共産党員などが「生意人」へと擬態化するための一つの前提条件でもある。

第二に、「区切り」という概念をより分かりやすく説明すれば、自らの存在する空間・仕事の領域を社会のなかから切り取り、それを私的なものへと転換させる行為である。もちろん、「包車」「包厢」「包房」は、金銭によりその空間を確保しているのだが、中国社会の現実をみれば、そのような金銭のやり取りがなくても、「区切り」は行われている。たとえば、道端に、一枚のゴザを敷けば、それだけで、私的な空間を作り上げることができる。無論、このような行為は、それが正しいのか、間違っているのか、あるいは承認されるかされないかは、他者の判断に委ねられる。しかし、内山に従うならば、善悪の基準（倫理的基準）や承認の是非（制度的基準）について思案する前に、水が高所から低所へと流れるように、ゴザを道端に広げ、「区切り」から始めるということである。

第三に、道端にゴザを広げて商品を並べ、商いを始める行為とは、「思い込み」に基づく経済活動といえる。そして、このような経済活動を行うことは、「生意人」の一つの条件である。しかし、道端をあたかも自らの所有物のように占有するだけでは「生意人」とはいえない。もっとも、その理由は、道路という公有な空間を占有する行為が倫理的に間違っているからではなく、また、制度的に承認されていないからではない。彼らは、区切るという行為を単独で行い、他の「生意人」とともに「包の経済組織」を作り出していないからである。つまり、「生意人」とは、複数で存在することを前提とし、それぞれの私的な空間・領域が境界線を挟み併存している状態の下で、初めて「生意人」への擬態化は達成される。なぜならば、「生意人」とは、境界線と境界線が接するところに生まれる「倫理観」を習性化することによって初めて「生意人」になるからである。すなわち、一枚のゴザを道端に広げて「区切り」を確保するだけでは、習性化すべき「倫理観」を知ることはできず、「生意人」

にはなれないということである。ただし、「思い込み」に基づく経済活動を営む人びとを、頭から「生意人」ではないと否定することはできない。少なくとも「区切り」という行為に注目すれば、彼らは、萌芽的な「生意人」と捉えることができる。

第四に、「生意人」と「生意人」を隔てる境界線は、法的、制度的に取り決められたものではなく、どこまでも境界線上に生まれた「倫理観」、いわゆる「包の倫理的規律」を習性化した「生意人」同士によって敷かれることになる。つまり、「区切り」とは、「生意人」が自らの空間・領域を区切るだけではなく、それは同時に、隣接する「生意人」の区切る行為を承認することによって、自らの空間と領域を確かなものにする。つまり、内山がいう「区切り」とは、自らの区切りを作り出すだけではなく、他者の区切りの行為を承認し尊重する意味を含むものである。そして、このような相互承認の下では、ウィンウィンの関係が成立するとともに、本書の中心的テーマである経済活動における「自由の実現」を考察する上で、不可欠な視点を提供する。

第五に、「生意人」の独立性、不可侵性は、彼らが手にする私的な空間・領域の大きさに関係なく、「生意人」が私的な空間・領域のなかで「主《あるじ》」として存在していることを意味する。「主」とは、この言葉が示すように他者に隷属することなく、独自で意思決定を下すことができるどこまでも独立した存在である。その意味でいえば、「主」を「事業主」という用語に置き換えることもできる。ただし、資本家、投資家、経営者、さらに農民は「事業主」のイメージと一致しやすいが、それ以外の労働者、従業員、官僚、共産党員を「事業主」という用語で理解することは難しい。それゆえ、「生意人」という用語を用いるのだが、その意図は、労働者、従業員、官僚、共産党員もひとたび「生意人」へ擬態化すれば、区切られた空間・領域のなかで、職種、職階、社会的・政治的階層から離脱し、既存の身分に支配されず「主」となるからである。その上で「主」と「主」の不可侵で対等な関係性を前提とした経済活動が営まれることとなる。つまり、このような経済活動とは、多様な「主」の集合体によって行われるものであり、労働者や同業者など同質的な集合体であるポランニーが希望を託す協同組合と比べ大きな違いを見出すことができよう。

以上五点は、内山の「区切り」という概念に基づき「生意人」と「擬態」の概念についての説明である。ただし、「区切り」の概念について、もう一歩踏み込んで「時間」の概念を加える必要があると考えている。

「区切り」とは、「生意人」が他者に侵害されることのない経済活動を営む空間・領域を的確に表現しているが、そのような空間・領域は、必ずしもいつまでも「生意人」の手に収まっているものではない。また、「生意人」同士によって育まれる「包の経済組織」も同じく長時間存在することはない。なぜならば、「区切り」の概念は、時間をも区切るからである。すなわち、「生意人」の私的な空間・領域、その集合体としての組織構造、そして「生意人」自身も、時間的制約から免れることはできない。もっとも、内山がどこまで「区切られた時間」を認識していたかは定かではない。しかし、空間・領域を区切る習性、いわゆる内山のいう民族的習性が、「時間」にも同様な影響を及ぼすと考えることは、まんざら間違いではなかろう。少なくとも「人間の擬態化」「対象物の擬態化」という概念、自らの存在を含めすべての対象物が、循環的な変化を繰り返すという概念は、この「区切られた時間」という概念から着想を得ている。

無論、この「区切られた時間」の概念を理解することは決して容易ではない。とくに私的所有を基礎とした資本主義社会で長く生活していれば、「生意人」とはほぼ真逆な性質、たとえば、私的な空間・領域を永遠に保持したいと願う者、私的なものに対して強い執着心を抱く者、経済組織を少しでも長く存在させたいと願う者にとって、「区切られた時間」を容認することはできないだろう。それゆえ、必ずしも「生意人」だけの特徴ではなく、広く中国人に共通する行為でもあるが、人びとが転業や転職を繰り返すこと、さらには、経済組織がビルド&スクラップ[17]を繰り返すという「擬態」の概念に対して、違和感、あるいは嫌悪感を抱き、そこに中国経済の欠点を見出そうとするであろう。しかしこの「擬態」が原因で、中国経済が停滞するような状況に陥るならば、違和感や嫌悪感には正当性が付与されることになる。しかし、中国経済の実態は、そのような正当性を与えるような軌跡を歩んではいない。むしろ改革開放後の中国経済の成長要因の核心は、「区切られた時間」の概念、「擬態」の概念に基づき、長期的に私的所有（あるいは私的占有）が許されない「対象物の擬態化」という一つの経済秩序に求められる。そして、擬態的性質を帯びた私的な占有を基礎とした経済活動とは、一方では、中国経済の個性を語る上で不可欠な要素であるとともに、他方では、ポランニーをはじめ私的所有を基礎とした経済活動の問題点に対して、まったく異なる次元からの突破口を提示することになる。

4　費孝通の「差序格局」

費孝通（一九一〇〜二〇〇五）は、中国革命成立以前に『育成制度』（一九四七年）、『郷土中国』（一九四八年）、『重建中国』（一九四八年）などを出版し、岸本美緒が指摘するように、「中国の社会秩序に関する斬新な問題提起がなされた特色ある時期」に活躍した研究者の一人である（岸本編2006: 281）。その研究領域は社会学、文化人類学など多岐に及び、本書で考察すべき論点を優に超えている。それゆえ、ここでは、費が『郷土中国』で展開した「差序格局」と「団体格局」の概念に焦点を当て考察を進める。もっとも、この二つの概念に関する研究を振

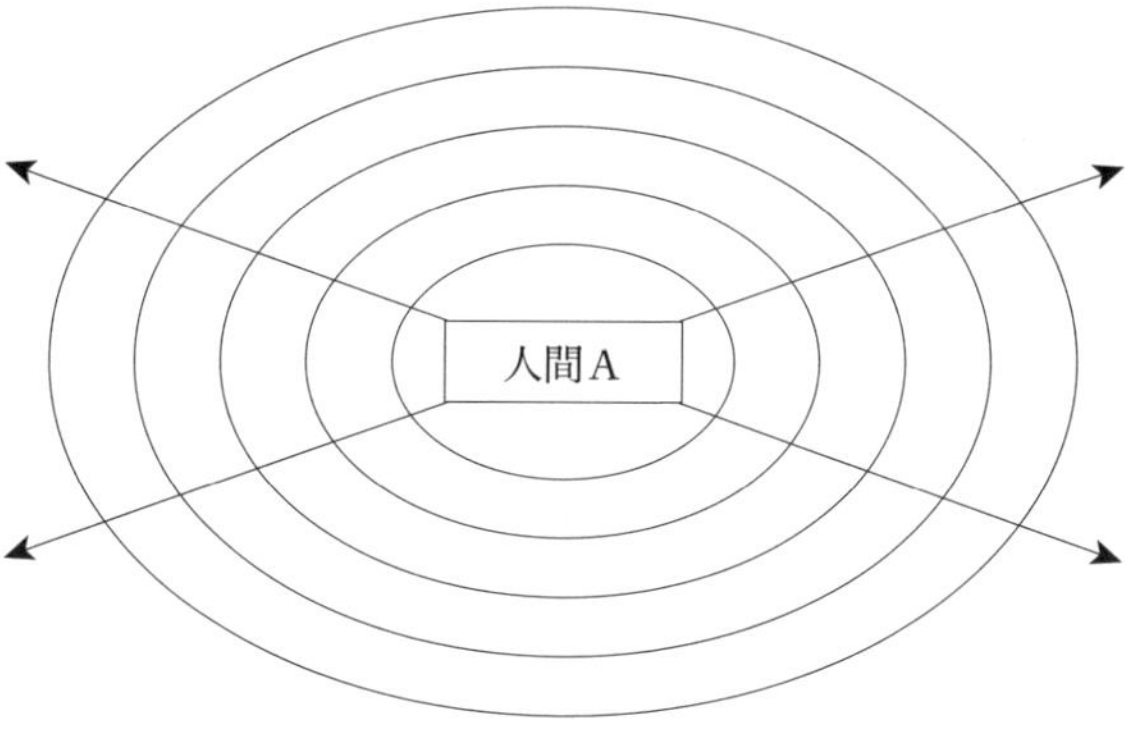

図1–1　差序格局　波紋の広がり

り返れば、ネットワーク論や社会構造論の視点で分析されることが多く[18]、経済学で利用されることは皆無であったといえよう。しかし、経済秩序の個性を把握するためには、「差序格局」の概念は不可欠である。なかでも、「差序格局」に「生意人」を落とし込むと、その特異な存在が浮かび上がってくる。

ただし、「差序格局」の概念を理解することは少々難解でもある。そもそも「差序格局」という用語は、「差序」と「格局」に分けられるが、「差序」とは費の造語であり、「差」とは格差や差異、「序」は順序や序列の意味である。「格局」とは構成や構造という意味である。すなわち、「差序格局」をあえて日本語に訳せば、おおよそ「差異と序列の構造」ということになる。しかし、このような訳からこの用語を把握することは不可能である。そのため、「差序格局」をより分かりやすく説明するため、以下では、視覚的に捉えることから始める。

図1–1は、費がいう「あたかも一つの石を水面上に投げ入れると一輪ずつ広がっていく波紋」(費孝通2019: 68)を表現したものであり、「人間A」を中心に広がる円は波紋を示している。もっとも、この図は、「差序格局」の原型であるとともに、あくまでも静止した状態であるが、費が、波紋という比喩に託した意図とは、まさに外側に向

かって広がり続けていく動き、すなわち「運動」の概念である。この「運動」という概念を念頭に置き、この図を基に「差序格局」を解釈すれば、主に次のような点が指摘できる。

第一に、この波紋を生み出す源とは、同心円の中心に位置する「人間A」である。費は、この「人間A」が波紋を生み出す理由を孔子の「推己及人」（己を推して人に及ぼす）という言葉を引用し、「人間A」が個人的かつ自発的に自らを外に向かって推し出す力であるとする。そして、この「人間A」が引き起こす波紋、さらにその波紋が他者の波紋と出会うことによって、社会は形づくられる。すなわち、中国社会とは、人間と人間のそれぞれが生み出す波紋の出会いを源として成立していると捉えることができる。

第二に、「人間A」の周りに描かれた円は、「人間A」に近い波紋から遠ざかるほどに、その関係性は希薄化されていく。費は厳格に一つずつの輪と「人間A」との関係性を説明しているわけではないが、おおよそ一つ目の輪は家族、二つ目の輪は親戚、三つ目の輪は地縁、そして、もっとも外側の輪は「見知らぬ人」と理解することができる。もちろん現代社会を念頭にすれば、三つ目の輪と一番外側の輪の間には同窓生の輪、職場の輪などが含まれることになるだろうが、いずれにせよ、「人間A」からみれば、波紋の広がりは、親しさ、人情、相互扶助などの強弱、あるいは「熟人」（よく知った人）と「生人」（見知らぬ人）の違いを示すものである。

第三に、「人間A」から広がる波紋は、その先々で他者が生み出す波紋と出会う。図1-2は、それぞれの波紋の出会いを描いたものである。「人間A」の一つ目の波紋は、彼と家族関係にある「人間B」、二つ目の波紋は、血縁関係にある「人間C」、三つ目の波紋は、地縁者「人間D」、四つ目の波紋は、見知らぬ人「人間E」との出会いを表している。無論、人間が出会うだけで関係性が生み出されるわけではないが、出会いによって関係が生まれると仮定するならば、「人間A」は、自らを外側に推し出すことによって、異なる四つの関係性が形成され

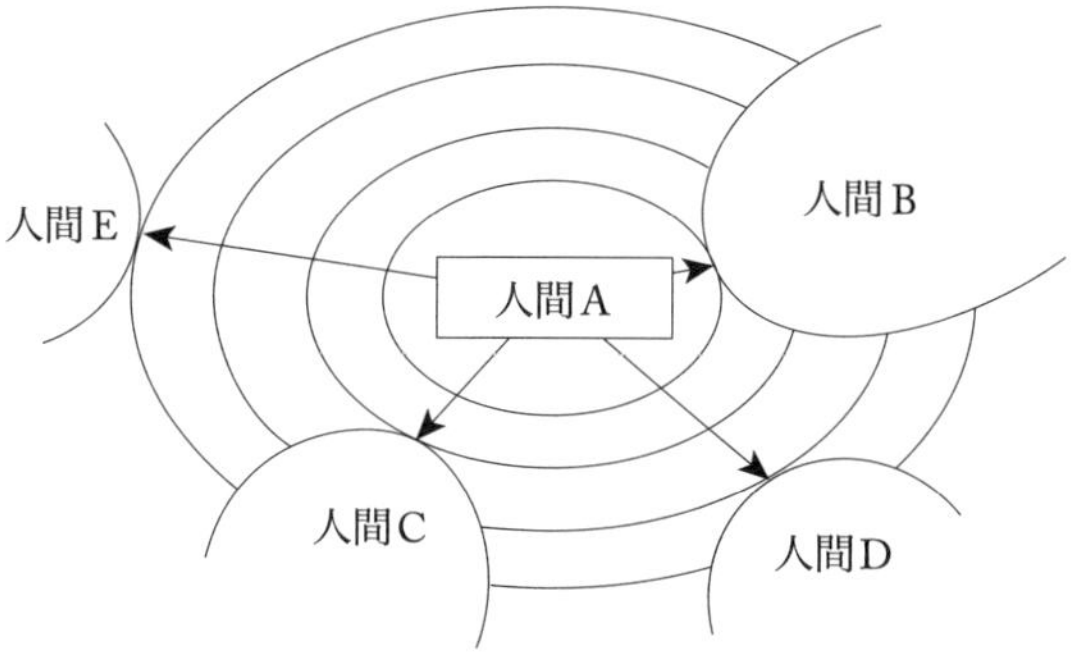

図1–2　差序格局　波紋の出会い

ることになる。費は、このような人間関係を「圈子《チェエンズ》」と呼ぶ。すなわち、「人間A」は四つの「圈子」を保持する者といえる。

第四に、波紋と波紋の出会いによって人間関係が形成されるためには、波紋と波紋が出会うときに生まれる「倫理」を知ることが必要となる。費は、「倫とは、水紋が出会うところに倫理が生まれる」（費2019: 70）という一文を『釈名』から引用しつつ、倫とは、「分別をわきまえる」ことであり、「礼」を踏み外すことはできないとしつつも、それぞれの次元に対応する「倫理」であるとする。すなわち、それぞれの「圈子」にはそれを形成するために必要な道徳的要素や倫理観が必要とされる。たとえば、「人間A」にとっての血縁者であれば「孝」と「梯」、友人であれば「忠信」という道徳的要素を指す。それは、まるで「人間A」が自らの手で作り出した舞台の上で必要とされる仮面を被り、それぞれの「圈子」にふさわしい道徳的要素や倫理観を備え振る舞うことが求められるといえよう(19)。つまり、「差序格局」とは、「圈子」に対応したそれぞれの道徳的要素や倫理観が配置された状態といえる。

第五に、「圈子」に対応する道徳的要素や倫理観を誰もが持っているわけではない。たとえば、「人間A」がある一つの「圈子」において、「徳」が求められたとする。ところが、出会った他者が応えられない可能性もある。費は、このようなケースの対処方法として、論語の次のような孔子と弟子の問答から説明する。すなわち、「ある人が恨みに対して徳で応えるというのは、如何でしょうか?」と尋ねた。先生は「では徳には何で答えるのですか? 恨みに対しては素直に答え、徳に対してのみ徳で答えればいい」(費2019: 73)と教える。この一節から費は、不幸な出会いの対処方法として、他者そのものに差をつけることであるとし、それを差序的階層化と呼ぶ。一見すれば、この差序的階層化とは、臨機応変に他者との対応が求められているようでもあるが、むしろその真意は、「圏子」に対応する道徳的要素や倫理観は人間それぞれによって異なることを意味している。よくよく考えるまでもなく、「孝」と「悌」、「忠信」が誰もが同様に習性化しているわけではなく、「人間A」の「徳」と他者の「徳」がそれぞれ異なることは必然である。そして、この違いを前提とすれば、道徳的要素や倫理観は、出会った人間同士によって修正・調整されながら、「圏子」は形成されることを意味する。[20]

このように「人間A」を中心に据え、波紋と波紋の出会いが社会を成立させ、躍動性を生み出す原動力と位置づけることは「差序格局」の要諦といえる。そして、費は、「団体格局」との比較を通して、中国における人と人の結合原則、さらにそれに基づき現れる社会構造をより鮮明に浮かび上がらせる。

図1-3は、「団体格局」を表したものである。費は、この図を次のように説明する。「西洋の社会はどこか、我々の田畑にある束ねられた柴のようなところがある。数本の稲を束ねると一把《つかみ》となり、数本の把を束ねると一扎《くくり》となり、数本の扎を束ねると一梱《しばり》となり、数本の梱を束ねると一挑《かかえ》となる」とする(費2019: 66-67)。束ねられる柴は、人間そのものを表すとともに、「一本一本の柴は、一挑のなかにあっても、特定の一梱、特定の一扎、特定の一把の中にある。一本一本の柴は、一把の中の仲間、一扎の中の仲間、一梱の中の仲間を探しだすことができ、それぞれきれいに束の中に納められて乱れることがない」(費2019: 66-67)と、西洋社会のなかでの人間関係の特

徴を示す。そして、「差序格局」と比べれば、主に次のような点が指摘できる。

第一に、「人間A」が生活を維持し、経済活動を行う上で、他者との結びつきは不可欠であり、「圏子」とは、その結びつきの表象である。すなわち、一つの組織、団体にほかならず、仲間意識や結束力は存在する。それゆえ、「一把の中の仲間、一扎の中の仲間、一梱の中の仲間」との違いを見出すことは難しい。しかし、「圏子」を縛り付ける縄は存在していない。中国における他者との結びつきとは、水紋が出会うところに倫理が生まれることを知り、それを習性化することが求められるだけである。つまり、「差序格局」と「団体格局」の違いを簡潔に述べれば、縄の有無である。

第二に、費は、柴を束ねるための縄について詳細に述べてはいない。本来であれば、宗教や規範などが具体的に示されるべきである。それゆえ、人間が束ねられるために使用される縄が、どのような倫理観であるのか曖昧さは残る。(21) ただし、その倫理観に基づき現れる社会構造の特徴は、図1-3から読み解くことが可能である。その特徴とは、柴が、一把から一挑へと小さな束から大きな束へと変化を遂げる点にある。すなわち、縄とは、人びとを団体や組織に縛り付ける役割だけではなく、その規模を徐々に広げながら結束力を高めていく性質を内包していると捉えることができる。

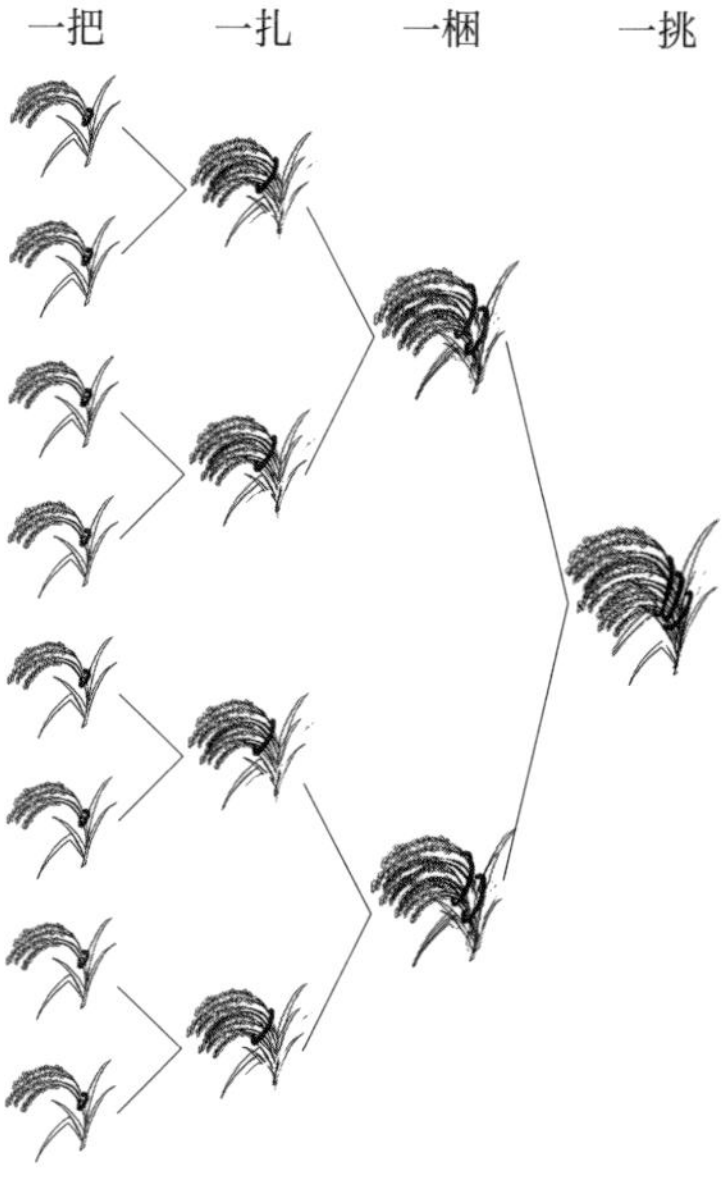

図1-3　団体格局

第三に、この規模の広がりを可能にする倫理観の特徴は、小さい束よりも大きい束が尊重される点、あるいは一人の人間の利益よりも、仲間や団体のそれが重視される点にある。つまり、縄の役割とは、自己犠牲の精神を美徳とする価値観の共有化にほかならず、人びとは縄の存在に疑問を抱くことなく、この価値観に従うことが求められる。

以上三点から明らかなように、縄の有無は、中国と西洋の社会構造の違いを露わにする。そして、費は、縄の有無と「公」の問題を重ね合わせ、中国と西洋社会におけるそれぞれの「公」についての理解の仕方、または「公」が存在する空間についての考察を展開する。[22] つまり、費が、二つの概念を比較した狙いとは、「公」を成立させるための縄が存在しない特殊な中国の社会構造を明らかにした点にある。または、「差序格局」に基づく人と人の結合原則の下で、自己犠牲を伴いながら「公」の概念が拡大していくことが難しい現実を浮かび上がらせたといえる。費が『郷土中国』を執筆していた時代、すなわち、深い混迷と動乱のなかで、西洋社会のような「公」を生み出す縄の存在に強い関心が寄せられたことは必然であったといえよう。無論、そのような時代性を抜きにしても、中国における「公」の問題は興味深い論点であり続けていることに違いはない。しかし、ここでは、「公」の問題は棚に上げ、「差序格局」の視点から「生意人」と「擬態」についての考察を行う前提として、次のような問い掛けから始めたい。

人間が豊かな生活を送るためには、束ねるための縄が必要であるのか、あるいは経済が発展するためには人間を鎖のような強いもので束ねるほうが効率的で合理的であるのか、という問いである。少なくとも西洋社会における経済的な成功を顧みれば、この問い掛けに対する答えは容易に導き出せそうでもある。ただし、改革開放以降の経済成長をみれば、縄の存在が不可欠であるとする回答で満足することはできない。しかも、費が経済活動について語る言葉を繋ぎ合わせていくと、「生意人」や「擬態」の概念を理解するためのヒント、さらに、縄がなくとも経済の成長を可能にする要因を読み解くための手がかりが隠されている。経済活動の視点から「差序格局」を読み直すと、主に次のような点が指摘できる。

第一に、筆者は、「差序格局」を説明するにあたり、「人間A」という用語を用いた。その理由は、費が、「差序格局」の中心に位置する人間について、たとえば、農民であるとか、地主であるとか、あるいは男性であるとか、特定の人間を想定していないからである。逆説的にいえば、費が想定する人間とは、すべての中国人とまではいわないにしても、(23)大半の中国人そのものを想定していたと推測される。すなわち、「差序格局」に基づく中国社会とは、職業、職位、社会的身分などには関係なく多様な人びとの波紋が生み出され、多様な人びとと出会う可能性を内包した構造といえる。そして、このような社会構造とは、多様な人びとによって構成される「生意人」を生み出す一つの前提条件にほかならない。少なくとも「団体格局」の下では、縄で縛られなかなか身動きができないばかりか、たとえば、農民が大企業の社長と出会い、ともに商売を始めることを想像することは難しい。しかし、中国ではそのような出会いを否定することはできない。さらに、改革開放以降における人びとの流動性は、費が『郷土中国』を発表した時代と比べ、多種多様な人びとの出会い、「生意人」になるための環境は無限大に広がっている。

第二に、図1-2に戻り、経済活動と「圏子」についてみると、すべての「圏子」とは必ずしも経済活動を目的に形成されるわけではない。なかでも地縁血縁者を中心とした「圏子」であれば、生活面での相互扶助、生活空間における政治的な問題などに対処することに目的が置かれているケースが多いといえよう。もちろん、経済活動が行われることもあるが、地縁血縁者を中心とした「圏子」の下では、「人情」の影響を強く受け、「包の倫理的規律」と「擬態」の概念を習性化した「生意人」の誕生が妨げられる可能性は否定できない。いわゆる商売をしているのか、地縁血縁者を援助しているのか、実に曖昧な状況が生まれてしまう。したがって、「生意人」とは、「人情」が求められる「圏子」から遠く離れた、もっとも外側の「圏子」のなかにその存在を見出すことができる。つまり、「生意人」が生まれる「圏子」とは、見知らぬ人と見知らぬ人が出会う場所であり、「包の経済組織」は、この場所に成立する。

第三に、見知らぬ人の波紋と出会うためには、波紋を遠くまで広げなければならない。そのためには、エネルギーが必要となるが、その源泉は、利己的な欲望、具体的にいえば、「お金持ちになりたい」といった強い欲望である。そして、その欲望が強ければ強いほど、波紋は遠くへ、さらに四方八方へと勢いよく広がり、見知らぬ人と出会うためのチャンスが膨らむ。つまり、「生意人」の一つの前提条件とは、利己的な強い欲望が必要となる。無論、このような欲望はしばしば拝金主義と非難されることも事実である。しかし、この欲望こそが、経済秩序の個性を形成する源泉である。

第四に、「生意人」同士の出会いとは、利己的な欲望のぶつかり合いを意味する。しかし、その出会いのなかで、他者を騙し、利益を掠め取り、自らの欲望の最大化が計られるわけではない。ただし、この倫理には利己的な欲望を捨て、社会全体の利益を重んじるような徳、他者に対する情やボランティア精神は含まれていない。すなわち、「生意人」は人として卓越するわけではなく、利己的な欲望はそのままの状態に据え置かれる。

第五に、誰もが、「生意人」になることを目指しているわけではない。地縁血縁者の「圏子」のなかに安寧が確保され、満足すればわざわざ遠くまで波紋を広げる必要はない。つまり、お金儲けが必要となり、それが最大の目的とされたとき、波紋は広げられる。逆に、「生意人」として成功を収めても、お金儲け以外の目的が最大化されたとき、その波紋を縮めることができる。いずれにせよ、波紋の伸縮性は、個々人の金銭的な欲望の強弱、あるいは個人的な人生設計に準ずることになる。ただし、波紋の伸縮は、いかなるときも「生意人」がコントロールできるとは限らない。少なくともビジネスに失敗した場合、「生意人」の意思とは関係なく、その波紋は縮小することになる。しかし、失敗はすべての終わりを意味しているわけではない。なぜならば、その失敗は、「包の経済組織」を形成する構成員だけが知り得る情報であり、他の「見知らぬ人」との出会いを阻止するものではないからである。何度失敗しても、新たな出会いを求め、波紋を再び遠くまで伸ばせば、「お金儲け」のチャンスは与えられることになる。

第六に、費がどこまで意識していたかどうか定かではないが、波紋という表現には、内山の「区切り」と同じく、「時間」の概念を見出すことができる。すなわち、波紋とは、時間の経緯とともに消滅するものである(24)。ただし、「圏子」によって消滅するまでの時間は異なる。地縁血縁者のように「人情」で結ばれた「圏子」であれば、生命のある限り存続するケースもあるだろう。しかし、「生意人」の「圏子」の場合は、見知らぬ人がよく知った人へと変化するとき、たとえば、「人情」が生まれるような密な関係性になったとき、その「圏子」は消滅、あるいは「人情」を第一とするような「圏子」へと変質を遂げることになる(25)。つまり、「生意人」の「圏子」である「包の経済組織」とは、地縁血縁者の「圏子」とは異なり、「区切られた時間」の「区切られた空間」と同じく、擬態的な性質を強く帯びた組織といえる。そして、この擬態的な性質は、利己的な欲望を「利潤の社会化」と「自由の実現」へと変質させる重要な役割を果たすことになる。

第七に、「生意人」の「圏子」が消滅した瞬間、「包の倫理的規律」を習性化する必要性も消える。習性化とは、一時的なものであり、さらにいえば、「包の倫理的規律」とは、「生意人」が「生意人」として存在するためだけの労働倫理観である。このことは、人間の欲望、感情、理性、道徳心などが交錯しながら形成される人間の本質あるいは個性が、決して「包の倫理的規律」に回収されないことを意味する。すなわち、「人間A」は「包の倫理的規律」を習得化して「人間A'」へ、さらに「人間A」に再び戻るという擬態を繰り返すことになる。もとより擬態という概念はポランニーの犠牲化という概念から着想を得ているが、その概念とは、人間の個性・本質を踏みにじるもの、人間の存在をすり潰すものであるとするが、「人間の擬態化」とは、むしろポランニーとは逆の意味である。つまり、倫理が人と人の間で形成される限り、生身の人間の個性・本質は保持されることになる。

第八に、「生意人」の擬態化についてさらに述べれば、彼らは、多種多様な差序的階層を内包した存在である。そして、内包する「圏子」の増減は、経済状況によって減少を余儀なくされる場合を除いて、そのコントロール権は彼らの手の内にある。そして、このような「生意人」とは、『郷土中国』のなかで費の主張がもっとも凝縮した次の一文を具現化した存在でもある。「孔子は決して楊朱のように「小己」(頑なな自己)でもって一切の情況に応じたのではなく、この道徳の範囲を必要に応じて拡大したり縮小したのである。孔子は、道徳の範囲を広げるだけで狭めることのできなかったイエスや中国の墨翟《ぼくてき》(敬称は墨子)とは違っていた」(費2019: 73)。この一文は、必ずしもキリスト教を基礎とした西洋社会だけに焦点を当てているわけではないが、「圏子」に応じて道徳的要素や倫理観を自在に伸縮し、多種多様な「圏子」を保有する「生意人」の存在を読み解けば、西洋とは大いに異なる中国の文明を体現した人間に触れることができるといえよう。

以上八点から明らかなように、「差序格局」という視点から「生意人」と「擬態」の概念を捉えると、「生意人」の条件として、次のようにまとめることができる。

第一に、「生意人」とは、利己的な欲望が強く、波紋をより遠くまで、そして、見知らぬ人に出会う場所まで広げることが一つ目の条件である。つまり、あくまでも「生意人」へと擬態化するために必要な条件とは利己的な欲望であり、職業、社会的身分、戸籍、学歴、性別などが問われることはない。無論、いつも欲望が実現するとは限らないが、たとえ失敗したとしても、成功するために何度でも波紋を広げ続けることができる。

第二に、見知らぬ人と出会う場所とは、「人情」とは無縁な空間であり、互いに「包の倫理的規律」を習性化されていることが二つ目の条件である。ただし、両者の習性化のレベルがいつも一致するわけではない。そのため絶えず修正・調整が行われることになる。それゆえ、経済活動において成功へと導く鍵は、両者の習性化のレベルとともに、修正・調整力が問われることにもなる。

第三に、見知らぬ人と出会う場所において成立する「包の経済組織」とは、どこまでも見知らぬ他者が見知らぬままで存在する限りのものである。つまり、時限的な組織であり、逆説的にいえば、組織そのものに対する所有欲は決して大きくはないことを意味する。その理由は、「生意人」が「擬態」の概念を習性化している点に求められ、それが三つ目の条件である。

ただし、このような条件とは、あくまで「差序格局」に「生意人」を落とし込み作り上げた一つのモデルである。実際の現実社会をみれば、このモデルが崩れることは常である。たとえば、「生意人」が「人情」に流され、「包の経済組織」に「よく知った人」が入り込むこともある。また、地縁血縁者が「包の経済組織」を隠れ蓑として、地縁者や血縁者の「圏子」の利益の最大化が計られることもある。まさに人間の感情や欲望が入り混じりながら、社会は動き続けている。その動きは激しく、掴み取ることは難しいといわざるを得ない。すなわち、このモデルから「生意人」のすべてを語り切ることはできないのだが、次章以降では、このモデルを一つの原型に実際の中国人が行っていることを重ね合わせながら、中国経済秩序の個性についての分析を進める。

第二章　「利潤の社会化」と「包」の再定義

1　「生意人」と「包の倫理的規律」

「包の倫理的規律」とは、柏によって発見された中国人の労働倫理観である。柏は、それを「悪しき倫理観」とし、中国経済の停滞要因の一つとして位置づける。しかし、「悪しき倫理観」とは、柏自身の労働倫理観と比較した上で生まれた理解であり、さらに、停滞論を描くために都合よく形づくられたものでもある。つまり、柏の「包」論をそのまま継承する必要はない。そのため、本節では、停滞論を含め、柏が明らかにした「包の倫理的規律」を再考し、柏が発見できなかった「生意人」に求められる「特異な才能」について考察する。

柏は、「包の倫理的規律」を「我と汝」「寄生的性格」「投機的性格」「私人的性格」という用語で説明する。無論、これらの用語とは、「悪しき倫理観」を端的に説明するものであるが、柏が捉えた「人」のそれぞれの特徴を具体的にみれば、主に次のような点が指摘できる。なお、柏による「包」の説明では人間を「人」とし、「生意人」とは区別し論を進める。

第一に、柏は、「我と汝」という視点から、「包の経済組織」を構成する人びとの労働倫理観を明らかにする。

そもそもこの「我と汝」とは、一人の「人」のなかに共存するものであり、「対物的技術的により優れた能力の人たる「汝」を我の中に見出す」（柏1986a: 159）という意味である。そして、我のなかに汝を発見することは、「とりもなおさず自分自身の技術的培養にほかならない。これがヨーロッパ経済社会における営みの特色」（柏1986a: 159）であるとする。つまり、ヨーロッパ社会（もちろん日本社会も同様に）では、「人」は、「我」のなかの「汝」が、技術革新、コストダウンのために切磋琢磨し、利潤の最大化が目指されるということである。しかし、「包の倫理的規律」に従う「人」は、自らのなかに、そうした努力に精を出す「汝」を作り出すことはない。「汝」とは「「包」的第三者」「自己以外に求められた人」である（柏1986a: 159）。つまり、柏は「我と汝」の視点から仕事を他者に全面的に依存する「寄生的性格」を浮かび上がらせ、この労働倫理観から中国人は他人任せな怠け者という中国人像を導き出すとともに、生産面における技術的な前進の阻害要因であると位置づける。

第二に、柏は、「人」の「投機的性格」に注目する。第三者に「寄生」することは、他者に仕事を丸投げし、利潤を手にすることを意味する。それは、まるで一つの商品を次から次へと受け渡しながら中間マージンを取得していくようでもある。それゆえ、柏は「「包」は商業に通じている」（柏1986a: 156）と評する。ただし、「包」とは、商業分野だけに限定されたものではなく、農業、工業などいかなる業種にも見出せる秩序であるとする。つまり、目にみえる商品という実物を受け渡していくだけではなく、上司が部下に仕事を丸投げし、自らの出世を部下に託すこともある。つまり、「寄生的」であることは、将来に対する自らへの投資的な行為であり、まさに寄生する他者とは「賭け事」の対象でもある。あるいは、そこに、不労所得を目指す、労少なく多くの利益を求める「人」を見出したといえよう(1)。

第三に、柏は、「人」の「私人的性格」を読み解く。なかでも彼が注目したのは、官僚の「私人的性格」である。

柏が中国で目にした官僚たちの姿とは、「我と汝」「寄生的性格」と同じくヨーロッパや日本などの労働倫理観とはかけ離れ、違和感、嫌悪感を抱く対象であった。柏は、具体的に中国の官僚を、次のように描く。「中国の吏僚は、このような私人たる天子の単なる使用人ではない。あるいはまた、このような私人たる天子の機能の単なる分担者であると見ることもできない。しからば中国の吏僚はいかなる性格のものであろうか。中国の吏僚もまた私人である。しかして天子と民との間に入って、その間の取引関係に「包」的に機能する第三者たる私人である」(柏 1986a: 214–215)。この取引関係とは、徴税を指し、柏は官僚を「徴税を「包」的に確定化し請負う人であった」(柏 1986a: 215) とする。ただし、官僚は、少しでも多くの税を天子のために忠実に徴収していたわけではなく、徴税したものの一部を天子に渡せば、残りはすべて自らの懐に入れることを常として、天子を前にしても「私人」として振る舞っていたと捉える。つまり、このような「私人」的な官僚は、国の富を貪り、経済発展に寄与することができない存在にほかならず、柏は、そこに「停滞論」の一つの要因を見出す。

以上三点は、柏が描いた「包の倫理的規律」に従う「人」の特徴であり、同時に、中国経済の停滞要因でもある。無論、繰り返し述べているように、このような柏の解釈に同意することはできない。それゆえ、以下では、柏が捉えた「包の倫理的規律」を「生意人」に落とし込み、「寄生的性格」と「私人的性格」を「生意人」は習性化しているのか、あるいは、柏の理解に及ばない隠された特徴は存在するのか、これらの疑問に答えながら、「生意人」が習性化する労働倫理観を明らかにする。

まず、「寄生的性格」についてみると、それは、柏からみれば、どこまでも「悪しき倫理観」である。しかし、この「寄生的性格」は、「生意人」が習性化しなければならないもっとも重要な労働倫理観であり、これを習性化していない「生意人」は「生意人」ではない。さらにいえば、この労働倫理観こそが、改革開放以降における中国経済の発展の要諦でもある。無論、本節においてこの要諦のすべてを語ることはできないが、ここでは、「生意人」の「寄生的性格」な労働倫理観についての基礎的な考察を行う。ただし、「生意人」と「寄生的性格」についで考察する場合、「生意人」同士が寄生するケースと「生意人」と「生意人」ではない人びと（主に地縁血縁者）とが互いに寄生するケースがある。当然、それぞれのケースにおいて「寄生」の意味は異なるが、以下では、前者の「生意人」と「生意人」が寄生するケースを対象とする（後者のケースは第三章で考察する）。

「生意人」が「生意人」に寄生することを簡潔にいえば、仕事を丸投げすることである。この丸投げという点だけに注目すれば、柏の指摘通り、そのような行為は、自らの仕事に対する不真面目さ、他者の能力に頼りながら自分の懐を温める行為にほかならない。もちろん、このような捉え方は「停滞論」の要因としては十分であるが、どこまでも一面的な理解であるといわざるを得ない。少なくとも「寄生的」な労働倫理観を習性化する「生意人」の特徴として、次のような点が指摘できる。

第一に、「生意人」が「生意人」に対して、仕事を丸投げする行為は、命令・指示を出さない、口を一切出すことなく他者に仕事を任せることを意味する。「区切り」の概念で説明したように、「生意人」とは、一人の「主」であり、「主」が「主」に対して、たとえそれが、仕事の出し手と受け手という関係であっても、互いの不可侵性は厳守される。すなわち、「生意人」が「寄生的」な労働倫理観を習性化することは、「生意人」同士の不可侵性に基づく経済活動を実現するための条件でもある。

第二に、「包の経済組織」は、不可侵性を互いに堅持した「主」の集合体である。そのため、この経済組織は、「主」が「主」を見出すことによって形成されることになる。つまり、「寄生」すべき第三者を発見することは、決して従属的な関係性ではなく、命令・指示が通用しない関係性のなかで、「生意人」を探し出さなければならない。言い換えれば、「生意人」は、「生意人」を選択する場合、その行為は一つの投機的性質を帯びたものであるが、より多くの利益を生み出せるような「生意人」を見抜く判断力が必要となる。そして、この判断は、決して他者に依存することはできない。

第三に、ハンナ・アーレントは、カントの解釈に基づき判断力を次のように定義する。「訓練することができるだけで、教えることのできない一つの特異な才能」である(2)。つまり、「生意人」が第三者を選択するための判断力は、生得的な能力ではなく、学校教育で教えられるものでもなく、ましてやマニュアル本が本屋に並んでいるわけではない。すべからず「生意人」が、経済的な成功と失敗を繰り返しながら習得するものである。もちろん、「生意人」が成功と失敗という経験を通して、その内部に「汝」が出現し、意識的に習得するための努力をしているのか、あるいは、無意識に蓄積されているのかどうかは定かではない。その上、「生意人」が経済的に成功するためには、どの程度の「特異な才能」が必要であるのか、その基準すら明確とはいえない。つまり、「生意人」自身、成功するために必要とされる判断力がいかなるものであるのかを理解できているわけではない。そのため、実際の選択は、基準のない不確定な選択を繰り返し行わざるを得ない。逆説的にいえば、不確定な選択に迫られることが、まさに判断力を養うための訓練であり、この訓練の連続のなかで、「生意人」には「特異な才能」としての判断力が習得されることになる。

第四に、不確定な選択とは、高学歴の者を選べば成功する可能性が高いとか、信用できる職場で働いていた経験者であれば安心できるとか、女性よりも男性の方が頼りになるとか、若者よりも年配者の方が信用できる、というような選択基準が予め用意されていないことを意味する。すなわち、既存の価値観、通説的な選択基準に依存できないことにほかならない。つまり、「生意人」は学歴、職歴、性別、年齢などの外部の基準を用いて第三者を選択したとしても、成功する保証はどこにもない。そのため、「生意人」が優秀な第三者を発見するためには、その選択範囲を広げること、費の言葉を借りるならば「波紋」を次から次に四方八方へ放ち、多くの出会いを生み出し、多様な人間関係を形成することが重要となる。(3) そして、そのような出会いとは、「生意人」からみれば、判断力を養うための訓練の場所を提供することになるが、選択される側からみれば、たとえ低学歴であろうと、あるいは失業者であろうともチャンスが与えられることになる。少なくとも選択の判断基準が外在化されることなく、「生意人」の判断力に委ねられている限り、経済的・社会的地位や生まれながらの身分に関係のない多様な人びとによって「生意人」は構成され続けることになる。

第五に、「生意人」が第三者を選択する場合、柏が指摘するように「単に見出された人の発見があるのみ」（柏 1986a: 187）であり、どこまでも偶然によって支配されている。すなわち、第三者の発見とは、宴会の席上、趣味などを通して、日常生活のなかでの偶然によってその関係が結ばれていくのが、その実態により近い。(4) ただし、「偶然の出会い」のなかであっても、選択基準には暗黙の了解として、自分より資金力の低い「人」を選ぶ傾向が強いのではないかと推測している。つまり、「生意人」は、第三者を選択する場合、下降的なベクトル、いわゆる自分よりも資金力の乏しい「人」を発見するという基準を習性化していると考えられる。そして、そこには、本来、「生意人」と「生意人」の関係には持ち込まれない「人情」、あるいは人間味あふれる「やさしさ」とでもいうべき「生意人」の「感情」が表出することもある。そして、この下降ベクトルと「人情」が結びついた先に、地縁血縁者が見出されることになる。すなわち「生意人」も人間であることに違いはなく、必ずしも経済的な要因だけが、彼らを突き動かしているわけではない側面も考慮しなければならない。

以上五点から明らかなように、「生意人」が習性化する「寄生的」な労働倫理観とは、柏が指摘するような「悪しき倫理観」の枠には収まりきらない。むしろ他者に寄生することは、他者との不可侵性を尊重し他者の能力を見定めることを意味する。この二つの性質は、「生意人」を正しく理解するためには不可欠な要素であり、「生意人」からみれば、他者を尊重し、他者を選択するための判断力を身につけることは、「生意人」として成功するための条件でもある。しかし、柏は、この二つの性質を発見することはできなかった。

もっとも、他者を尊重することと他者を判断することは、俗人的であり、恣意的でもある。さらに、下降ベクトルが示すように、貧しき者に対して同情や慈愛の精神が生まれることもある。すなわち、「包の経済組織」とは、「生意人」の主観が支配し、いわゆる人治に基づき構成された一つの経済組織でもある。それゆえ、たとえ柏が「特異な才能」に気づいたとしても、俗人的、恣意的、人治という用語を前にすれば、前近代的な風習として一掃していた可能性は高い。また、日本人の従順性を経済成長には不可欠な要素であるとし、さらに、人間を鎖でしっかり束ねた方が、生産性の向上に効果的であると信じる者からみれば、柏と同じような見解を示すことになるであろう。しかし、そのような見解とは、隷属的な労働に基づく「人間らしい生活」を肯定することであり、「人間らしい労働」の追求を放棄することにほかならない。無論、日本に限らず、中国研究において「生意人」の「特異な才能」が評価されているわけではなく、広く認識されているわけでもない。もちろん、日中の経済成長の比較を念頭に置きながら、従順性と「特異な才能」の評価をいかに進めていくかは今後の課題の一つであるが、少なくとも従順的な「人づくり」に邁進し、その成果に酔いしれている間に、中国では、「生意人」が、従順性とは全く異なる能力を身につけていた事実には十分注意を払う必要があるといえよう。

次に、「私人的性格」についてみると、柏が発見した官僚とは、「悪しき倫理観」に支配され、私腹を肥やし続ける腐敗した人間の姿である。もっとも、このような官僚の「私人的性格」およびそこから派生する汚職や腐敗の問題は、改革開放後の中国社会においても散見できる事実である。つまり、官僚の「私」と「公」の問題は、古くて新しい問題でもあり、柏がそうであったように、いつの時代も社会の病魔のように扱われているといっても過言ではない[5]。それゆえ、汚職や私腹を肥やす官僚について論じることは、その内容を深く吟味する前に、排除すべき対象とされることが常である。ましてや官僚の「私人的性格」を肯定するような論を展開するものならば、非難の的になるであろう。しかし、「生意人」とは、繰り返し述べているように官僚や共産党員が含まれる。つまり、「生意人」を語る上で、この官僚の「私人的性格」についての考察は避けることはできない。また、この考察を怠れば、本書は意味を持ちえない。ただし、官僚の「私人的性格」を論じるにあたり、官僚の「私的」な行為として、主に二つのケースに分類する必要があると考えている。

一つは、官僚の汚職とは、官僚がその立場のまま権力を後ろ盾にして経済活動を行うケースであり[6]、もう一つは、肩書を落とした一人の「私」として経済活動を行うケースである。いうまでもなく、前者は、「私」と「公」が混同した状態であり、「私」と「公」の見分けのつかない仮面を被った官僚である。後者は、官僚の仮面を脱ぎ捨て、新たに「私」の仮面を被り、「生意人」へと擬態化した状態を示す。すなわち、「公」を実現すべき官僚が、その職務を離れ「私」である「生意人」へと擬態化し、「私人的性格」が最大限に発露する状態である。ここでは、この二つのケースを念頭に置きながら、筆者が実際に見聞した一つの事例から、官僚の「私人的性格」について考察する。

事例❶（マンション建設と学校運営）

江西省の地方都市K市では、二〇〇〇年代に入り、急速に都市開発が進んでいる。とりわけK市だけの特徴ではないが、都市開発に伴い、郊外地区を中心に、新興住宅街が次々に出現している。こうした住宅建設は、K市の政府からみれば、一方で、土地使用権を民間の建設業者に切り売りすることによって財源は潤うことになるが、他方において、インフラ整備の負担が必要とされる。なかでも、新興住宅街の新住民のための教育施設の整備（主に幼稚園や小学校）は、その建設費だけではなく、教員の給与、建物の維持費など経費は重くのしかかることになる。そのため、K市の政府は、建設業者に対して、建設許可を与える条件の一つに、住宅街のなかに教育施設の建設を義務づけることが少なくない。さらに、完成した教育施設は、教育局の管理下に置かれるが、直接運営するのではなく、民間から担い手を選択し、その経営を任せることによって、財政的支出の軽減がはかられている。

この事例を、前者のケース、すなわち、「私」と「公」の見分けのつかない仮面を被った官僚が暗躍するケースから捉えれば、この事例の背後における官僚たちの行動を次のように推測することができる。

第一に、政府は、土地使用権を建設業者に売りさばき、その上、教育施設の設備までを建設業者に作らせ、さらに、教育機関の運営を請負うことを望む民間人から、その請負費用を受け取れば、丸儲けの構図、すなわち、政府による利潤の独占化の構図が浮かび上がる。

第二に、官僚は、所有者としての権利、政治的な権力を後ろ盾として、複数の民間人から建設業者や学校経営者を選択する過程で、賄賂を受け取り、私腹を肥やしているのではないかと容易く想像できよう。

第三に、このように想像できる理由は、そもそも建設業者に対して教育施設の建設を半ば義務化することは、政府の決定事項にほかならず、これに違反することは許されず、あるいは、政府や共産党の権力が巨大である現代中国社会において、彼らに対して文句をいうことはできない、という理解に基づく。

このような推測は、いうまでもなく、政府と民間の上下関係を前提とし、「上」の命令・指示に対する民間の服従という関係性を一つの根拠とするものである。そして、官僚はその関係性を最大限に利用して、私的な利益を手にしているという構図である。無論、政府によって汚職撲滅キャンペーンが幾度も出される点に留意すれば、この構図に基づき多くの官僚たちが私腹を肥やしていることは事実であろう。しかし、事例❶の実際は、このような推測とは異なる経緯を辿る。

もとより仕事の依頼主である政府、そしてその体現者である官僚は、どのような基準で民間人を選択するのであろうか。「私」と「公」の見分けのつかない仮面を被った官僚は、賄賂をその基準としている。しかし、この場合、官僚は大きなリスクを伴うことになる。すなわち、官僚側からみれば、選択基準を賄賂の多寡に定めると、確かに懐は温かくなるであろうが、成果が出なければ、出世競争から脱落するだろうし、失敗すれば評価を落とす危険がある。さらには、汚職行為が告発されるようなことになれば、その職位は剥奪され、社会的地位そのものを失うこととなる。したがって、その選択基準は、賄賂の多寡であるよりも、本当にマンションを建設できるのか、教育機関を運営することができるかどうかという遂行能力に求められることになる。

ただし、この事例❶の場合、教育機関の担い手となることを望む民間人には、遂行能力以外の能力も必要とされる。そもそもこの事例❶のポイントは、新興住宅街のなかに教育施設を建設することが新たな条件となっている点である。いうまでもなく、これは建設業者からみれば、住宅街建設の担い手になるための一つのハードルである。その上、建設した教育施設は教育局の管轄下に置かれ、教育局によって教育施設の担い手は選択される。つまり、建設業者は、教育施設の所有者にはなれず、その施設の担い手を勝手に決めることはできない。つまり、教育施設の担い手から資金を直接回収することはできない。そのため、教育施設の建設費は、建設業者からみれば大きな負担となる。逆に、教育局から教育施設を捉えれば、それは建設業者からの贈り物にほかならず、さらに、教育施設の担い手から毎年使用料を徴収すれば、政府の丸儲けの状態である。まさに「私」と「公」の見分けのつかない仮面を被った官僚からみれば、私腹を肥やすための大きなチャンスの到来を意味する。

しかし、この事例❶に登場する教育局の官僚たちは、権力を振りかざし、汚職に手を染めることはなかった。彼らは、教育施設の経営者となることを希望する民間人が、建設業者の負担分を補填するように仕向けた。無論、教育局の官僚たちは、民間人に、補填できる者が教育施設の経営者になるための条件である、と直接命令を下したわけではない。むしろ建設業者に資金を渡すことが、教育施設の担い手となるための重要な選択基準であると気づいた者が選ばれることになった。もっとも、教育局の官僚たちの話によれば、賄賂を持参する有象無象な輩は後を絶たなかったという。民間側からみれば、官僚との人間関係を形成するために賄賂を贈ることに意味を見出そうと必死であったのだろうが、それはあくまでも関係性を形成するための前提条件に過ぎず、関係性がどれほど親密なものであっても、選択されるための決定打とはなり得ないという。つまり、教育施設の経営者になるためには、依頼主である政府と建設業者がそれぞれに何を望んでいるのかを察知する能力が問われる。すなわち政府と建設業者の関係性が、一見すれば上下関係のように映るものを、「主」と「主」としての関係性、両者の「不可侵性」が保たれる状態へ修正するための働きが求められる。あるいは、賄賂以上に重要な選択すべき能力とは、他者の利益を考慮でき、ウィンウィンの関係性を構築する力の有無が重要だったといえる。いうまでもなく、このような能力とは、判断力と同じく、教えることができない「特異な能力」であるといえよう。

このように教育局の官僚は、新興住宅地に教育施設を建設しなければならないという「上」からの命令を無視したわけではないが、それを民間に強制することはなかった。その理由は、建設業者が、利益の損失を補うために手抜き工事をするのではないかと恐れたこともあるだろうが、それ以上に、官僚は、政府の使用人としてではなく、「包の倫理的規律」を習性化した「生意人」として、他者（とくに民間）の利益を尊重したからである。少なくとも選択基準として、賄賂ではなく、民間の利益を重要視している点に注目すれば、そこに、これまでなかなか見出せなかった官僚の姿が浮かび上がってくる。もっとも、その姿とは、「私人的性格」であることに違いはないが、柏が捉えた私腹を肥やすことだけを考えている官僚とは異なり、官僚が「生意人」へと擬態化した状態を指し示すものである。つまり、事例❶のなかでは、官僚も民間人も、「生意人」へと擬態化した上で、官僚はその政治的立場から離れ経済活動を行う。そして、官僚と民間がともに「包の経済組織」を構成し、その下で、建設業者は、政府の目を気にすることなく、新興住宅街を作り上げることができ、また、教育施設の経営者も、自由に学校経営を行うことができ、民間人は「主」としての不可侵性を手にすることができる。少なくともこのような関係性は、官僚が担い手を選択するときに、賄賂の多寡が基準であったとすれば、決して構築することはできなかったといえよう。

もっとも、官僚や共産党員の誰もが、「生意人」として存在しているわけではない。ただし、今なお共産党政権が、汚職行為などの問題を内包しながらも堅持されている事実を前にすれば、必ずしも「公」と「私」を混同した官僚が多数を占めているわけではないだろう。あるいは、官僚が「生意人」として、民間とともに「包の経済組織」を形成し利益を生み出すことに対して、市井の人びとは、一定の評価を下していると捉えることもできるであろう。無論、「生意人」としての官僚に対する評価とは、あくまで公私混同した官僚と比較した上でのものに過ぎない。官僚の資質を支える「私人的性格」をどのように評価すべきかは、官僚と民間による「包の経済組織」によって生み出される「公」についての評価を再考する必要がある。

2　「生意人」と「包の経済組織」

「包の経済組織」とは、柏の「包」論を批判的に継承した上で、生み出した新しい用語である。もっとも、柏が「包」論を展開するなかで、「包の経済組織」という用語を利用することはなかったが、その存在を意識していたことは間違いない。しかし、柏は、労働倫理観としての「包の倫理的規律」と経済組織としての「包の経済組織」を明確に分離することなく、「包」という用語に集約して論を展開した。二つの要素を「包」という用語に押し込めたことは、柏の「包」の定義を狭隘なものとし、さらに「利潤の社会化」や「自由の実現」の探究を消化不良に終わらせる遠因を形成することにもなるが、以下では、柏の「包」論から「包の経済組織」という実体を想定して、中国経済秩序の個性の一つである「利潤の社会化」を柏がどのように捉えたかを明らかにする。

まず、柏が捉えた「包の経済組織」の特徴をみれば、おおよそ次のように整理することができる。

第一に、柏は、「寄生的性格」「投機的性格」という「人」の特徴によって、「包の経済組織」の拡大が避けられないとする。すなわち、「投機的態度は、かえって道程の短縮化をも意味しよう」（柏 1986a: 173）という。つまり、「人」の「投機的性格」は、必然的に、資金回収の時間の短絡化が目指され、自らの利潤を素早く獲得するため急ぎ第三者が求められ、さらに、第三者は第四者、さらに第五者が見出されていくこととなる。そして、その結果として、「包の経済組織」は短い時間でその拡大は避けられず、いわゆる、農業であれば一つの土地に、商業であれば一つの商品に、多数の「人」が群がる状態が生まれるとする。

第二に、柏は、「包の経済組織」を構成する「人」の背後に、資金を巡る「人」の繋がりが生まれると指摘する。すなわち、「資本市場もまた、「包」的な規律を持ち、いく人もの手をへて、転々として融資される」（柏1986a: 181）という。具体的にいえば、「人」が資金を必要とする場合、地縁血縁者、さらに民間金融などから調達されることになり、「包の経済組織」の「人」の背後には、無数の「貸付け」、不労所得を目指す「人」が群がっているという。そして、その周りに存在する人びとからみれば、「包の経済組織」とは、不労所得の獲得のための一つの賭場のような空間といえる。もっとも、このような投機は、「包の経済組織」に対するものではない。どこまでもその構成員である「人」に対するものであり、対人的な投機の枠を超えることはないとする。

第三に、柏は、対人的な投機を次のように捉える。「資本が人の世界から遊離し得ないのである。したがって資本は、人の世界において、その社会関係から自立し、自己自身の運動法則に従って働くようにはなることがない」（柏1986a: 203）。さらに、「蓄積された富が、個々の人から離れて、それ自体として必然的な自己運動性を持つものにはならず、どこまでも人と人との間の契約的・間柄的関係に密接に結びついてのみ、存しているところに特異性がある」（柏1986a: 208）。このような柏の指摘を、具体的に「包の経済組織」に落とし込めば、「人」の「投機的性格」に基づく資金は、どこまでも「人」から離れることはなく、その構造の外側に資金が出ることはないとする。すなわち、仮に、仕事が上手く完遂すれば、「包の経済組織」の構成員全員に資金は分配され、逆に、失敗すれば、この「包の経済組織」のなかに消えていくだけである。つまり、成功しても失敗しても、資金は、「包の経済組織」の内部で自己完結し、外部へ資金が流出しそれが蓄積され資本へと転化するような経路は存在していないとする。そして、柏は、このような状況をヨーロッパ社会と比較し、資本家と企業者とが、「金融業者を介して間接的に結びつく」（柏1986a: 257）という状況は生まれることはなかったと捉える。

　第四に、「包」とは一つの賭場のようでもあるが、「包の経済組織」を俯瞰的に捉えれば、この表現は必ずしも正確とはいえない。無論、「包の経済組織」の構成員である「人」は、その仕事が上手くいけば、投資額に応じた分配を手に入れ、失敗に終われば損失を負うわけであるから、賭場的性質を否定することはできない。しかし、この賭場には、元締めは存在していない。つまり、「包の経済組織」とは、参加するすべての者に対して、平等に公平に、その投資額に応じた利潤、逆に損失のリスクが負わされている。そして、このような状況について、柏は、「包の経済組織」の外部において資本蓄積が起こらないように、その内部においても資本の独占化が忌避され資本蓄積がままならない点、つまり、利潤は「社会的分散的」となり、「利潤の社会化を招来せしめることとなる」（柏1986a: 167）と指摘する。

　以上四点は、柏が明らかにした「包の経済組織」の特徴である。「包の経済組織」の拡大、資金を巡る人的な繋がりなどその特徴が端的に説明されているが、特筆すべき点は、本書の中心的な課題の一つである「利潤の社会化」が指摘されていることである。無論、柏にとって、この「利潤の社会化」とは、一方では、「悪しき倫理観」と同じく、中国経済秩序を象徴する一つの個性であるとともに、中国経済停滞の要因として位置づけられている。ただし、他方において、この「利潤の社会化」を停滞論の要因に留めることなく、社会の安定装置としての役割を見出している。そして、中国経済社会像を次のように描く。すなわち、「利潤の社会化」とは、「中国の一つの社会理想である分配的正義感に一致する動向である」（柏1986a: 167）とし、「包の経済組織」が内包する分配機能は、「国家の政策として重要な地位を占めることともなった」（柏1986a: 169）と解釈を加える。その上で、「まことにヨーロッパ的経済社会秩序が進歩＝矛盾型の秩序であったのに対し、中国の経済秩序は、停滞＝安定型の秩序であったのである。ヨーロッパ的経済社会の在り方に対して、中国経済社会の在り方は、まったく対照的であるといわなければならない」（柏1986a: 332）と、ヨーロッパ社会との違いを鮮明に浮かび上がらせる。

この柏が描き出した社会像を簡潔にいえば、「包の倫理的規律」に人びとが従うと、生産面における技術的な前進は望めず、また、「利潤の社会化」を通して、技術的な前進を後押しする金融資本は形成されない。ところが、「利潤の社会化」とは、分配面でみれば前進的な機能にほかならず、「一つの社会理想である分配的正義感」を実現する経済的基盤が社会に組み込まれていることを立証するものである、とまとめることができる。

このように中国社会のなかから、分配的正義を実現する一つの道筋、いわゆる経済格差の緩和を促進する「利潤の社会化」を発見したことは、柏の大きな功績の一つである。しかし、柏は、「利潤の社会化」を理想的な分配方法であると高い評価を与えつつも、それ以上の考察を加えることはなかった。その理由は、「利潤の社会化」とは、「停滞論」を論証するための一つの要因であり、通説的な「停滞論」の枠組みから抜け出すことができなかったためである。ただし、理由はそれだけではない。

柏は、中国経済の停滞状況が、それほど長くは続かないと捉えていたと推測できる。無論、共産党による革命を身近に感じていたわけではない。柏は、『中国経済秩序個性論』の最後に、中国の将来像を次のように描く。「経済的な個性も変らざるを得ない。環境の変化に対応して、主体的な秩序形成も変らざるを得ないのである。中国経済とても、その例外であり得る筈はない。われわれは、中国経済の環境が永遠に無変化であることを立証し得ない限り、中国経済の停滞性の永遠なることを主張し得る筈はない。中国経済といえども変らざるを得ないのである」（柏1986a: 336）。

このように柏は、中国の未来を予測するが、その視線の着地点を十年後なのか、五十年後なのか、あるいは百年後なのか、あまりにも不明瞭であるため、随分と曖昧な未来像となっている。もちろん、義務教育の普及や高等教育の発展によって、労働倫理観の変化、技術的な前進の基盤整備、または国家主導の金融資本の成長などを想定し、または、中国もそう遠くない未来に、欧米諸国と同じ道を辿るようになると目論んでいたであろう。しかし、「中国経済といえども変らざるを得ない」という曖昧だが断定的な言葉の意味を汲み取れば、「利潤の社会化」は、ある時代だけに存在した特殊な個性であると理解していたと判断できる。つまり、柏は、「利潤の社会化」に普遍性を求めることはなく、革命前夜の中国における社会理想としての分配的正義を記録することに満足していたと読み解くことが可能である。そして、時代の特殊性のなかに中国経済秩序の個性を押し込め、「利潤の社会化」を歴史の深淵に沈めてしまったといえよう。実際、柏の結論とは、ヨーロッパ的経済社会秩序は「進歩＝矛盾型」、中国の経済社会秩序は「停滞＝安定型」という実に単純な対比・分類に留まり、「利潤の社会化」についての論を深めることはなかった。

しかし、筆者は、「利潤の社会化」に普遍性を求める。少なくともこの「利潤の社会化」を『中国経済秩序個性論』のなかで発見して以来、多くの時間を割いてその解明に注ぎ込んでいるとともに、中国研究を進める上で重要な動機を形成していることはいうまでもない。なかでも国家の指導による分配政策ではなく、「利潤の社会化」を内包した経済秩序を自明のものとすれば、そこに「これまでとは異なる枠組みで経済学を捉え直す、ある種の糸口」（加藤2016: 210）を見出すためのヒントが隠されていると考えている。そして、この糸口を手繰り寄せるためには、「包の経済組織」についての再定義が必要である。逆説的にいえば、柏が、「利潤の社会化」に普遍性を見出せなかった理由は、まさに柏の「包」の定義そのものにある。次節では、柏の定義を再考し、その問題点を明らかにした上で、「包」の再定義を提示する。

3 「包の経済組織」の再定義と「利潤の社会化」

「利潤の社会化」とは、資本の蓄積、独占化が忌避される状態を指す。いわゆる、利潤が「包の経済組織」の内部で、それを構成する「生意人」に分配され尽くすことを意味する。筆者は、この分配機能を経済格差の緩和装置、社会の安定装置と位置づけ、そこに中国経済秩序の普遍的な個性を見出す。しかし、柏は、そこに普遍性を付与することはなかった。柏との違いを鮮明にするために、本節では、柏による「包」の定義を紹介し、その問題点を指摘しつつ、「対象物の擬態化」の視点から「包の経済組織」の再定義を行う。なお、引き続き柏の定義のなかに登場する人間は「人」とし、筆者の定義では「生意人」を使用する。

柏による「包」の定義をみると、「営みの不確定性を第三者たる他の人に転嫁して、もって確定化する秩序」（柏1986a: 157）であり、「経済者の営みの不確定性を、とくに人と人との間の取引関係において、確定化しようとする規範」（柏1986a: 157）とする。そして、その構造は、「挿入せられる第三者は、さらに自らの営みの不確定性を、他の第四者に転嫁負担せしめる」（柏1986a: 157）とし、人と人とがあたかも数珠繋ぎのように結びつきながら、「重層的な不確定性転嫁の構造」としての経済組織を浮かび上がらせる（柏1986a: 157）。

このように柏の定義とは、経済活動における不確定性に対して、他者に仕事を請負わせながらそれを確定化させるための一つの経済組織であると簡潔にまとめることができる。しかし、この定義には、いくつかの問題点が潜む。ここでは、問題をより明確にするため、柏の定義を視覚的に理解することから始める。

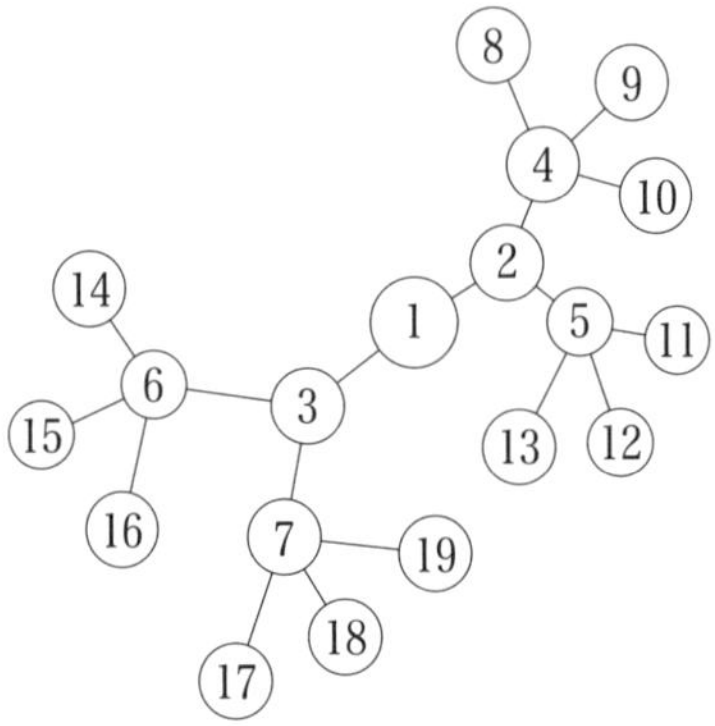

図2–1　包の経済組織

図2-1は、柏の定義を図式化したものである。この図から柏の定義を説明すれば、主に次のように整理することができる。

第一に、図2-1に示されている①から⑲は「人」を表している。このうち①番は「出包者」であり、この構造の中心をなす。柏は、「出包者」を「東家」と表記するが、本書では、柏の引用以外は「出包者」に統一する。また、日本語に訳せば契約を提示する者、あるいは投資者となる。そして、①番の「出包者」以外はすべて「承包者」である。柏は「承包者」を「掌櫃的」と表現するが、「出包者」と同じく、柏の引用以外は「承包者」に統一する。また、日本語に訳せば、一般的には「請負者」となるが、この「請負」という用語には、指示・命令の出し手と受け手という上下関係がイメージされやすく、そのようなイメージから「包の経済組織」を理解することはできないため、本書では「請負者」とは表現せず「承包者」とする。本章一節で示した事例❶のケースに基づき、「出包者」と「承包者」の関係を捉え直せば、仕事の依頼主である政府は「出包者」であり、建設業者と学校経営者は「承包者」となる。

第二に、図2-1から明らかなように「承包者」はいくつかのグループに分けることができる。「第一グループ」は①番と直接繋がる「承包者」であり、②番と③番が属している。「第二グループ」は、「第一グループ」から繋がる「承包者」であり、④番から⑦番が属している。そして、「第三グループ」は、「第二グループ」から繋がる「承包者」であり、⑧番から⑲番が属している。このように「承包者」とは、そのすべてが①番の「出包者」から直接繋がっているわけではなく、この「包の経済組織」のなかで多層的に存在している。事例❶で説明すれば、建設業者と学校経営者は「第一グループ」に属している。さらに、建設業者からみれば、電気工事、配管工事などの担い手は「第二グループ」、実際の現場労働者は「第三グループ」に分類することができる。また、学校経営は、建設業と比べ仕事の内容が多岐にわたっているわけではなく、多層化が顕著にみられることはないが、校内の売店、食堂、警備などの仕事の担い手を「第二グループ」と位置づけることができる。

第三に、「承包者」が多層的に存在していることからも明らかなように、「第一グループ」「第二グループ」の「承包者」とは、単に仕事の受け手として存在しているのではなく、仕事の出し手としての役割も担う。すなわち、「第一グループ」は「第二グループ」の「出包者」、「第二グループ」は「第三グループ」の「出包者」として存在している。つまり、「包の経済組織」において①番の「出包者」と⑧番から⑲番の末端の「承包者」を除く「人」は、「出包者」と「承包者」の両義性を持つ。事例❶でいうならば、建設業者、学校経営者、電気工事業者、配管工事業者などは、その両義性を持ち合わせている。

第四に、この図2-1とは、柏の定義に基づき「包の経済組織」をできる限り分りやすく描いたものである。そのため、第一、第二、第三グループを構成する「人」の数は比例的に増えているが、その実際は、ランダムに増えていき、また、「第四グループ」「第五グループ」へとさらに多層化され、それに伴いより多くの人びとが加わり、この構造は拡大すると推測される。実際、事例❶の建設業者の場合、多くの「グループ」が多層的に存在し、図では表現できないほど複雑な様相を呈することになる。

以上四点は、柏の「包」の定義であるが、「包の倫理的規律」と図2-1を重ねれば、「悪しき倫理観」に従う人びとが数珠のように繋がり、どこまでも拡大していく「包の経済組織」の特徴が浮かび上がる。無論、このよ

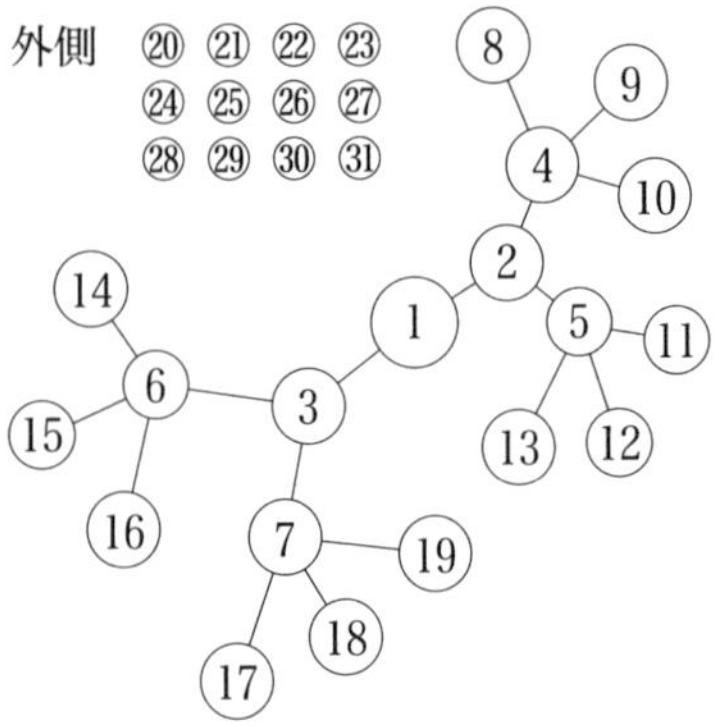

図2–2　包の経済組織とその外側

うな特徴は、柏にとって停滞論を立証するための重要な要因であることに違いないが、「利潤の社会化」の視点から捉えれば、次のような問題点が指摘できるとともに、「包の経済組織」を再定義することが可能である。

第一に、この図2−1とは、一つの請負構造を示したものに過ぎず、中国経済秩序の個性を見出すことはできない。また、経済活動を行う場合、利潤が初めから「確定化」されていないことは、とりわけ中国だけの問題ではない。それを確定化させるために多くの人びとが繋がること、いわゆる「重層的な不確定性転嫁の構造」を作り出すことに中国的な特徴はない。さらに、図2−1の①から⑲を「人」ではなく、企業と読み換えれば、日本でしばしば見受けられる大企業を中心に形成される下請構造と大きな違いはない。つまり、柏の「包」の定義、とくに柏が捉える「包の経済組織」とは、中国に限らず、どの社会でも散見できるものである。逆説的にいえば、「包の経済組織」の特徴を「重層的な不確定性転嫁の構造」と理解すると、この構造の下では、中国以外の国や地域でも「利潤の社会化」が生じることになり、西欧社会においても「進歩＝安定型」という図式が描かれてしまう。

第二に、柏の視点は「包の経済組織」だけに集中し、社会全体から「包」を捉えることができていない。図2−2は、柏の定義を表す図2−1に基づき、その外側に「包の経済組織」に入ることができない人びとを加えた図である。外側に位置づけられている⑳番から㉛番は、「包の経済組織」を構成する「生意人」の地縁血縁者、萌芽的な「生意人」、失業者などである。この二つの図を比較すれば、柏は、「包の経済組織」を考察する上で、外側の「人」の存在を認識することはなかった。そのため、柏が導いた「利潤の社会化」に基づく「社会の安定化」という結論は、「包の経済組織」の構成する「人」に限定された安定であり、「利潤の社会化」の意味は狭隘化する。さらに、⑳番から㉛番の人びとが、いつまでも外側に存在し続けるとすれば、それは分配から除外されることを意味する。つまり、「包の経済組織」に連なる「人」がいつまでも固定化されている状態が続くとすれば、その外側には、貧困層が滞留することになる。あるいは、「包の経済組織」の構成員が固定化され、それ以外の「人」が「包の経済組織」へ参加する機会を失ってしまうことになるだろう。そしてその結果として、両者は分断され、その境界線の外側に不満は蓄積し、やがて対立が生まれ、「社会の安定」とは真逆な、対立要因を内包した社会が浮かび上がってしまう。

第三に、柏が、「包の経済組織」の外側を意識しなかったことは、「擬態」の概念、すなわち、内山のいう「区切られた時間」、費のいう「波紋」の概念の欠落を意味する。つまり、図2-1とは瞬時に捉えられたものであり、柏の定義とは、目の前に映った「包の経済組織」を静態的に捉えたものに過ぎない。そして、静態的に「包の経済組織」のすべてを理解しようとした点に、柏の定義の欠点を求めることができる。ただし、柏は、「擬態」の概念をまったく理解していなかったわけではない。柏は「包の経済組織」を「重層的な不確定性転嫁の構造」とし、利潤の確定化を定義の中心に据えるが、「社会的不確定性の排除を意図するような動きは絶対に起り得ないであろう。社会的不確定こそ彼らあらゆる層の生存の地盤なのである」(柏 1986a: 196) という見解も残している。つまり、利潤を確定化するために構成された「包の経済組織」がスクラップされること、あるいはスクラップされなくても、その構成員である「生意人」がシャッフルされること、いわゆる擬態的性質を知らなかったわけで

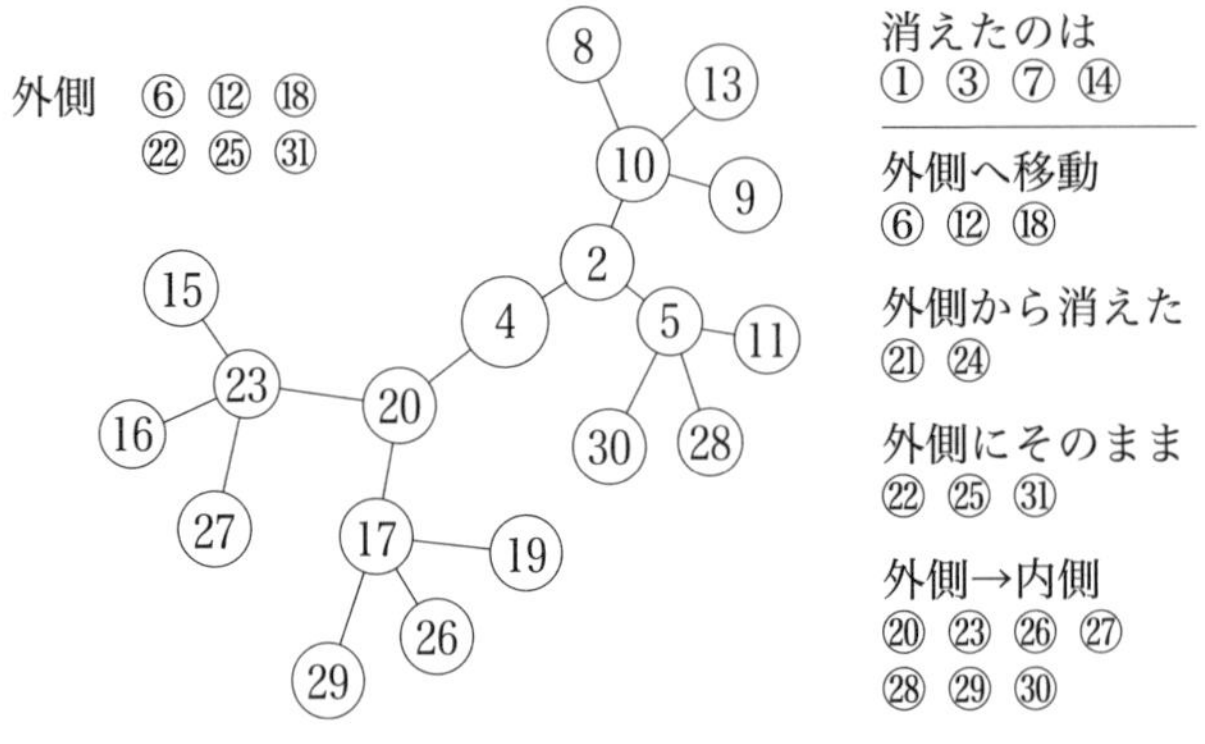

図2–3　包の経済組織の流動班

はない。しかも、「生存の地盤」であるとまで言及していることからみても、不確定性を実現するためには「包の経済組織」のスクラップ、「生意人」のシャッフルされる意味の重要性に気づいてもいたと推測することができる。もっとも、このような考えが、その定義に反映されることはなく、静態的な理解で「包」論を展開している。しかし、この柏の考察、さらに、筆者のこれまでの現地調査において見聞した情報、また、中村圭（2019）の「包」に関する研究を参考にすれば、[7]「包の経済組織」とは、図2–1や図2–2のような単独の図表で説明することは不可能であり、時間の経緯を前提として、そこに生まれる諸変化を念頭に置く必要がある。

第四に、図2–3は、図2–2を起点として、時間の経緯を挿入して描いた図である。もちろん、図2–3は、筆者による一つのモデルであるが、「包の経済組織」を擬態的な組織であることを理解する上で、不可欠な要素が含まれている。まず、「包の経済組織」の内部に注目すれば、図2–2において「出包者」であった①番は、④番に変わるとともに①番は、図2–3から消えている。また、①番だけではなく、③番、⑦番、⑭番の「生意人」も姿を消している。その理由として、別の「包の経済組織」への移動、地縁血縁者の「圏子」への移動などが挙げられる。次に、「包の経済組織」とその外側との関係をみると、⑥番、⑫番、⑱番は「包の経済組織」から外側に移動し、逆に、⑳番、㉓番、㉖番、㉗番、㉘番、㉙番、㉚番は内側に移動し「生意人」へと擬態化している。最後に、「包の経済組織」の外側をみれば、㉑番と㉔番は①番や③番と同じ理由でこの図から姿を消し、㉒番、㉕番、㉛番は依然として外側に位置づけられたままである。このように図2-2と図2-3を比べれば明らかなように、「包の経済組織」を構成する「生意人」、さらにその外部の人びとを含め、「包の経済組織」の内と外で人びとが流動する実態を理解することができる。つまり、「包の経済組織」とは、それを構成する「生意人」は絶えず刷新され続けるという実態が浮かび上がる。また、「差序格局」のなかで説明したように、「包の経済組織」とは、「見知らぬ人」と「見知らぬ人」によってビルドされる一つの「圏子」であり、「見知らぬ人」同士が「よく知った人」へと変化した時、すなわち、両者の間に「人情」が生まれると、「生意人」のシャッフルに留まらず、「包の経済組織」そのものがスクラップすることもある。

第五に、「生意人」の流動性、「包の経済組織」がスクラップする点に着眼すれば、「包の経済組織」とは、実に動態的性質を帯びた経済組織であると認識することができる。そして、柏の静態的な理解に基づく定義と比較すれば、「生意人」が利潤の確定化のために「包の経済組織」をビルドするという解釈までは同意するが、その後、「生意人」のシャッフルまたは「包の経済組織」がスクラップする点に、柏と筆者の見解には大きな違いがある。すなわち、柏は、「包」を「重層的な不確定性転嫁の構造」と理解するが、それは、不確定性から確定化に向かう直線的なベクトル上に「包の経済組織」を捉えることを意味する。しかし、不確定性から確定化、確定化から不確定性へ、いわゆる利潤の確定化と組織の不確定性とが循環するなかで捉えるべきであり、「包の経済組織」とは、この循環を生み続ける動態的性質を内包した一つの経済組織であると再定義することができる。

第六に、この再定義に基づき、「利潤の社会化」を再考すれば、「包の経済組織」の動態的性質から利潤の分配対象となる人びとの範囲は広がり、その広がりのなかで、はじめて社会の安定装置としての意味が付与されることになる。逆説的にいえば、この広がりを前提としなければ、「利潤の社会化」とは、「出包者」が手にする利潤の少なさ、あるいは搾取率の低さを論証するに過ぎない。さらに、「包の経済組織」を静態的に捉える限り、利潤は、その内部で自己完結するという結論に留まってしまう。もちろん、分配される利潤は、生活費に充てられることはいうまでもないが、「投機的性格」を踏まえれば、利潤の一部は投資へと回されると推測することができよう。とくに、「生意人」の流動性に注目すれば、その流動性と歩調を合わせるように、資金も同じく「包の経済組織」と「包の経済組織」の間を流動していくと理解することができる(8)。すなわち、「生意人」による新たな投資、さらに不労所得を目指す人びとによって「生意人」に対する投資が継続的に行われ、次から次へと「包の経済組織」が生み出され、経済成長を促す役割を果たすと推測することは十分可能である。

以上六点は、柏の「包」論を批判的に継承し、「包の経済組織」を再定義した上で、「利潤の社会化」についての再考である。ただし、この考察はあくまでも柏が捉えた「利潤の社会化」、なかでも「社会化」という用語をより正確に理解するための試みであり、その普遍性について直接論じているわけではない。しかし、「包の経済組織」の再定義は、この普遍性の問題と無関係ではない。「包の経済組織」が動態的性質を内包すること、すなわち、利潤の確定化と組織の不確定性とが循環することは、より多くの人びとが、利潤の分け前を手にする状態が絶えず再生されることを説明する。そして、利潤を獲得するための「機会」が再生され続ける要因が明らかになれば、そこに中国経済秩序の個性が浮かび上がると同時に、「利潤の社会化」の普遍性を証明することになる。

4　「包の経済組織」の擬態化と経済的要因

なぜ「包の経済組織」は動態的性質を帯びているのか。無論、「包の経済組織」の内部に一定の時間が過ぎれば、経済組織はスクラップし、「生意人」はシャッフルしなければならないというルールが存在しているわけではない。その要因は、「生意人」が習性化する「対象物の擬態化」に源泉がある。逆説的にいえば、「生意人」が「擬態」の概念を習性化する限りにおいて、「包の経済組織」は動態的であり続ける。そして、「生意人」のシャッフル、経済組織のスクラップという動態的性質は、「包の経済組織」が擬態化することを可視化させることとなる。

なぜ「包の経済組織」のビルド&スクラップは繰り返され、「生意人」のシャッフルが起こるのか、いわゆる「生意人」が習性化する「対象物の擬態化」の概念を理解することは容易ではない。たとえば、内山の指摘に倣えば、「対象物の擬態化」の概念とは、民族的習性の一つであり、無意識のなかでの選択と捉えることができる。しかし、「生意人」が、その確定化された状態に固辞することはなく、その組織を堅持するために努力することもなく、ましてや忠誠を誓うわけでもない、という事実を民族的習性という用語でまとめてしまうことは少々説明不足でもある。また、「見知らぬ人」と「見知らぬ人」によってビルドされ、「見知らぬ人」同士が「よく知った人」へと変化することによって、「生意人」のシャッフルおよび「包の経済組織」がスクラップされることも、その動態的性質を説明するものであるが、民族的習性と同じく[9]、どこか物足りなさは否めない。

いうまでもなく、経済学的な視点から「生意人」が習性化する「対象物の擬態化」の説明が求められる[10]。この考察を行う上で、改革開放以降、経済組織の所有形態、産業についての研究蓄積も多く、それらを利用しながら具体的に「対象物の擬態化」を捉え直すことは十分可能である。経済組織や産業に関する研究を中心にノートを作成し、「擬態」の概念に基づき読み直しを行っている。それらを活用することも可能だが、多岐にわたる事例を掲載すると論点がぼやけてしまうため、改革開放以降の「対象物の擬態化」の具体的な分析は別稿に譲り、引き続き柏の「包」論を参照しながら考察を試みる。とくに、柏も「擬態」の概念にあと一歩のところまで近づいていたことも事実である。なかでも「包の経済組織」と市場との関係、価格の決定における「包の経済組織」の特殊な役割についての言及をみると、「生意人」が習性化する「擬態」の概念を理解する上で、非常に有益な指摘が残されている。それゆえ、以下では、柏が捉えた市場、価格、利潤を参考にしながら、「生意人」が習性化する経済的な資質を明らかにする。なお、ここまで柏を引用する場合、直接、「生意人」という用語を使用することはなかったが、この問題に関しては、柏の論に普遍性を認め、「生意人」をそのまま当てはめ論を展開する。

第一に、図2–1、図2–2、図2–3は、それぞれの図が表す意味には大きな違いがあるが、いずれの図も、その「生意人」が多数であること、すなわち、一つの仕事、一つの商品に多くの人間が群がる様子を伝えている点で共通している。そして、このような状況のなかで、一人ひとりの分け前はわずかであったのではないかと推測することができよう。とくに、柏が実際に目撃した革命前夜の中国では、わずかな収入を頼りにして、困窮した生活を余儀なくされていた人びとも少なくはなかったはずである。そして、そのような人びとをその目で捉えたとしたら、中国経済の先行きに不安を抱くことは自然であったといえる。ところが、柏は、「包の経済組織」によって生み出される利潤、「生意人」が手にする利潤は、わずかなものであるとはしていない。その理由として、柏は「一物一価」が成立しない中国の市場を指摘する。すなわち、「集・市・廟会等は、各地区・各時期において、それぞれに孤立的・閉鎖的に成立し、大都市市場価格とは無関係な市場価格が成立」（柏1986a: 175）する市場、つまり、中国各地に無数に散在する市場の特殊性に注目し、孤立的・閉鎖的な市場こそが、「包の経済組織」がもっとも展開する場所であると捉える。そして、このような「一物一価」が成立しない中国の特殊な市場、市場が統一されない要因を、この「包の経済組織」の機能が如何なく発揮された結果であるとする。

第二に、価格と利潤についてみると、柏は、「価格があって、利潤が生まれるのではなくして、逆に危険負担すなわち利潤があって、後に価格すなわち市価が生まれるのである」（柏1986a: 184）と指摘する。つまり、危険負担とは、「人」の「投機的性格」と表裏をなすものであり、投機が、「利潤成立の根拠をも持つのである。危険負担のゆえに利潤獲得の機会を持つのである」（柏1986a: 185）とする。そして、「中国においての利潤は、価格の内側にではなくして、むしろ価格（基準価格）の外側に成立するものであるといってよい」（柏1986a: 186）と結論づける。いうまでもなく、こうした価格と利潤の関係とは、「一物一価」が成立しない要因であるとともに、孤立的・閉鎖的市場の特徴にほかならない。つまり、価格と利潤という視点から「包の経済組織」を捉えれば、「生意人」の経済的な資質とは、市場をあえて開放せず、価格をコントロールしつつ、市場の外側に「いい値」を勝手に成立させ(11)、少しでも多くの利潤を手にすることに邁進していた、と理解することができる。

第三に、「包の経済組織」における利潤を生みだす方法とは、非常に恣意的であるとともに、利潤の獲得方法は、柏が指摘したように「経済社会に招来せられる市価変動契機を、いち早く捉え、進んでかかる変動を自ら大幅に作出するのである。不確実性にしたがって利潤機会を大幅に作り出すことによって、自ら莫大なる「包」的利潤を稼ごうとする」（柏1986a: 191）という行為の結果といえる。つまり、無数に散在する市場では、不確定な状態を再生することによって、価格は絶えず変動し、そうした状況が作り出されるなかで、少しでも多くの利潤を手にするチャンスが生まれ続けていたといえよう。

以上三点の指摘とは、あくまで柏が捉えた革命前の人びとの姿であり、「包の経済組織」の実態にほかならないが、時空を超えて「生意人」が習性化する経済的資質を読み解く上でのヒントが隠されている。少なくとも「生意人」がシャッフルし、経済組織がスクラップする要因として、次のような点が指摘できる。

第一に、「生意人」とは、強い欲望に支えられていることはすでに述べた通りであるが、それだけではなく、その欲望を素早く、利潤という具体的な成果を手にしたいという願望を習性化する存在である。つまり、「包の経済組織」とは、「生意人」からみれば、一つの「賭場」的な空間であり、投資した資金を素早く回収し、他に優良な「賭場」があれば、移動することになるといえよう。たとえば、図2-2と図2-3を比較し、①番、③番、⑦番、⑭番が姿を消したのは、「市価変動契機を、いち早く捉え」、新たに「包の経済組織」をビルドし、あるいは、積極的に別の「包の経済組織」へ移動したと推測することができる。すなわち、「生意人」がシャッフルすることは、「生意人」が短期的に資金を回収し、別の投機場所を発見したためであると、その要因の一つを挙げることができる。

第二に、「生意人」はその欲望を最大化にするために、基準価格に基づき、利潤の獲得が目指されるわけではなく、市場そのものを「包の経済組織」が形成することによって、「いい値」を勝手に生み出すことが目指される。しかし、「生意人」が意図したことが実現できるほど市場は単純ではなく、「いい値」は時間の経緯とともに基準価格へと収斂することになる。つまり、「生意人」が市場をコントロールできる時間は限定的にならざるを得ない。もちろん、このような事実を「生意人」が初めから理解しているかどうかは定かではないが、「いい値」の限界は、直接、「包の経済組織」のスクラップを招くことになる。つまり、「生意人」の市場および価格の捉え方が、「包の経済組織」のスクラップを引き起こす要因の一つである。

以上二点から明らかなように、「生意人」とは、長期的な展望の下で、欲望の最大化を求めるのではなく、一時的であっても価格を支配し、目の前にある利潤を素早く手のなかに収めたいという特徴を有し、資金に対する強欲なまでにその所有欲が発揮された存在といえる。もっとも、このような「生意人」の経済行為は、短絡的で、無計画であり、さらには単なる拝金主義者との非難に晒され、その行為の本質が覆い隠されるのが常である。しかし、これらの「生意人」に与えられた非難を取り除けば、主に次のような点が指摘できる。

第一に、「生意人」が、目先の利益に拘り、素早く利潤を回収する行為、いわゆる資金に対する所有欲の源泉は、「擬態」の概念を習性化しているからである。すなわち、「生意人」とは、ある場所で得られた利潤が豊かな生活を約束するものであったとしても、その場所から離れより多くの利潤の獲得できる場所を探すことになる。無論、このような行為は、「包の経済組織」に動態的性質を与えることになるが、この動態性とは、どこまでも表層的な現象であり、その深部には、外在する倫理観や道徳観によって設計されることのない「生意人」の姿、いわゆる自らの欲望を実現するために擬態化していく「生意人」の本質を読み取ることができる。

第二に、「生意人」の資金に対する所有欲とは、逆に、資金以外の組織や職位、生業に対する所有欲の希薄な性質を浮かび上がらせる。あるいは、資金に対する偏った所有欲と組織や職位、生業に対する所有欲のアンバランスな状態を見出すことができる。このような状態は、「包の経済組織」の所有者や構成員は固定化されず、いわゆる誰のものでもない状態へ導かれることになる。この所有者の流動性とは、まさに「対象物の擬態化」を可視化させるとともに、組織内部における一部の人間による利益の独占化が忌避されることになる。

第三に、「擬態」の概念を習性化した「生意人」によって構成される「包の経済組織」とは、ポランニーが理解する経済組織（協同組合も含め）、さらに資本主義社会において存在する経済組織とは、その成立目的、存在意義においてまったく異なるものである。そして、このような「包の経済組織」が存在する限り、資本主義社会とは異質な分配方法が可能となる。すなわち、多くの人びとに利潤を得るための機会が付与され、分配的正義としての「利潤の社会化」は達成されることになる。

以上三点は、いうまでもなく、中国経済秩序の個性の一つである。もちろん、拝金主義であるという非難に晒され続けていることも事実であるが、このような非難とは、どこまでも経済組織に対する私的な所有欲が最大限に発揮されている資本主義社会からの視点に依拠するものである。あるいは、このような非難に耳を傾ける前に、資本主義社会において、私的所有に基づき経済組織を堅持しようとする欲望の下で、隷属的な存在へと転化している人間の姿を思い起こす必要がある。さらに、ポランニーが指摘する「擬制商品」が生まれる原因は、まさに一握りの人間の私的所有を長期的に堅持することに基づく欲望の最大化にある。無論、経済成長という点に限れば、私的所有を厳守することは、その成功を約束するものであることは歴史が証明している。しかし、「利潤の社会化」が実現される背景を読み解けば、私的所有に永遠性を付与する必然性はどこにも存在していない。あるいは、改革開放後の中国経済の急成長を前にすれば、私的所有に基づく経済秩序の優位性は必ずしも普遍性を持ち得ない。むしろ「生意人」の資金に対する偏った所有欲は、経済組織の所有者やその構成員の流動性を生み出すとともに、時限的な私的所有を前提とした一つの経済秩序を浮かび上がらせる。無論、この流動性、時限性とは、いずれも制度や法が定めるものではなく、人びとの選択の結果として形成される秩序である。それゆえ、資本主義国家が容易に模倣することはできないが、中国経済を理解する上では不可欠な経済秩序にほかならないといえよう。

第三章　外部環境と「生意人」

1　「先富論」と「生意人」

「生意人」とは、多くの富をその手に収めたいと願う拝金的な欲望に偏った存在である。そして、その欲望を確定化するために他者を選択しまたは選択されながら「包の経済組織」を形成する。もっとも、このような拝金的な性質および欲望を確定するために経済組織を形成することは、欲望の強弱に違いがあるとしても、とりわけ「生意人」に限った特徴ではなく、経済活動を行う人間に共通する性質であろう。ところが、「生意人」は、習性化した「包の倫理的規律」、なかでも寄生的性格、投機的性格によって、「包の経済組織」において資本の独占化は忌避され、利潤が分散化する状況を作り出す。いわゆる柏が、「中国の一つの社会理想である分配的正義感に一致する動向」（柏 1986a: 167）と評価した「利潤の社会化」であり、経済格差を緩和する社会的安定装置が「包の経済組織」に内包されていることを意味する。ただし、「生意人」は習性化した「擬態」の概念に基づき、「包の経済組織」に対する執着心は乏しく、一つの「包の経済組織」に固辞することなく流動する。すなわち、「生意人」は、利潤を確定化するために「包の経済組織」を形成するが、一定の時間が経過すれば、新たな利潤の獲得先を求め、別の「包の経済組織」へ移動、または新たな「包の経済組織」を形成する。まさに「生意人」による利潤の確定化と組織の不確定性、さらに不確定性から確定化へという循環性が生み出される。もちろん、このような不確定な状態とは、一方では、より多くの人びとに利潤を獲得するための「機会」を与えることになるが、他方では、不安定な状況を生み出す。つまり、「生意人」の経済活動とは、社会を安定化する役割を担いつつも、逆に、不安定な状況を創出することになる。

ただし、このような相反する状況が、社会全体の変化として現れるわけではない。すなわち、中国社会のさまざまな場所で、「包の経済組織」のビルド&スクラップが繰り広げられている。あるいは、「包の経済組織」の構成員として、「利潤の社会化」の恩恵を受けている「生意人」もいれば、そこから離脱し不安定な生活を強いられる人びとも同時に存在する。まさに富者から貧者へ、貧者から富者へと流動する状況が中国社会の至る所で出現する。そして、このような状況とは中国経済秩序の個性の一つの表出にほかならない。

以下では、この相反する外部環境を念頭に置き、「先富論」、地縁血縁者との関係性、そして、経済動向の変化という視点から、「生意人」についての議論を深める。まず、鄧小平によって提唱された「先富論」の視点から、「生意人」を解読する。

「先富論」とは、周知のように鄧小平によって提唱された経済政策の一つである。簡潔にいえば、「先に豊かになった者や地域は、貧しい者や遅れた地域を助ける（あるいは、助けることは義務である）」(1)という一文に要約することができる。この一文を読み解けば、先に豊かになる人や地域を承認、奨励する経済政策であり、いわゆる格差容認論であるとともに、経済格差を緩和するために先に豊かになった者（以下では先富者とする）の役割が明言されている。つまり、「先富論」とは、経済格差の容認と緩和という矛盾する論を含む点に特徴がある。このように鄧小平は、「先富論」に矛盾する論点を織り込んでいるのだが、その意図を推測すれば、おおよそ次のような点が指摘できる。

第一に、鄧小平による「先富論」の提唱とは、社会主義という看板を掲げる中国において歴史的な転換点と位置づけることができる。いうまでもなく、この転換とは、計画経済の放棄、市場経済の導入にほかならない。そして、市場競争の下で予想される経済格差の発生を容認することであり、それは、社会主義国家に不可欠な社会的な平等（正義）の実現を意味する「共同富裕」というスローガンとは距離を置く国づくりの始まりを告げるものである。

第二に、「共同富裕」から「先富論」への転換は、社会主義という看板を下ろすことを意味するわけではない。実際、「先富論」に関する鄧小平の言及を読む限り、「先富論」をどこまでも社会主義国家としての「公有制」を主体とした経済活動および「共同富裕」という二つの根本的原則を堅持した上での経済政策として位置づけ、「公有制」と「共同富裕」の二つのスローガンを堅持することは不可欠であることが幾度も強調されている。(2)

第三に、鄧小平は「共同富裕」の重要性を語るのだが、「先富論」に織り込んだ経済格差緩和論と社会主義国家の根本的原則としての「共同富裕」との関係性について詳細な説明を行っているわけではない。少なくとも先富者が、貧者を助けることによって達成される社会像が、「共同富裕」に基づく社会像として位置づけられているのか定かではなく、実に曖昧な印象を残す。(3)

以上三点からも明らかなように、鄧小平は、市場経済の導入、そして経済格差を容認するという大転換を推し進めるために、「先富論」に格差緩和のための方法を明示しつつ、あえて将来の社会像を曖昧にしたと理解することが可能である。この曖昧さを鄧小平の老獪な手腕として評価すべきかどうかはさておき、社会主義国家の支柱ともいえる「共同富裕」を巧妙に棚上げした上で、「先富論」を前面に押し出し、国づくりが目指されたといえよう。そして、この「先富論」の下、「生意人」の経済活動を考察すれば、主に次のような点が指摘できる。

第一に、「先富論」とは、先富者の存在を承認・奨励した政策であるが、何よりもその先鞭をつけたものは、開放政策に基づき導入された諸外国からの資本である。なかでも外国資本を導入し始めた頃の中国経済の状況を顧みれば、外国資本とは、国内では類をみないほどの巨大な資本を有する「出包者」の出現にほかならない。さらに、その後の中国経済の実態から明らかなように、「出包者」は外国資本に限られたわけではない。郷鎮企業、私営企業などの急成長、国有企業改革、さらに行政による積極的な投資、また、中国国内における大学や研究機関の充実、多くの学生の海外留学を通して高度な技術者が生まれ、こうした技術者と民間や政府機関とが「包の経済組織」を形成し、新しい産業の育成に直接結びつくことになったといえる。このように改革開放以降、中国では、「先富論」に誘発され、「包の経済組織」の起点となる「出包者」が急増し、より多くの中国人は、「生意人」として「包の経済組織」のなかに身を置く機会を得ていくことになったといえる。あるいは、「先富論」の提唱とは、「共同富裕」のスローガンの下で、いわゆる人間の拝金的な欲望が否定される受難の時代を過ごしていた「生意人」にとって、未来を照らす希望の光そのものであったといえよう。

第二に、鄧小平が「先富論」に織り込んだ経済格差緩和の方法、すなわち、この貧困層（貧困地域）の引き上げについて、鄧小平は、徴税による再分配には言及しているが、国家による市場への介入を積極的に推し進めようとはしていない。むしろ先富者が貧困者を助けること、あるいは先富者がボランティア精神に基づく社会貢献（たとえば学校建設や道路の建設など）を通して経済格差の緩和が目指されている。(4) つまり、鄧小平が提示した経済格差緩和の方法とは、先富者への期待が大きく、彼らに経済格差を緩和させる役割が託されていると理解することができよう。そして、このような方法の背後に自由主義者ハイエクの格差緩和論と親和性を見出すことができる。すなわち、「社会の一部の構成員の実験によって獲得された知識のこの無償の贈与によって全般的な進歩が可能になり、先に進んだ者の成果が後に続く者の前進を容易にすることになる」（ハイエク2014: 64）というハイエクの見解と比べ大きな違いはない。しかし、たとえ親和性が高くとも、両者に共通している点は、先富者が貧困者をどのように引き上げるのか、その具体性は乏しく、先富者への期待だけで、経済格差の緩和を実現することは可能なのかという素朴な疑問を抱かれたとしても不思議ではない。なかでも、富者と貧者とがどのように結びつくのか不明瞭である。少なくとも両者が市場や経済組織で出会うとすれば、富者にとって貧者とは、どこまでも搾取の対象であり、富者が富んでいくための道具的な存在でしかない。つまり、両者の見解とは、問題の先送り論という印象を強く残す。

第三に、鄧小平とハイエクが示す経済格差緩和の方法において、先富者に対する期待という点では一致するが、先富者の意図的な結果として経済格差を緩和すべきなのか、意図しない結果としてその目標を達成するのか、この点で両者には大きな違いがある。鄧小平は、先富者のボランティア精神に基づく、彼らの良心への期待を読み取ることはできる。実際、鄧小平は繰り返し教育の重要性について言及し(5)、先富者に対して社会的平等（正義）への希求を育むための教育、さらにいえば、社会主義的な人間の育成を求めている。あるいは、少々角度を変えて「差序格局」の視点からみれば、鄧小平は、国家と先富者の波紋が交わる場所に、社会主義的精神、ボランティア精神とでもいうべき、新たな倫理の構築を目指したといえよう(6)。このように鄧小平が想定した経済格差緩和の方法とは、先富者の意図的行為としての富の再分配にほかならず、国家による社会主義的な人間の改造がその背後に潜んでいると捉えることができる。もっとも、社会主義的な人間の設計がどの程度、実現可能であるかどうかは定かではないが、反設計主義の立場を貫いたハイエクと比較すれば、そこに大きな違いを見出すことができる。

第四に、経済格差問題を「生意人」「包の経済組織」に引き寄せていえば、すなわち、先富者を「出包者」に置き換えれば、そこに中国における経済格差緩和の一つの方法を見出すことが可能である。つまり、先富者（「出包者」）を起点として、自分より資金力の劣る人びとを下降的ベクトルの線上に並べ「包の経済組織」を形成すれば、利潤は社会の末端まで分散化していくこととなり、貧者の底上げは可能となる。つまり、「包の経済組織」によって生まれる「利潤の社会化」とは、鄧小平とハイエクが示す格差緩和策と比べ、「包の倫理的規律」を共有しながら富者と貧者とが直接結びつき、いわゆる搾取的な関係性とは異なる実態が浮かび上がる。

第五に、「利潤の社会化」とは、経済格差を緩和する機能を有するが、経済格差のない平等な社会を実現するための道ではない。「包の経済組織」が中国社会の隅々で形成され、利潤の分配システムが社会全体を覆ったとしても、平等な社会が成立するわけではない。ましてや「共同富裕」への道と繋がることもない。むしろ、「擬態」の概念を習性化した「生意人」によって、経済活動を振り出しに戻すような不確定な状態、いわゆる経済格差が絶えず可視化できるような状況を生み出しつづける。[7] すなわち、「生意人」による経済活動とは、平等で格差のない状態を確定化するものではなく、人びとが手にした富が、絶えずその手から零れ落ちる危険を伴う不確定な状態を生み出す。

第六に、「生意人」が「包の経済組織」を形成することは、拝金的な欲望を満たすためであり、それは意図的な行為である。ところが、「利潤の社会化」とは、「生意人」の貧者に対するボランティア精神や社会的平等（正義）を実現したいという意図的な行為によって生まれるものではなく、どこまでも意図しない結果である。この点では、ハイエクに近く、逆に、鄧小平による経済格差緩和の方法とは大きく異なる。また、不確定な状態も、

「生意人」が意図的に作り出したものではなく、「利潤の社会化」と同じく、意図しない結果にほかならない。つまり、「利潤の社会化」と不確定の状態が再生産されるという中国経済秩序の個性とは、意識的に形成されたものではなく、どこまでも意図しない結果の集積にほかならない。いうまでもなく、この点が、中国経済秩序の個性の要諦でもある。

　以上六点から明らかなように、「先富論」の視点から「生意人」の経済活動を捉えれば、一方では、「生意人」の経済活動を誘発するものであるが、他方では、意図しない結果、いわゆる人間が作り出したものであるが、人間がコントロールできない経済の領域、無論、国家ですらコントロールできない領域が中国社会のなかに存在していることを意味する。ただし、このような領域とは、数値で理解することはできない。また、なかなか可視化することができない。それゆえ、政策や制度に反映されることは少ない。実際、鄧小平が、「包の倫理的規律」、「包の経済組織」、さらに「利潤の社会化」の実態を熟知していたかどうかは定かではないが、「利潤の社会化」が社会的に有益だと判断していたとしても、人びとの意図しない結果として生まれる機能を「先富論」をはじめ、政策・制度のなかにその機能を織り込むことは難しいといえよう。また、不確定の状態に対しても同様である。国家という視点からみれば、国内に不確定で不安定な状態をそのまま放置することはできない。それゆえ、社会のなかに潜む不安定な要素とは、取り除くべき対象である。不確定な要素を発見し、それを解決するための方策を打ち出し、人びとにとって善き社会を築くことは、国家の重要な役割であり、そこに一つの存在意義はある。しかし、確定化された状況が、いわゆる人びとの豊かさや安定が実現される社会が善き社会であると理解することは、それに向かって努力し、追い求め、欲望するがゆえに、それを善き社会であると理解するに過ぎない[8]。言い換えれば、善き社会とは、国家建設に携わる人びとやそれを信じる人びと、いわゆる一部の人間の意識のなかに存在する社会である。

いうまでもなく、経済学とは、善き社会を創出することを目的とした一つの学問領域である。しかし、人びとが意識的に設計した善き社会だけを対象とする必要はなく、人びとの意図しない結果を含めた上での考察が不可欠である。少なくとも中国における格差問題、さらに広く中国経済を理解するためには、このような意図しない結果として生まれる「利潤の社会化」や不確定な状態が再生産される点を無視することはできない。とくに、不確定な状態を軽視することは、市場の本質を見失うことになる。そもそも市場とは不確定で不安定なものである。手にした富が、絶えずその手から零れ落ちる危険と背中合わせの状態こそが市場の本質である。さらに、誰もが不確定な状態を危険と理解するわけではない。少なくとも本書の主人公である「生意人」および「生意人」を目指す人びと、そして、貧者からみれば、市場が不確定で不安定である状態とは、まだ手にすることができない富を得るための前提条件であり、一つのチャンスである。逆説的にいえば、不確定で不安定な状態を危険と捉えるのは、富を持つ人びとの共通認識にほかならない。

柏は、「包の経済組織」によって生まれる「利潤の社会化」を「社会理想である分配的正義感に一致する動向」と高く評価するが、利潤の分配システムは、確かに貧者の生活を底上げすることに繋がることになる。また、社会は安定することになるであろう。しかし、この分配を通して、富者と貧者という階層が膠着した状態のまま、全体的に生活水準の向上が計られるだけならば、正義が達成される範囲は狭隘といわざるを得ない。同様に、鄧小平の「先富論」も富者による貧者の引き上げだけでは、階層の固定化されたままの社会像しか描くことはできない。富者は富者のままであり、社会階層が膠着化、閉塞感が漂う状態から脱出することはなかなか難しいといえよう。ところが、危険とチャンスが併存する、いわゆる市場の本質が失われない状態が再生産されることは、階層間の流動性が担保される社会の存在を自明なものとする。つまり、利潤の分配が行われるとともに、市場の本質が保持されること、すなわち、誰にでも富者になるためのチャンスが与えられる状態に、社会的正義が存在していると捉えることができる。さらに、このような状態とは、失敗しても何度でもチャレンジするための舞台を提供することになる。つまり、「生意人」によって構成される「包の経済組織」とは、ビルド&スクラップを繰り返すことによって、社会階層の固定化を防ぎ、人びとの階層間移動を促進するための市場に組み込まれた一つの装置と位置づけることができる。そして、この点に「先富論」との大きな違いを見出すことができるといえよう。

2　地縁血縁者と「生意人」

「包の経済組織」とは、「差序格局」の概念に従えば（図1−3を参照）、波紋の中心をなす「人間A」からもっとも遠い場所において「見知らぬ人」と「見知らぬ人」が出会うことによって生み出される一つの経済組織である。ただし、「見知らぬ人」同士というのは一つの前提条件であり、「包の倫理的規律」と「擬態」の概念を習性化した「生意人」同士でなければ、「利潤の社会化」という社会的安定装置は機能せず、また、危険とチャンスが併存する市場の本質を再生産することはできない。逆説的にいえば、「生意人」は寄生するための第三者として「生意人」を選択しなければ、「包の経済組織」を形成することはできない。ところが、「生意人」は、しばしば、第三者として地縁血縁者を見出すことがある。

そもそも「差序格局」の概念に基づけば「包の経済組織」と地縁血縁者の「圏子」は決して交わることはなく、

次元の異なる「圏子」のなかで、異なる倫理観に基づき成立している。しかし、このように「圏子」が次元を異にして成立していると捉えることは、「包の倫理的規律」「包の経済組織」「生意人」を理解する上では重要な導き手であるが、どこまでも机上の論であることに違いはない。なぜならば、図1-3において中心をなす「人間A」は、「包の経済組織」の一人の構成員として「生意人」であるとともに、地縁血縁者の「圏子」の一員として存在しているからである。すなわち、「人間A」とは、「包の経済組織」で必要とされる「包の倫理的規律」と「擬態」の概念だけではなく、地縁血縁者の「圏子」の倫理観、たとえば、「人情」「孝」「悌」などを同時に習性化する存在である。いうまでもなく、とりわけ「人間A」に限らず、人間とは、さまざまな倫理観のなかで揺れ動き、その葛藤から逃れることはできない。あるいは、時に、倫理観や概念で説明することができない感情、感覚に基づき判断を下すこともある。

以下では、このような「人間A」を浙江省H市の民工子弟学校（小学生と中学生を受け入れている[9]）の経営者として、「生意人」と地縁血縁者の関係性についての考察を行い、地縁血縁者が「包の経済組織」に与える影響を明らかにする。

まず、この学校経営を図3-1で説明すれば、①番の「出包者」は、この学校を所有するH街道である。すなわち、学校の経営者は、毎年、H街道に使用料を支払い、この学校の「承包者」として経営を行っている。ただし、教育の内容に関しては、H市の教育局の管轄下に置かれ、とくに、義務教育課程であるため、教育局の指導を受けることになる。その意味でいえば、教育局も「出包者」的な性質を帯びているが、ここでは、教育局を②番の「第一承包者」、学校経営者である③番を「第二承包者」とする。つまり、①番のH街道が所有する学校施設を②番の教育局が「第一承包者」として引き受け、さらに教育局は③番である「第二承包者」に学校経営を任

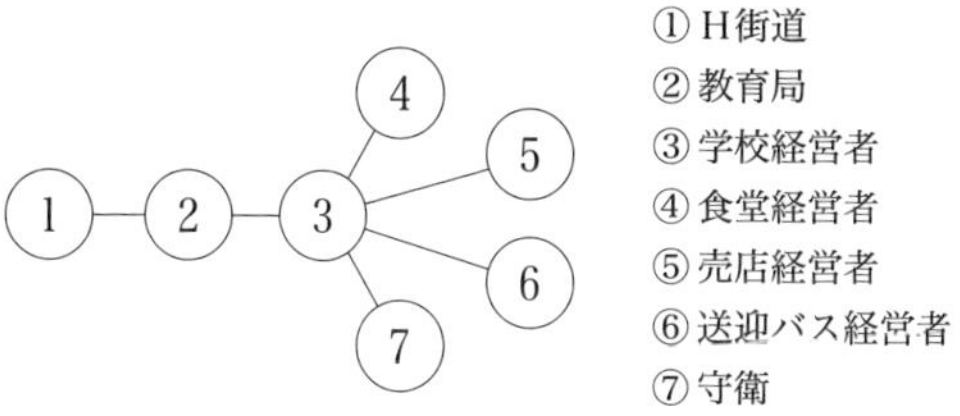

図3–1　民工子弟学校と包の経済組織

せるという構造が成立している。

次に、この三者の関係をみれば、①番のH街道は、学校の使用料の支払いが滞らない限り③番の経営に口出すことはない。また、学校の経営権を委任する権力を有している②番の教育局は、③番に経営権を渡したのち、教育面において管理・指導することはあるが、その経営内容に関与することはない。つまり、学校の所有者である①番と教育局の②番、そして③番は、「包の倫理的規律」に基づき、一つの「包の経済組織」を形成していると理解することができる。ただし、③番は、必ずしも学校で働く人びととの間で「包の倫理的規律」に基づき「包の経済組織」を形成しているわけではない。その経営の実態をみれば、主に次のような点が指摘できる。

第一に、図3–1において④番、⑤番、⑥番などは、校内の食堂運営（食材の購入、調理）、売店、送迎バス、守衛などの仕事に従事していたが、すべて③番の地縁血縁者によって占められていた[10]。つまり、H街道や教育局と③番の関係性、すなわち外部に対しては、「生意人」として「包の経済組織」を形成しているが、その内部では、地縁血縁者の「圏子」の一員として振る舞っている。また、③番と地縁血縁者の雇用形態は、もともと賃金制で結ばれていた。もちろん、とりわけ高い賃金が支払われていたわけではなかったが、③番を頼りに職を求めてくる地縁血縁者を強く拒むことができず、一つの仕事に必要以上の地縁血縁者が従事する状況が生まれていた。すなわち、学校経営で成功を収めた③番に多くの地縁血縁者が群がった状態が発生したといえよう。そして、その結果として、③番の経費はかさみ、利益は食い潰されていくことになった。実際、この学校は幾度も経営難を経験するのだが、それでも③番は、地縁血縁者を排除することはなかった。

第二に、③番が、自らの利益を削り、地縁血縁者を学校の経営に受け入れた理由として、貧困に苦しむ地縁血縁者からの依頼・懇願に対して「人情」を示すこと、地縁血縁者の前で虚勢を張り、自らの存在を大きくみせようとするなど、さまざまな感情を挙げることができる。さらに、地縁血縁者との資金面での繋がりも指摘できる。実際、③番は、学校開設や運営に必要な資金（教室や食堂の備品、送迎バスの購入費など）の多くを地縁血縁者から借り入れていた[11]。すなわち、地縁血縁者の依頼・懇願を受け入れなければ、信頼を失い、地縁血縁者から資金の借り入れが難しくなるという思惑もその背後に潜んでいたといえよう。さらに、③番が、地縁血縁者を受け入れる背後には、「公」の実現という動機を指摘することができる。費の「公」の概念に関する説明に従えば、③番の動機は明らかとなる。すなわち、「差序的な構造配置における「公」と「私」は相対的なもので、どの範囲の「圏子《チュエンズ》」（集団）の中であろうと、内側を見ればそれは「公」となるのである[12]」（費 2019: 74）。無論、費が指摘する「公」には、さまざまな意味が含まれるのだろうが、ここでいう③番による「公」とは、地縁血縁者に対するセーフティ・ネットの実現と捉えることができる。つまり、③番が、地縁血縁者を学校に受け入れることは、自らの利益を増幅する以上に地縁血縁者に対する分配的正義を示すこと、「公」を実現することに重きが置かれていたと理解することができる。

第三に、分配的正義という視点からみれば、「包の経済組織」によって生まれる「利潤の社会化」も同様な特質を持つ。つまり、少なくとも中国社会には「包の経済組織」、地縁血縁者の「圏子」という二つの経済格差を緩和する分配機能が埋め込まれていると捉えることができる。ただし、この二つの分配機能の内容や性質は大きく異なる。「利潤の社会化」とは「生意人」による意識的な行為の結果ではない。しかし、③番が必要以上の地縁血縁者を受け入れていたことは、「人情」などの感情の働きにほかならず、意識的な行為の結果である。あるいは、「公」の実現の視点からみれば、「利潤の社会化」とは意識しない「公」の実現であり、地縁血縁者による相互扶助とは、意識的に作り出される「公」にほかならない。そして、経済的に豊かな地縁血縁者が、意識的に、あるいはボランティア精神に基づき貧困者を助ける行為を「先富論」に落とし込めば、そこに親和性を見出すことも可能であり、「先富論」の経済緩和策を具現化する一つの方法と理解することもできる。もっとも、地縁血縁者と鄧小平が求める社会主義的な人間との間には、地縁血縁者の「圏子」が内包する閉鎖性や排他的な性質を考慮すれば大きな溝が存在していることも事実である。ただし、その溝がいかほどの深さであるのかはさておき、③番が意識的に形成する地縁血縁者に対するセーフティ・ネットは中国全土に無数に存在しており、経済格差緩和に果たす役割は決して小さくはないといえよう。

第四に、③番が実現する分配的正義とは、いうまでもなく、地縁血縁者を対象とするものであり、閉鎖的かつ排他的な性質を帯びたものである。この点は、「包の経済組織」によって生まれる「利潤の社会化」とは大きく異なる。また、このような違いは、当然、利潤の再分配の対象者の範囲にも反映する。この利潤の再分配を一つの「公」の実現と捉えるならば、「生意人」が生み出す「公」は、社会全体をその射程としているのに対して、地縁血縁者の「公」とは極めて限定的である。また、「包の経済組織」とは、一定の時間の経過とともにそれを構成する「生意人」はシャッフルされ、あるいは「包の経済組織」そのものが消滅することもある。しかし、③番の学校に限らず、地縁血縁者の「圏子」のメンバーは生得的であり、「圏子」がビルド&スクラップを繰り返すことはない。すなわち、それぞれの組織の構成員を比べれば、前者は流動的であり、後者は固定的である。そして、この違いを市場に落とし込めば、前者は、市場の本質を絶えず再生産する働きを持つが、後者は、閉鎖的、排他的、固定的な性質の先に、既得権という市場の活性化を阻害する要因を生み出すことになる。

以上四点から明らかなように、③番とは、外部に対しては「生意人」、内部には地縁血縁者の一員として、二つの顔を使い分け、利潤の獲得とその分配を行う存在として位置づけることができる。もちろん、このような③番の事例とは、一つの事例に過ぎない。ただし、③番に限らず、多くの「生意人」は、家族や親族などの身近な事情から経済的な動向までさまざまな外部環境の影響を受けながら、「生意人」としての立場を堅持し利潤の追求を目指すのか、地縁血縁者の一員としての役割に自らの存在価値を見出すのか、この問いかけのなかで、揺れ続けているといっても言い過ぎではない。また、地縁血縁者の「圏子」に属する人びとも、さまざまな外部環境の影響を受けながら、そこを安寧の場所とするのか、または、その外側に活路を見出すべきか揺れ続けている。そして、このような人びとの揺れに呼応するように、「包の経済組織」や地縁血縁者の「圏子」も柔軟に変化していくことになる。

ただし、このような柔軟な動きに対して、地縁血縁者の「圏子」で生まれる既得権は、身内を第一義的とした利潤の固定化にほかならず、市場や社会的な階層を膠着化する働きを持つ。もちろん、この既得権には、次章で取り上げる農地の三権分置のように人びとの生活保障として機能する役割もあるが、官僚の権力と結びついた場合、閉鎖的で排他的な利益獲得組織へと変質することもある。

最後に、第二章第三節でも取り上げた「生意人」と官僚の問題を念頭に置き、地縁血縁者が生み出す既得権の問題について考察する。

もとより民工子弟学校の事例では、図3-1の①番と③番、または②番と③番の関係は、あくまでそれぞれが地縁血縁者ではないことを一つの前提としている。いわゆる①番と②番の政府関係者としての「生意人」と③番の民間の「生意人」によって形成された一つの「包の経済組織」を対象とした考察である。しかし、①番と③番が、または、②番と③番が地縁血縁者であるとすれば、既得権を内包した一つの経済組織を発見することができる。

まず、①番をH街道の幹部クラスあるいは共産党員といった実力者の一人と想定し、学校経営者の③番を①番の地縁血縁者とすれば、この学校からもたらされる利益は①番を核とした地縁血縁者によって独占されることになる。[13]また、同様に②番を教育局の幹部クラスあるいは共産党員と想定し、③番をその地縁血縁者とすれば、②番の地縁血縁者を核として利潤は独占されることになる。すなわち、このような状況とは官僚の「私人的性格」の表出である。そして、彼らが、利潤の独占化を可能にする根拠とは、前者は、学校の所有権と経営を委任する権利を保持し、後者は経営を委任する権利を有しているからである。さらに、このような権利は、利潤の既得権を明確とし、①番と②番の地縁血縁者にも恩恵を与えることになる。つまり、官僚の①番と②番の「私人的性格」に基づき、彼らの地縁血縁者の「圏子」における「公」の実現である。もっとも、分配される利潤の額がどの程度のものであるかは、学校経営を取り巻く状況に応じて変化するであろうが、いずれにせよ、既得権に守られた一つの閉鎖的で排他的なセーフティ・ネットが形成されるといえよう。

ところが、このような既得権とは、必ずしもセーフティ・ネットを形成するためだけに利用されるわけではない。この二つのケースにおいて③番は、いずれも学校経営を任されているが、セーフティ・ネットの形成のために実際の学校経営に地縁血縁者を雇い入れるとは限らない。すなわち、③番の学校経営はどこまでも形式的なものであり、学校経営は地縁血縁者以外の経営能力が高い人材、または学校経営の経験者など、いわゆる④番に全

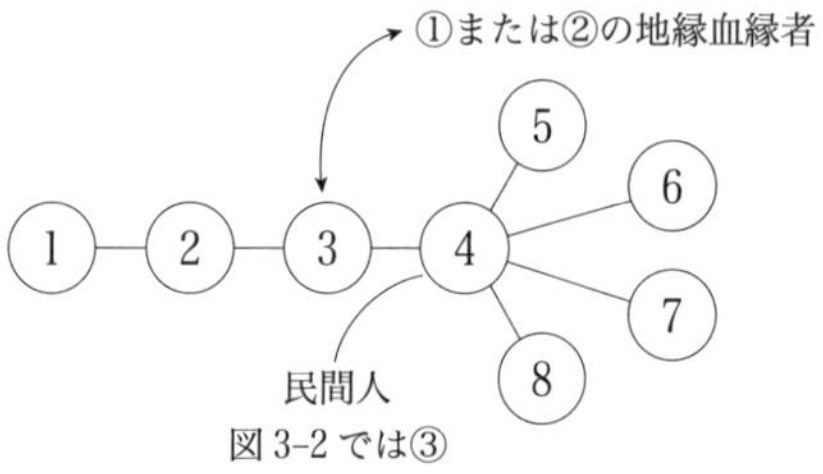

図3–2　包の経済組織と地縁血縁者

面的に任せ、一つの「包の経済組織」が構成されることもある（図3–2参照）。しかし、④番は、地縁血縁者ではないことを理由に、既得権の恩恵を受けることはなく、安寧の場所を与えられることはない。いつでも排除の対象であり、少しでも経営が上手くいかない場合は、別の人材に置き換えられることになる。すなわち、④番の存在とは、既得権を持つ者と持たざる者の違いを明確に浮かび上がらせるとともに、地縁血縁者のセーフティ・ネットから一部の人間への利潤の集中を促進する働きを持つ。つまり、①番と③番、または、②番と③番はわざわざ煩雑な経営に直接携わることなく、④番に寄生して利潤の一部を掠め取る方法が見出されることになる。そして、このように新たに経営者として④番を見出すことを通して、あるいは、「包の経済組織」を巧みに利用しながら、利潤は、①番と③番、②番と③番というごく少数の地縁血縁者に独占されることになる。

もっとも、①番と③番、②番と③番が保持する既得権、いわゆる政治的権力を背景として、彼らの地縁血縁者または少人数が利潤を独占し続けるための権利とは、市場という視点から捉えれば、その活性化を失わせることになる。社会的な視点に立てば、持つ者と持たざる者の違いを明確にして、持たざる者にどこまでも浮かばれない閉塞感を抱かせてしまうのではないかという危惧が強まる。無論、このような状況を国家が認めることはなく、①番から③番は、政治的権力を利用した資本蓄積、官僚による国家財産の私物化などという理由で裁かれることになる。そして、彼らは、その地位を失い、築き上げた地縁血縁者に対するセーフティ・ネットや少人数による利潤の獲得手段は水泡に帰すことになる。もちろん、彼らが裁かれることは、社会的な正義や公平性を実現するためには必然であり、市場の活性化を阻害する既得権を容認することはできない。市場は、誰にとっても危険とチャンスを提供すべきであるという認識に立つ。

しかし、市場とは、正義や公平性を実現するために存在しているわけではない。また、正義や公平が実現された市場とは一つの理想像を提供するだけであり、この理想像から市場を再構築すること、すなわち、不正義や不公平を排除するための努力は、議論を単純化してしまう危険がある。実際、中国社会では、彼らのような存在を撲滅するためのキャンペーンが展開されているにもかかわらず、地縁血縁者による既得権を確保しようとする動きが消滅するわけではない。この事実は、正義や公平という概念によって、彼らのような存在を市場、さらに社会から抹消することはできないことを物語る。官僚が権力を背景として既得権を堅持することを愚かで悪しき習慣として非難することはできても、彼らの存在が消えることはない。むしろ彼らを抹消する方法を考える前に、なぜ消滅しないのかという疑問に答える方が有益であり、この疑問について考察しなければ、中国経済秩序を理解することは不可能である。もっとも、必ずしもこの疑問に対して明確な回答を持っているわけではない。ただし、彼らの行為を愚かで悪しき習慣であると決めつけるには至らない理由がある。それは、脳裏から離れることがない一つの原風景が存在しているからである。その原風景とは、中国の農村や街なかで遭遇した体験であるが、この体験には、正義や公平という概念から零れ落ちるあまりにも多くの事実が隠されている。以下では、その原風景の一つである事例❷を紹介し、既得権についての考察を深める。

事例❷（一本の丸太）

二〇〇五年九月、まだ暑さが残る河南省南陽市から骨董品の偽物づくりで有名な石佛寺へタクシーで移動していた。舗装されているが、決して高速道路とはいえない道をしばらく走っていると、前方の料金所が目に入る。するとタクシーの運転手は、何もいわず、ハンドルを右に切り、舗装されていないガタガタ道へと自動車を進めた。料金所をわざわざ避けることは地元の運転手であれば当然の行為である。もちろん、横道にそれたばかりに走行距離が延び、それに伴い料金も多少高くなる。しかし、分かっていても文句はいわず、そのまま乗車していると、タクシーはある集落のなかに入っていった。集落に入るとすぐに、フロントガラス越しに一本の丸太がスルスルと降りてきて、タクシーの行く手を塞いだ。そして、タクシーが停まると、一人の老いた農夫が近づいてきた。明らかに地元の農民そのものの身なりである。運転手も心得たもので、すぐに窓を開け、その農夫に一元を手渡す。老人が丸太を引き上げる間に、運転手は振り向きながら、「ここを通ると九元も得なんだ」と得意げに笑った。

もし、この事例❷に登場する農夫に遭遇したならば、なかでも中国社会を理解できない人びとであれば、財布を探す前に、携帯電話を手に取り、警察に一報を入れるのではなかろうか。なぜならば、農夫の行為を、人の道に外れたものとして強い嫌悪感を抱き、道徳的に認められず、あるいは恥ずべき行為と捉えるからである。(14)なぜ、道徳的に許せないのだろうか。(15)その理由として、私的所有という一つの概念を指摘することができる。(16)すなわち、農夫は公道を勝手に使い、あるいは利用する根拠（権利）を持たない者が勝手にお金儲けをしていると解釈し、農夫の行為を受け入れることができないからである。もちろん、この道路は、農夫の所有地ではない。

それゆえ、農夫が単独で、丸太を操りお金儲けをしているとすれば、農夫に対して嫌悪感を抱くことは、必ずしも的外れではない。しかし、農夫が単独で、丸太を操り通行料を徴収しているとすれば、通行人が怒り出す前に、農夫の隣人、さらに村の農民たちは、農夫の行為を認めることはないであろう。少なくとも村の農民たちが、集落のなかを走る道路の所有権を、農地と同様に集団所有、すなわち村の所有地の一部であると判断しているならば、農夫の単独行動とは、村の所有地の無断使用にほかならない。つまり、通行料の徴収とは、農夫の単独行動ではなく、村ぐるみの経済行為であると理解すべきであり、その根拠とは、村のなかを走る道路が、法的に村民の所有物であるのかどうかさておき、彼らの意識のなかで所有物と位置づけられている点に求めることができる。民工子弟学校の事例を参照すれば、H街道の幹部である①番が、街道が所有する学校の経営を③番に任せているケースと同じく、村の幹部が農夫に通行料の徴収の仕事を任せていると理解することができる。

このように農夫の背後を冷静に探れば、事例❷のケースとは、農夫を含む村の農民たち、いわゆる地縁血縁者は、村の土地に付与されている既得権に基づく経済活動であると推測することができる。もっとも、地縁血縁者による村ぐるみの経済活動であったとしても、公道を利用していること、既得権そのものに対して、道徳的には許しがたき行為として断罪されることもあるだろう。ただし、この事例❷において、注目すべき点は、通行料を徴収する行為を道徳的であるのかどうかを考察することではなく、タクシーの運転手の反応にほかならない。タクシーの運転手の最後の言葉から明らかなように、彼は、幾度もこの集落の道を利用していると推測されるが、もし仮に道徳的に許されないと判断していたならば、繰り返し利用することはないであろう。

なぜ、タクシーの運転手は、彼の行く手を突然遮る一本の丸太を容認することができるのか。(17) それは、タクシーの運転手が、この村の既得権を認めているからにほかならない。あるいは、既得権という難しい用語ではなく、タクシーの運転手は、一本の丸太を「区切り」の象徴として受け止めていたといえよう。すなわち、一本の丸太とは、堆く盛られた土塁と同じく、内と外の境界を明確に区分する一つの象徴であり、外側とは異なる空間をタクシー運転手のような部外者に対して意識化させるものである。内山の「中国人が何事にも客観を先ず重視して、その客観との調整の範囲内でのみ主観を考えた」（内山 2011: 61）という指摘に従えば、一本の丸太を設置することによって、まずは、部外者が容易に侵入することができない領域を客観的に可視化させ、その上で、通行料の徴収という主観を打ち出していると捉えることができる。それゆえ、タクシー運転手は目の前に降りてくる一本の丸太が視野に入った時、自らが部外者であると認識し、または、主観を打ち出すための手順の正当性を認め、とまどうことなく一元を支払っていると理解できよう。さらに、この「区切り」は、農夫が単独で行っているのか、村ぐるみなのか、農夫と村の幹部の数人のものなのか、言い換えれば、集められた通行料を、農夫が一人占めしているのか、村の農民たちに平等に分配されるのか、村の幹部や農夫の一部が独占するのか、そのような問題は、タクシーの運転手からみれば大きな問題ではない。問題とは、そこに部外者に意識化された区切られた空間が、存在していることであり、それを尊重するということである。つまり、通行料を徴収するという行為とは、道徳的に問題があるかどうかではなく、また、彼らが依拠する所有権が法的、制度的に認められているかどうかではなく、さらに、丸太の設置に官僚が関わっているかどうか、そこに利潤の分配の正義や公平という概念が存在しているかどうかではなく、タクシーの運転手のような部外者が承認しているかどうかということである。

以上のような考察から明らかなように、地縁血縁者による既得権の確立、あるいは区切られた空間における経済活動とは、たとえそれが官僚という権力を内包するものであったとしても、また、撲滅キャンペーンが展開されようとも、部外者に愚かで悪しき習慣として認識されない限り、社会から消滅することはないと推測されよう。

そして、このような「区切り」の概念、あるいは、このような「区切り」とはどこまでも人びとの勝手な思い込みに基づくものであるが、このような思い込みも、中国経済秩序の一つの個性と位置づけることはできる。

3　景気動向と「包の経済組織」および萌芽的な「生意人」の存在意義

改革開放以降の中国経済とは、周知のように、多少の浮き沈みはあるにせよ、おおよそ右肩上がりの直線的な成長を遂げている。ただし、このような事実は、改革開放以降の中国を主な研究対象とする研究者にとって、企業が次々に倒産して、失業者が街なかに溢れるような中国経済の停滞期を経験したことがないことを意味する。無論、歴史を捻じ曲げることは不可能であるが、この偏った状況しか経験できていないことは、中国の経済研究を深める意味では大きな欠点でもある。もちろん、筆者が中国研究を始めた一九九〇年代初頭の中国はまだ貧しかった。なかでも、主な研究対象であった農民工たちは、上海の片隅で劣悪な労働条件、生活条件のなかで生きていた。さらに、農民工たちの故郷に行けば、裸足で歩きまわり、食卓に並ぶ食事も空腹を満たすことなく、上海とは比べることができないほどの貧しい世界が広がっていた。もっとも、そのような貧しさはいつまでも続くことはなく、豊かさは徐々に実現されていった。変わりゆく中国を身近に捉えることができたことは、一方では、偏った経験であるものの、中国経済の成長の発展要因の解明という興味ある研究目標を抱くことを可能にした。しかし、他方では、柏の主張した景気後退の進行に伴い、「包の経済組織」がどこまでも拡大していくことになるのかどうか、さらに、その結果として、柏が捉えた革命以前のような停滞する中国経済が目の前に広がることになるのかどうか、という問題を論証するための機会が与えられていないことを意味する。そのため、机上の論ではあるが、以下では、柏が提唱した停滞論について、柏の静態的な「包」論を批判的に捉えつつ、果たして停滞期において「包の経済組織」は、その拡大を免れないのかどうかを検討する。

まず、民工子弟学校の事例に戻り、その学校経営の主体が地縁血縁者による「圏子」から「包の経済組織」へと変貌を遂げた過程を紹介することから始める。

民工子弟学校の経営は（図3-1参照）、食堂、売店、守衛、スクールバスの運営などを③番の多くの地縁血縁者が担っていたが、そのような状態は長く続くことはなかった。もちろん、③番が、無駄な地縁血縁者を排除したわけではない。主な理由は、地縁血縁者が、別の仕事、たとえば、革製品の工場、銭湯、幼稚園などの経営を新たに始め、それぞれが「生意人」として、③番の学校から離れていくことになった。そして、地縁血縁者が去ったのち、③番の学校では、地縁血縁者が補充されることはなく、外部から人材を受け入れた。無論、新たに参入した人びとは、学校の従業員としてではなく、どこまでも「承包者」として、食堂、売店、スクールバスの運営、守衛などの仕事を任された。つまり、この学校では、H街道や教育局という外部だけではなく、その内部においても「生意人」と「生意人」の関係性が構築され、地縁血縁者の「圏子」から「包の経済組織」へと変化することになった。

このように③番の地縁血縁者が「生意人」へ変化することができた理由としては、起業するための資金を地縁血縁者から借りることができたという要因も指摘できるが、そのほかに次のような点が指摘できる。

第一に、③番の学校の地縁血縁者は、賃金制のもとで働いていたが、その後、食堂（④番）、売店（⑤番）、バス運営の部門（⑥番）では、「包の経済組織」が形成された。すなわち、③番は、それらの部門に直接関与することなく、売り上げの何割かを③番が受け取ったのち、残余はすべて④番、⑤番、⑥番が手にしていた。このような転換は、④番、⑤番、⑥番にとって、「包の倫理的規律」や「包の経済組織」について学習する機会を得ることとなり、「生意人」としての知識や情報を習得し、さらには、第三者を見出すための判断力を身につけることが可能となった。

第二に、この学校とH街道および教育局との関係は、「包の経済組織」として機能していたが、このことを裏返せば、学校経営者の③番だけでなく、その地縁血縁者にとっても、自らの将来を約束するものではなかった。いわゆる「包の経済組織」のスクラップと背中合わせの状態であることを認知していた。さらに、このH街道や教育局が保持している既得権と比べれば、彼らが置かれた状況とは、不確定で不安定な状態が際立っていた。そして、このような状況は、当然、起業を後押しすることになったといえよう。

第三に、彼らが「生意人」として、学校の外側で活躍する場を発見することができたもっとも重要な要因は、彼らを取り巻く経済状況が、右肩上がりであった点に求めることができる。いうまでもなく、「包の倫理的規律」の習性化、既得権を持ち得ないことによる焦りなどがあったとしても、起業を後押しするような経済的な条件が整っていなければ、学校から抜け出すことはできなかった。

以上、民工子弟学校経営のケースから、地縁血縁者の「圏子」の変遷過程をみたが、このような変化は、一つの事例に過ぎず、すべての地縁血縁者の「圏子」が「包の経済組織」へと変化を遂げるわけではない。地縁血縁者の「圏子」の状態のままであるケース、または、「包の経済組織」の内部に地縁血縁者と「生意人」が混在化するような状態も残存したであろうが、改革開放後の経済の急成長という外部環境を考慮すれば、この学校のようなケースは少なくなかったのではないかと推測される。さらに、「包の経済組織」も、好景気という条件の下で、大きな変化を遂げることになる。その変化を簡潔にいえば、柏が革命前に捉えた「包の経済組織」とは真逆ともいえる内容であるが、具体的にいえば、主に次のような点が指摘できる。

第一に、改革開放後、諸外国からの大資本の参入、国有企業改革、郷鎮企業、私営企業などの成長、行政による積極的な投資行為などにより、「出包者」は飛躍的に増加することになった。そして、「出包者」の増加、すなわち「包の経済組織」が増殖するに伴い、一つの「包の経済組織」を構成する「生意人」の数は減少傾向を示したと推測される。もちろん、このような変化が生じたとしても、「利潤の社会化」という特徴が消えるわけではないが、「包の経済組織」の縮小化によって「利潤の社会化」はかなり抑制されたと推測できる。

第二に、「利潤の社会化」が抑制されたことは、「包の経済組織」を構成する「生意人」が手にする利潤は増加し、「包の経済組織」における資本蓄積の促進を意味する。そして、その結果として、「出包者」は、資本蓄積を通して新たな「包の経済組織」を生み出すことを可能として、また、「承包者」に過ぎなかった者が、「出包者」へと転換するケースも出現したとも考えられる。つまり、「包の経済組織」のビルド&スクラップ、または、「生意人」の流動性はより高まり、「包の経済組織」の内部から、新たな「包の経済組織」を作り出す、いわゆる自己増殖していくことになったと推測できる。

第三に、「包の経済組織」が自己増殖した背景としては、改革開放直後の中国では、依然として多くの産業が未発達であったことが指摘できる。いうまでもなく、文革期を通して長く歪な産業構造が支配的であったゆえに、インフラ整備、第三次産業など多くの領域が手つかずのままの状態であり、そのような未発達な領域は、「包の経済組織」の自己増殖を助長させることに繋がったといえよう。

以上三点は、改革開放後における「包の経済組織」にみられた変化であり、地縁血縁者の「圏子」から「包の経済組織」への変化も併せれば、柏が垣間見た革命以前の中国社会では、決して目にすることができなかった現象といえる。とくに、革命以前と改革開放後のそれぞれの「包の経済組織」を比べれば、それを構成する「生意人」の数に大きな違いを見出すことができるであろう。すなわち、経済状況が悪化する時は「生意人」の数は増大し、逆に、好況の時は縮小するという一つの傾向を読み取ることができる。つまり、「包の経済組織」とは、好不況に呼応して伸縮すると理解することができよう。そして、この特徴を欧米や日本の状況と比べれば、実に中国的な特徴が浮かび上がる。

仮に、「包の経済組織」の中心に位置する「出包者」を代表（投資家または経営者）とすれば、経済の不況期において利潤を確保するため、あるいはその経済組織を潰さないために、欧米や日本では、従業員や労働者の合理化が図られる。すなわち、経済組織の構成員は、不況期になれば減少し、逆に、好景気になれば増加傾向を示すことになる。ところが、「包の経済組織」では、真逆な動きとなる。つまり、不況期ではその構造は拡大化し、好況期では縮小化する傾向がある。

この原因は、「出包者」は、「承包者」に関して、年齢、性別、学歴などを知ることがないのと同じく、その数が何人いるのかどうかを把握する必要がないからである。そもそも「出包者」は、その取り分は予め決められており、「承包者」の増減は、取り分に大きな影響を与えることはない。たとえば、「出包者」の取り分が売り上げの一五％だとすれば、残りの八五％を十人の「承包者」で分けようが、三十人で分けようが、「出包者」には関係のないことである。すなわち、「包の経済組織」を構成する「承包者」の数が増加していても、逆に減少していたとしても、「出包者」の取り分に大きな違いはない。したがって、「出包者」の無関心が、景気の後退においても発揮されるのであれば、先行き不安な産業から好況を維持する産業に生活の糧を求めれば、一部の産業に拡大化した「包の経済組織」が発生すると推測することできる。無論、拡大化の過程で、「包の経済組織」の内部に「出包者」や「承包者」の地縁血縁者が紛れ込み、その性質が大きく変化することも並行して生じるであろうが、いずれにせよ、柏が停滞論の根拠とする一つの仕事に多くの人びとが群がり、利益を蝕んでいく状況の発生を容易に想定することができる。

ただし、このような経済状況に応じた「包の経済組織」の拡大化とは、あくまでも「包の経済組織」を静態的に理解することによって生まれる一つの仮説に過ぎず、「包の経済組織」の動態的な性質を考慮すれば、異なる結論を導き出すことが可能である。以下では、不景気においても、柏が主張する「包の経済組織」の拡大化は、必ずしも生じないという理由について検討する。

柏の「包」論の限界とは、「包の経済組織」の周辺に存在する人びと、すなわち、図2-2と図2-3に描かれた「包の経済組織」の外側に存在する㉒番、㉕番、㉛番などの存在を分析の対象から除外した点にある。第二章では、この外側の㉒番、㉕番、㉛番などを地縁血縁者の「圏子」を安寧な地として定めている人びととして分析したが、ここでは、路上にゴザを一枚広げて商売をしているような人びと、いわゆる萌芽的な「生意人」と想定する。そして、この萌芽的な「生意人」の存在理由やその意義を考察し、その上で「包の経済組織」に与える影響を明らかにする。まず、以下では、萌芽的な「生意人」を理解するために筆者が実際に経験した一つの事例を紹介する。

事例❸（バスと小椅子）

二〇〇二年八月、江西省鷹潭市で、景徳鎮行きのバスのチケットを購入するためバスセンターに入ろうとすると、四十代後半の男性に呼び止められた。真黒に日焼けした男性は、白い歯を見せながら、「チケットならあるよ。どこへ行くの？　安いよ」と。どこからみても怪しい。しばらくしつこくまとわりついてきたが、私が窓口に並ぶと、あきらめたのか、それとも次のカモになりそうな誰かを見つけたのか、知らぬ間に消えていた。何の問題もなく私は景徳鎮行きのチケットを正規の値段で購入した。そして、バスは、三十分ほど後に出発した。ところが、バスがバスセンターを後にし、一つ目の角を回ったところで、急停車し、ドアが開いた。すると、あの日焼けした男性を先頭にして、バタバタと六人の若い女性が次から次に乗り込んできた。客席は、ほぼ満席状態であった。ところが、運転手は、どこからか小さなプラスチック製の椅子（日本人がよく風呂場で使うようなイスである）を取り出し、女性たちに配りだした。彼女たちは、通路に縦一列に等間隔に並び、その椅子に座った。そして男性は、ポケットから札束を運転手に手渡すと、そそくさとバスから降りて行った。

この事例❸は、事例❷の農夫と同じく、大きな衝撃を受けた出来事の一つである。農夫の事例でも触れたが、このような理解しがたい行為に遭遇したならば、椅子を手渡された女性、さらには乗客のなかには嫌悪感を抱き、バス会社や警察に通報したとしてもおかしくはない。少なくとも事例❷の農夫とは異なり、彼らが通路で商売をするための既得権、法的な根拠はどこにも存在していない。また、バス会社が容認しているとは考えにくい。さらに、事例❷のように明確な「区切り」が存在していない。それゆえ、通報したとしてもそこには正当性が認められよう。あるいは、わざわざ通報までしなくとも、彼らの行為を目にすれば、法や制度を理解できない低学歴者あるいは無教養と位置づけ、社会の成熟度の低さに嘆き、教育機会の重要性、貧困者のための救済策などの必要性を思い浮かべるかもしれない。さらに、そのような人びとを考察の対象としなくても、中国経済の実態を理解することに支障は生じないと、視界から彼らの存在を抹消することもできる。しかし、彼らの存在について考察しなければ、中国経済の個性を知ることはできない。確かに、彼らの行為を理解することは容易ではないが、おおむね次のように解釈することができる。

第一に、日焼けした男性とバスの運転手が経済活動を行う上での根拠は存在していない。強いていうならば、バスの通路を勝手に自らの空間だと思い込み、通路に座らされても正規の料金よりも若干低めの価格設定であるゆえ苦情は言わない、また、正規料金を支払った乗客も待遇の差がある限り通報することはないだろうという思い込みに基づく行為である。実際、筆者が乗車したバスでは、誰一人として騒ぎ出すことも、文句を言い出すこともなく、日焼けした男性と運転手の「思い込み」に基づく行為はその目的を達成していた。ただし、このような思い込みがいつまでも続くという保証はどこにも存在しない。

第二に、「包の経済組織」の視点から、日焼けした男性と運転手による経済行為を捉えれば、いうまでもなく、彼らの関係性は、「包の経済組織」とはほど遠い存在である。なによりも「出包者」が不在である。[18] そして、「出包者」が不在ゆえに、バス会社によって、排除の対象となる。[19] さらに、法の裁きを受ける対象にもなるであろう。実際、彼らに限らず、ゴザを一枚路上に広げ商売をする人びとと同じく、「思い込み」に支えられた経済行為とは、排除や裁きの対象であり、その上、参入障壁が低く、同業者が次々に現れ、市場に淘汰されることもある。しかし、そのような危険を背負っていること、短命であることは、もとより彼らだけではなく、誰もが承知している事実である。

第三に、「思い込み」に基づく経済行為とは、必ずしも中国だけの特徴ではない。周知のように、発展途上国のインフォーマルセクターにおいて散見できる一つの経済現象でもある。しかし、少なくとも中国には、「思い込み」に基づく経済行為が、「包の経済組織」へと転換するルートが存在している。つまり、「思い込み」に基づく経済行為であっても、「出包者」を発見し、または「出包者」に見出され、「包の経済組織」が構築されれば、前日までと同じ仕事内容であったとしても、「思い込み」ではなくなる可能性がある。言い換えれば、日焼けした男性と運転手の行為をバス会社が承認し、バス会社が彼らの「出包者」となれば、彼らの行為には正当性が付与されることになる。そもそもの始まりは「思い込み」であったとしても、「包の経済組織」を生み出す一つの前提条件として位置づけることができ、図2-3の㉒番、㉕番、㉛番とは、「包の経済組織」の外側で、その内部へ「承包者」として参入する機会を伺い、または自らが「出包者」になることを密かに狙っているような存在であり、まさに萌芽的な「生意人」と位置づけることもできよう。

第四に、このような萌芽的な「生意人」の存在については、すでに別稿において紹介してきているが[20]、なかでも、上海の片隅で生活していた農民工たちの生業は、「思い込み」に基づく経済活動、さらに、萌芽的な「生意人」という一群を発見するための一つの契機となった[21]。「思い込み」あるいは萌芽的な「生意人」という視点から農民工を捉え直せば、労働斡旋所、診療所、民工子弟学校、オートバイ・タクシー業、廃品回収業、生鮮食料品（主に野菜や果物）の販売業、家電・自転車・バイクの修理業などが、農家、倉庫、道路、歩道、クリークの土手などを勝手に利用して、多種多様な市場を生み出していた[22]。そして、そのような農民工の生業のその後をみれば、その多くは、短命に終わったが、民工子弟学校であれば都市政府の教育局、食品の販売業であれば卸市場や小売市場を管轄する部局と「包」の関係で結ばれることによって、経営権を手にしたケースも少なくない。無論、民工子弟学校、食品の販売業の「出包者」は、いずれも政府関係であるが、「出包者」が政府関係である必要はなく、建築業、流通業、製造業などさまざまな分野においても、農民工の「思い込み」に基づく経済活動から、「包の経済組織」へと展開したケースは無数に存在していることはいうまでもない。たとえば、街中の倉庫などでこっそり模倣品を製造するなど法や規制の外側で経済活動を行っていたとしても、その技術力や革新的なアイデアが認められ、民間企業と「包の経済組織」を構成すれば、一夜にして表舞台に姿を現すことになる。

以上四点から明らかなように、好景気を背景とした萌芽的な「生意人」から「包の経済組織」の「出包者」や「承包者」への転換は、中国のあらゆる場所で繰り広げられ、そのような動きは、経済成長の一つの原動力を形成したといえよう。ただし、改革開放からすでに四十年以上を経過した中国社会において萌芽的な「生意人」が徐々に姿を消しつつあることも事実である。改革開放後の右肩上がりの経済状況のなかで、彼らの多くは、「生意人」へと転換しただけではなく、単独で自営業を営み、または、工場や企業などの労働者や従業者に変化していくことになったといえよう。さらに、法整備が進み、萌芽的な「生意人」が活躍すべき空間は失われつつあることを否定することはできない。しかし、今後、経済が後退期に陥った場合、失業者が街中に溢れだすような状況を目にすることになるのか、または、再び、事例❸で紹介した日焼けした男性や運転手のような人びとが躍動するようになるのか、どのような状況が待ち受けているのかを予測することは難しいが、柏の停滞論と萌芽的な「生意人」の視点からみれば、おおよそ次のような展開が推測される。

第一に、柏が指摘するように失業者が主に地縁血縁者を頼って「包の経済組織」に吸収される可能性は高い。しかし、それがどこまで拡大化するかは、「包の経済組織」の外側に萌芽的な「生意人」が活躍する空間が残されているかどうかが鍵を握ることになる。外側の空間が狭ければ、「包の経済組織」の拡大化は避けられず、柏が唱えた停滞論は現実味を帯びることになる。

第二に、「包の経済組織」の外側に空間が残されているとすれば、失業者の受け皿になるとともに、その動態的特質は維持されることになる。そして、「包の経済組織」の拡大化は避けられ、柏の停滞論は、机上の論と結論づけることができる。さらに、その空間において、萌芽的な「生意人」によってさまざまな業種が生み出される可能性は担保され、景気後退を打破するための力を涵養することになるだろう。

第三に、萌芽的な「生意人」に対する法整備や規制が進むなかで、彼らが活躍する空間は残されていない可能性もある。(23) すなわち、管理体制の強化によって、「包の経済組織」の静態的な性質は補完され、「包の経済組織」の拡大化、さらにはそこに吸収しきれない人びとが街なかに溢れることになる。もっとも、事例❸の登場人物を思い起こすまでもなく、そもそも萌芽的な「生意人」の特質である「思い込み」に基づく経済活動とは、法や規制を軽視する点に特徴があり、たとえ彼らの行く手に高い壁がそびえ立っていたとしても、空間が消滅することには至らないであろう。しかし、乗り越えた先に、もう一つの難問がひかえている。

第四に、萌芽的な「生意人」が活躍できる空間の存続は、彼らの「思い込み」に基づく経済活動を市井の人びとが容認するかどうかにある。根拠のない、または法的にも許されない経済行為を他者が許すことができるかどうかにかかっているといっても過言ではない。つまり、萌芽的な「生意人」を承認する倫理観、道徳観が中国社会に残存しているとすれば、「包の経済組織」の拡大化は回避され、柏の停滞論は実現しないであろう。

以上四点は、あくまでも筆者の推測であるが、このうち、他者が、萌芽的な「生意人」を承認するのかどうかが大きな分かれ道であることはいうまでもない。もっとも、萌芽的な「生意人」を他者が承認する根拠となる倫理観、道徳観とは、一体どのようなものであるのかははっきりとしていない。なぜ、彼らの行為は承認されるのか。この問いに答えることは、本書の範疇を超えるものであるが、ここでは、その回答の一つとして、「仁」の概念について触れておく。

溝口雄三によれば、この「仁」の概念は、清代中葉の学者戴震（一七二四〜一七七七）によって大きく飛躍したとし、次のような戴震の「仁」に関する論を紹介している。[24] すなわち、「人に欲のあることが天下の欲と通貫していること、これが仁である。…… 〝飲食男女〟は生養の道でありこれによって天地は生生するのである。……生養の道を除去しようとするのは道を害するものである。……己れの欲を遂げようとすればまた人の欲も遂げようとする、そうすれば仁はあり余る。しかし己れの欲だけを満足させて人の欲を忘れるならば、私であり、不仁である」（溝口 2007: 175）。また「人として生まれながら、その生を遂げられないことほどひどい話はない。自分の生を遂げようと思えば人の生も遂げさせる、それが仁である」（溝口 2007: 175）。そして、このような戴震による「仁」の解釈について、溝口は、自己の生存欲・所有欲が天下の人びととともに達成される点に注目し、次のように結論づけている。「仁観は、古来の仁慈、他人への思いやりといった個人の道徳的な内面性をもっぱら含意してきていたのに対し、原理的に対立しあう個欲と個欲の間の調和のすじめ、つまり個人内面の道徳ではなく社会相関の社会倫理としての面を新たに獲得するにいたったこと、また個人（私）と全体共同（公）の関係については公本位の原理を志向している」（溝口 2007: 176）。

溝口が指摘するように、「仁」とは、自らの生、欲を満たすのではなく、他者の生、欲を達成するようにつとめることであると解釈することができるが、このような考え方とは、まさにウィンウィンの精神と通底するといえよう。そして、費の「差序格局」にこの「仁」を落とし込めば、「生意人」に限らずいずれの波紋が交じり合うところでも生まれる倫理観であるかどうかは定かではなく、溝口のいう全体共同（公）の範囲がどの程度のものであるかは議論の余地を残すが、少なくとも事例❷や事例❸に登場したタクシーの運転手、バスの通路に座らされた女性たち、さらにその他の乗客が「仁」を習性化し、萌芽的な「生意人」の生や欲を遂げさせようとするならば、彼らが生きるための空間は根強く残存していくと推測することができるであろう。

第四章　集団所有権と「承包権」

1　柏が捉えた「包」的な農業経営

中国において一九七八年から始まる改革開放政策とは、周知のように、一九七〇年代半ば過ぎ、人民公社体制下において農民の労働意欲の減退および度重なる自然災害によって、餓死に直面した農民たちが、命を賭して自らの手で農地を農家単位に分配したことが、すべての始まりであった。そして、中国政府は、村民委員会（以下、村とする）を単位とする農地の「集団所有」を堅持しつつ、農家に対して、「承包権」を与え、農民たちの命を懸けた行為を追認した。いわゆる、「農家請負責任制」（中国語では「家庭聯産承包責任制」）の導入であり（図4－1参照）、この政策転換は、農業部門に留まらず、その後の経済社会の大転換をもたらす起点となった。

なぜ、「承包権」を農家に与えたことによって、大転換は生まれたのか。この問い掛けは、あまりにも壮大で、語り尽くすことはできないが、以下では、農民と農地利用に限定し、この大転換についての考察を行う。

まず、農民についてみると、農家に「承包権」が付与されたことは、農業生産が人民公社の下での集団的な作業から農家単位へ変更したことを意味する。そして、その結果、農業生産に対する農民のモチベーションは高まり、飢饉からの脱出を可能とした。さらに、生計が農家単位に移ったことによって、農民の農業生産からの離脱を誘発することにもなった。なかでも、一人当たりの農地面積が狭隘な地域では、農家内余剰労働力は顕在化し、大量の労働力が都市へと流出した。いわゆる農民工と呼ばれる新たな階層の出現である。そして、中国固有の戸籍制度の下で無権利な状態を強いられた農民工は、中国経済の経済成長を下支えする存在として位置づけられることになる。無論、農民工とは、流出先で新たな出会いを通して、「生意人」へと変化したケースも少なくないのだが、いずれにせよ、「承包権」の付与を契機として、農民の身分は多様化していくことになったといえる。このような状況を受けて、農民の再定義が急務ともいえるが、ここでは、農地の「承包権」を持つものはすべて農民と定義する。すなわち、流出先の都会で職に就き、または、「生意人」として活躍するなど都会での生活が長期化して、故郷には数年に一度しか帰ってこなくとも、その上、自分の農地が村のどこに存在しているのか知らなくても、農民として論を進める。

次に、農地利用についてみると、「承包権」という新たな権利の登場は、一つの農地に「所有権」と「承包権」という二つの権利が同時に成り立つことを意味する（図4-1参照）。いわゆる「一地二権」の状態である。そして、前者は村による集団所有であり、後者は各農家が権利の主体である。そして、集団所有とは、社会主義国家の存在意義を明示するものであり、「承包権」とは、中国の固有な伝統的な農地利用方法の一つであり、歴史の連続を示すものである。さらに、両者の関係を「承包権」という用語から繙けば、所有権を有する村を「出包者」、農家を「承包者」とすれば、一つの「包の経済組織」を描くことができる。つまり、改革開放以後の農地利用とは、社会主義的な「集団所有権」と伝統的な「包」的な農業経営が併存する状態が生まれたと捉えることができる。そして、この二つの概念が、一つの農地の上で、どのような化学反応を起こしているのかを明らかにする。

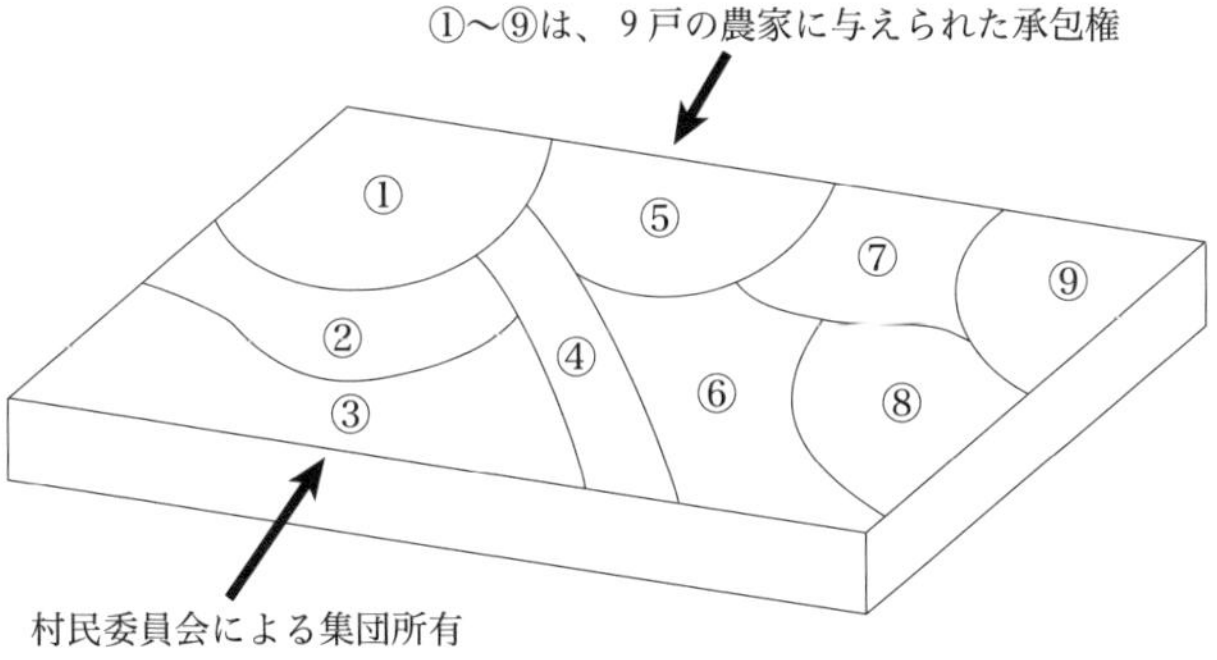

図4–1　基本的な承包権

本節では、改革開放後における「集団所有権」と「承包権」についての考察を行う前に、革命前に柏が捉えた中国農業の特徴、すなわち、社会主義国家の支柱の一つである農地の「集団所有」が未成立な状況のなかで、どのような農業経営が成立していたのかを紹介することから始める。柏は、革命前の中国の農業生産の構造を、地主の視点から主に、「自営地主」「集団地主」「田底権地主・田面権地主」という三つの形態に分類し紹介しているが（柏1986b）、ここでは、この三つの形態の実態を明らかにする。

まず、「自営地主」の形態をみると、華北地方に多くみられたが、必ずしもこの地域だけではなく、中国において一般的な農業経営の一つとし（柏1986b: 103）、柏は次のように説明する。

「自営地主とは完全な不耕作貸付地主、すなわち完全に耕作から離脱した純粋の地代取得者となっている地主ではなく、農村内部に居住して、多かれ少なかれ自分の土地経営を有している地主である。もちろん自家労力をもってすること少なく、多くは雇傭労力（打頭的等）に依存し、自らの農企業の危険負担を行っているものである。しかして自家経営以外の残余の土地を小作に附しているものである」（柏1986b: 102–103）。そして、柏は、「その余分な土地の耕作をば、小作人をして請負わしめるのである。したがって、その土地の経営が小作人の手に移ったものと見られるよりは、その耕作が請負いの形において、小作人の手に移ったものとして見られ得るのである。いわば一種の請負耕作と見られねばなるまい」（柏 1986b: 104）とする。さらに、地主と小作人の社会的結合関係として、小作人を零細な小農であるとした上で、小作人は「小作地の経営を自己の専業として営んでいるものではないのである。彼らはその経営のかたわら、雇傭賃労働の機会を求め」、出稼ぎ、手工業・家内工業を通して収入を確保しなければならず、小作人でありながら、「地主の経営に賃労働者として雇傭される場合も多い」（柏 1986b: 107）としている。そして、このような脆弱な経済基盤しか持たない小作人は、「自営地主」に対して、「身分的な支配拘束さえも受けることを欲するようになり、そこには固定した身分的な上下支配拘束関係のある封建的社会類似の社会関係」が存在しているようにみえるかもしれないが、その実際は、そのような上下拘束関係が存在していないと断言する。その理由として、「自営地主」は、「中国にきわめて豊富多量に存在している労働を、いつでも欲するままに、欲するだけの量を、自由労働市場より低廉に雇傭し得る事情にあるのであるから、地主は求めて、ある特定の労働力を、身分的に自己の支配下におく必要はない」と説明する（柏 1986b: 107）。さらにこのような「自営地主」と小作人の関係から、柏は「身分的に自由な支那社会の秩序に呼応し」、「中国農村経済社会の身分的自由を成立」（柏 1986b: 108）させているとする。このように柏は、「自営地主」の特徴を説明しているのだが、「包」の視点から捉え直せば、主に次のような点が指摘できる。

第一に、「自営地主」とは、農業生産に直接従事していたわけではないが、経営には関与しており、「所有者≠耕作者」「所有者＝経営者」という構造を描くことができる。つまり、「所有権」と「経営権」は、未分離な状態であり、後述する「集団地主」や「田底権地主・田面権地主」と比べ、地主の農業生産における存在感は高い。

第二に、実際の耕作は、雇用労働と小作人とが担う二つのケースがみられるが、柏は農地の一部を小作人にその耕作を請負わせる点に「包」的な農業経営の一端を見出している。ただし、小作人に対してその「経営権」を与えているわけではなく、どこまでも地主が経営を担っていたとしている。つまり、「自営地主」における「包」的な特徴とは、耕作を小作人に請負わせていただけに過ぎず、第三者に仕事のすべてを丸投げするような「寄生的性格」を見出すことはできない。

第三に、「自営地主」と小作人の関係をみれば、そこに固定化されない状況、すなわち、実際の農作業に携わる人びとが、流動し続ける状況を見出すことが可能であろう。この点は以下でみる「集団地主」の形態にもみられるが、小作人が絶えずシャッフルされるという点は、「包の経済組織」の構成員が絶えずシャッフルする特徴を看取することができる。もっとも、柏は、シャッフルされる要因を「中国に極めて豊富多量に存在している労働」の存在を前提として、固定化すればよりコスト高になるという地主の事情から説明するのだが、小作人の視点に立てば、身分が固定化されるよりも、農業以外の多様な職に就き、または職を固定化しない方が、経済基盤の安定が図られ、さらに生活水準の向上を図るための機会に巡り合うチャンスは多いと受け止めていたという解釈も成り立つ。少なくとも当時の小作人を農民という概念で捉えることはできないといえよう。

以上の三点からも明らかなように、この「自営地主」の形態において、「自営地主」=「出包者」、小作人=「承包者」という構図、さらに、小作人がシャッフルされるという点に「包」の特徴を見出すことは可能である。しかし、両者の間では、耕作権のやり取りが行われていただけで、その上、「所有権」と「経営権」は未分離のままであり、「包の経済組織」の多層化が深化していたとはいえず、むしろ単純な組織構造を有するだけである。したがって、「自営地主」とは、未発達な「包」的な農業経営に過ぎないと結論づけることができよう。

次に、「集団地主」をみると、この形態は、華南地方に多くみられたとし、その特徴を根岸勉治の『南支那農業経済論』などを参照しながら、柏は次のように説明する。

「集団地主」とは、「多くの家族が土地を実際的あるいは表面的に所有し、その土地を直接あるいは間接に農民に賃貸かつ耕作せしめる非個人的地主」であると定義する。そして、「集団地には種々なる形態があり、大体、学田・廟田・会田および太公田」が存在し（柏 1986b: 108）、なかでも「太公田すなわち祖先の祭祀を行うために氏族が集団的に所有する」土地が多く、たとえば、広東省では耕地の三分の一を占め、珠江デルタではその割合は五～六割に達し、一宗族が所有する太公田の面積は「数千畝さらには二万畝」にも及んでいたとしている（柏 1986b: 108–109）。そして、こうした太公田をはじめ、いわゆる族田の経営方式をみると、①分種制（氏族全員が農地を分け、耕作に参加する方法）、②輪番制（各房または各家が順番に族田を耕作する方法）、③投耕制（耕作希望者に入札の方法によって耕作する方法であり、入札は氏族員以外の者も可能であった）という三つの制度が存在していたという（柏 1986b: 110）。このうち、柏は③の投耕制に「包」的な農業経営を見出す。

この投耕制を詳しくみると、まず、「富商巨神が往々、投耕方法に基づき数千畝ないし数万畝の沙田」を請負い（もちろん彼らが直接耕作には携わることはない）、次いで、それらの土地を分割し、「分益農」あるいは「分耕仔」に転貸し、さらに、「大耕仔」や小作人に又貸しされていく（柏 1986b: 111）。また、それぞれの請負期間をみると、「第一承包者」である「富商巨神」から第二に、第三、第四の「承包者」になるに従い、短縮化されていた。たとえば、中山県の事例から、その期間は、第一承包者の契約期間は三十年、第二承包者は五年、そして、実際の農作業を担う農民は一年と短いケースが多いとしている（柏 1986b: 111–112）。このように柏は、「集団地主」、なかでも投耕制を説明するが、「包」的な農業経営の視点からみれば、主に次のような点が指摘できる。

第一に、集団所有する農地には、「学田・廟田・会田および太公田」という名前が付けられていたが、それは農地から得られる収入の使用目的が予め決められていたことを意味したといえる。それゆえ、それら農地の「集団地主」の構成員（宗族、一族などの多数の人びとによって構成されていたであろうが）が、直接的な利益を受け取るわけではない。さらに、「地主」といえども、自らが所有する農地の所在が明確化されていたわけではなく、宗族や一族が全体として所有する農地であり、まさにある特定の個人ではなく、どこまでも複数の人びとによって構成される集団が一つの権利主体であったといえる。

第二に、「集団地主」の「出包者」とは、個人ではなくどこまでも集団という一つの特徴を有しているが、「第一承包者」の「富商巨神」、「第二承包者」の「分益農」あるいは「分耕仔」、「第三承包者」の「大耕仔」や小作人へと、人びとが数珠繋がりとなり農業経営が営まれ、それは、いうまでもなく「包の経済組織」にほかならない。また、契約期間をみれば、「包」の構造の末端に行けば行くほど、その期間は短くなるが、いずれも固定化されているわけではない。「集団地主」に基づく農業経営とは、その構成員が絶えずシャッフルするという「包の経済組織」の特徴を内包しているといえよう。

第三に、「出包者」と「承包者」の関係をみれば、両者の間でやり取りされているのは、基本的には農地の「承包権」であるが、その実質は、「富商巨神」らの「承包者」に与えられているのは「経営権」にほかならない。つまり、「集団地主」の特徴とは、「所有権」と「経営権」が分離した状態の下、「経営権」が細分・分散化し、さらに、数年ごとに人から人へと渡され、流動化している点にあるといえる。

第四に、「包の経済組織」の構成員の関係性をみれば、「出包者」が「第一承包者」にすべての「経営権」を渡し、その経営に口を出すようなことはなく、同様に、「第一承包者」から「第二承包者」にも、経営の自由裁量権が与えられていたと推測できる。つまり、「承包者」は、その農地の大きさ、または、契約期間に関係なく、彼らは、「主」として振る舞っていたといえる。つまり、「主」たちが手にした「経営権」とは、彼らにとって「主」として成立するための「区切り」の根拠を形成していたといえる。

最後に、「田底権地主・田面権地主」をみると、この形態は、華中地方に多くみられるとし、その特徴を、『上海満鉄調査資料』などを参照しながら、柏は次のように説明する。

「田底権地主・田面権地主」とは、まずなによりも一つの土地が、「田面」・「田底」の「二つに上下に分割されている」状態を示す。そして、「田面の所有権と、田底の所有権とがまったく別個のものとし存在している」とし、「一地に二主を認むる」制度、いわゆる「一地二主」の状態である。[1] さらに、詳しく「田面」と「田底」の関係をみれば、「田面のみの所有者は耕作にあたって、田面は田底なくしては存在し得ないという理由によって、田底の所有者に対し一定の〝租米〟を納入する。その他の点では、〝田面〟の所有者は〝田底〟の所有者とは全然関係がない。すなわち〝田面〟の所有者は永久にその土地を耕作し、〝田底〟の所有者の意志とは無関係に、田面を転売または出典し得る。したがって田面は、田底と独立して、それ自身の出典価格相場を有し、販売価格相場を持っている」（柏 1986b: 114）としている。このように田底権地主と田面権地主にとって農地とは、底であるのか、面であるのかの違いはあるが、いずれの地主にとっても農地は資産にほかならず、一つの農地に、田底と田面という人為的であるが、実に抽象的な概念に支えられた二つの農地の市場が成立しているといえよう。そして、この「田底権地主・田面権地主」の制度を「包」的な農業経営の視点からみれば、主に次のような点が指摘できる。

第一に、「田底権地主・田面権地主」の両者の関係をみれば、柏が指摘するように「田底所有者を地主とし、田面所有者を小作農」という単純な構図に落とし込むことはできない。田底権地主は、「レントナーと化した不在地主」（柏 1986b: 115）であり、田面権地主に対して、「なんらの干渉をもおよぼし得ない」（柏 1986b: 119）存在であるとしている。つまり、田底権地主にとっての農地とは、一つの投機対象としているに過ぎず、逆説的にいえば、田底権とは、一つの株券と大きな違いはないといえよう。あるいは、田底権地主は、労少なく利益を得ているだけであり、まさに田面権地主に寄生した存在といえる。

第二に、田底権地主とは、田底の所有権を有しているだけであり、田面権地主との関係は〝租米〟のやり取りだけの関係である。それゆえ、田面権地主とは、田面の所有権だけではなく、その経営権も保有しているといえる。つまり、「集団地主」が「富商巨紳」に対して「経営権」を付与している状態とは異なり、田面権地主の独立性は堅持され、経営権および耕作権を第三者の他者に渡すことも可能であり、田面権地主を中心として「包の経済組織」が形成されていたと推測されよう(2)。

第三に、「包の経済組織」の視点から捉えれば、〝「出包者」＝田底権地主・「第一承包者」＝田面権地主〟という構図を描くこともできるが、田面権地主も田面の所有者にほかならず、一つの農地に二人の「出包者」が同時に生まれていると捉えることができる。もっとも、田面権地主から「包の経済組織」が形成されるが、田底権地主から「包の経済組織」は形成されることはない。

以上、「自営地主」、「集団地主」と「田底権地主・田面権地主」の三つの形態についてみてきたが、革命前の農業経営のなかに、「包」的な農業経営の要素を発見することは容易である。ただし、私的所有を源泉とした市場経済に慣れ親しんだものからみれば、一つの農地に「田底権地主・田面権地主」という二つの所有権が併存する実態を理解することは難しいばかりではなく、実に奇異な風景でもある。しかし、改革開放後における農業経営を考察する上で、革命以前の「包」的な農地利用の実態には、多くの示唆が含まれていることはいうまでもない。

無論、「農家請負責任制」の導入とは、「自営地主」「集団地主」「田底権地主・田面権地主」のような「包」的な農業経営の形態が、改革開放後の中国農村にそのまま復活したと捉えることはできない。また、このような革命前の「包」的な農業経営を一つのゴールとして設定しているわけでもない。しかし、二つの形態から看取された「包」的な農業経営が、部分的にせよ、改革開放後の農業経営に復活しているのではないかと考えることはあながち間違いではなかろう。少なくとも「三権分置」（二〇一三年一二月に開催された中央農村会議において、農地の「所有権」「承包権」「経営権」という「三権分置」の確立が示された）のなかに、または、農家が保有する「経営権」を民間企業などに、その経営を委ねることは、「集団地主」が宗族以外の外部者に経営を請負わせるスタイルを彷彿させる。また、「一地二主」の形態は、「集団所有」と「承包権」の理解、いわゆる社会主義と伝統社会との化学反応についての議論を深めるために大いに役立つといえる。ただし、単純に「包」的な農業経営の復活という結論を導き出すためには、慎重に論を重ねる必要がある。それゆえ、次節では、一九八〇年代半ばから一九九〇年代半ば頃までの上海市近郊農村を対象として、「承包権」の流動性、いわゆる規模経営の実態の分析を行い、政府や農民が、この「承包権」をどのように理解していたか、その変遷過程を辿りながら、社会主義と伝統経済の化学反応を明らかにする。

2　上海市近郊農村における専業農家の変遷過程

とりわけ上海市近郊農村に限ったことではないが、「農家請負責任制」を「包」的な農業経営に落とし込めば、

〝「出包者」＝村民委員会（村）・「第一承包者」＝農家〟という一つの原型的な農業経営の構図を示すことができる。この構図とは、「所有権」と「承包権」という二つの権利が同時に成立する「一地二権」を端的に表すものである。そして、この構図の下、農民たちの生産意欲は向上し、農業生産は劇的に回復し、多くの農民の命を救うことになった。しかし、このような構図の下での農家経営が短命であったことも周知の事実である。すなわち、一九八〇年代半ばを過ぎた頃から、農村の工業化の進展、大量の農民工の出現、都市化の推進によって、この〝「出包者」＝村民委員会（村）・「第一承包者」＝農家〟という構図は大きく揺らぎ始める。本節では、筆者が一九九〇年代半ば頃、上海市近郊農村において実施した調査を一つの起点とし、農業生産を巡って「集団所有権」と「承包権」がどのような化学反応を起こしていたかを明らかにしたい。

一九九〇年代を通して調査を実施した上海市近郊農村では、工業化の進展に伴い農家の主な働き手の離農が進み、「第一承包者」の農業経営は急速に形骸化していくことになった。すなわち、農地の流動化、農業生産の規模経営化が促進されていくことによって、〝「出包者」＝村民委員会（村）・「第一承包者」＝農家〟という構図は早々に崩れ、同時に、「所有権」と「承包権」の矛盾が先鋭化することになったといえよう（図4-2参照）。とくに、経済成長が著しかった上海市近郊農村では、比較的早い段階から大きな変化が生まれていた。

当時の上海市近郊農村において生まれた変化を概観すれば、おおむね次のような点が指摘できる(3)。

第一に、上海市近郊農村では、「農家請負責任制」が実施された翌年（一九八四年）頃から、すでに農業の規模経営の育成が始められていたといわれる。すなわち、一部の農家において働き手が非農業部門で働く機会が増えるなかで、「承包権」の流動化が進み、農業の規模経営が生まれる傾向がみられた（図4-2参照）。たとえば、その経営数、経営面積は、徐々に増加傾向を示し、一九八五年から一九八七年の推移をみると、規模経営の数は、

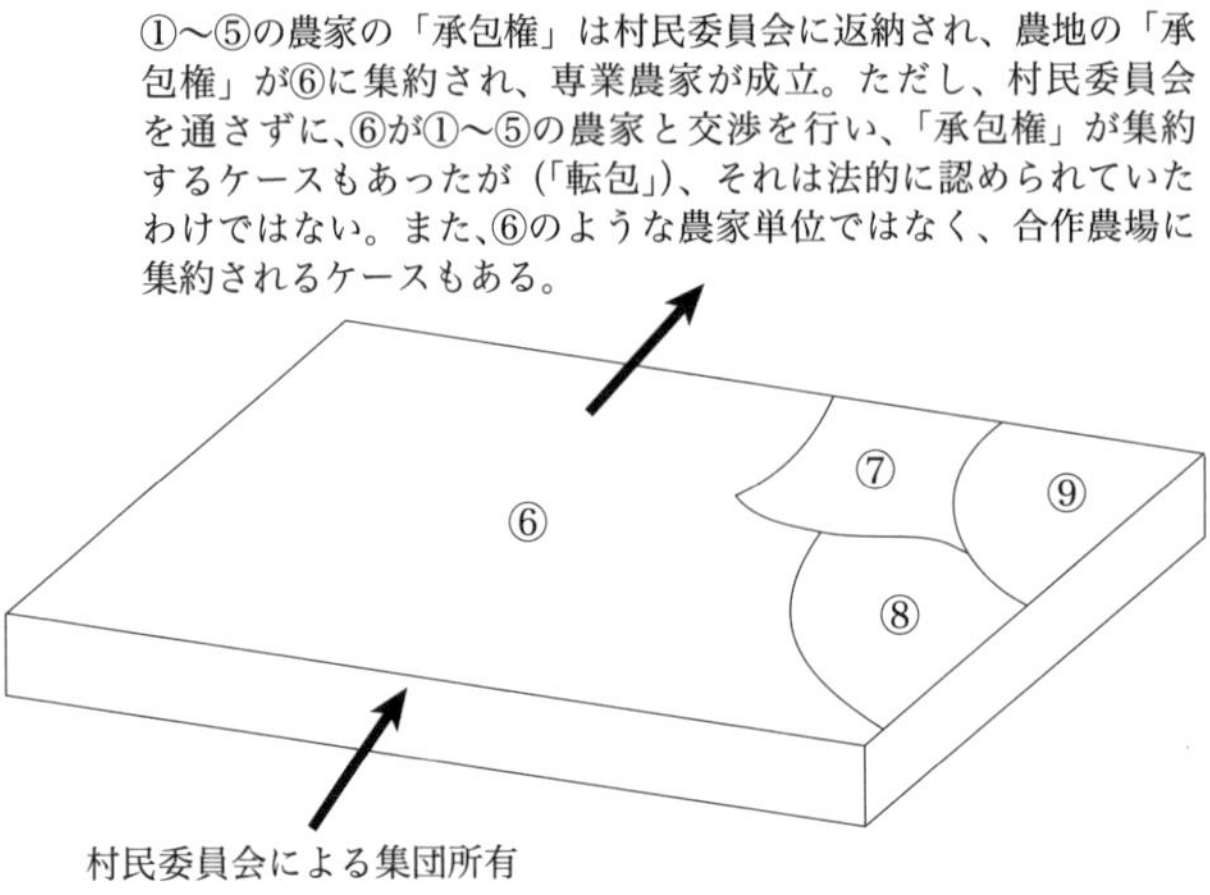
①〜⑤の農家の「承包権」は村民委員会に返納され、農地の「承包権」が⑥に集約され、専業農家が成立。ただし、村民委員会を通さずに、⑥が①〜⑤の農家と交渉を行い、「承包権」が集約するケースもあったが（「転包」）、それは法的に認められていたわけではない。また、⑥のような農家単位ではなく、合作農場に集約されるケースもある。
⑥
⑦
⑧
⑨
村民委員会による集団所有

図4–2　承包権の流動化

約一一〇〇経営から三九八六経営へと四倍に、また面積は、約二万二〇〇〇ムー（一ムーは約六・七アール）から約十四万四一〇〇ムーへ約六・五倍に増加し、その経営面積が、食糧田に占める割合は、〇・七五％から四・二％へと増加していた。

第二に、規模経営の経営主体をみると、専業農家[4]、合作農場（郷・村政府によって建設）、農業機械サービス隊が運営する農場などさまざまな形態が併存していたが、一九八〇年代後半から一九九〇年代初頭の期間において経営主体の傾向をみると、まず、専業農家が主流であった。一九八七年当時、専業農家は規模経営体の約九割以上を占め、その総面積は全体の八割弱を占めていた。しかし、その後、専業農家は減少傾向を示し、それに代わって一九九〇年代初頭から合作農場が台頭していく。たとえば、合作農場が積極的に建設された上海市嘉定区では、一九九一年末、合作農場は九十か所あり、経営面積は二万二二〇四ムーあり、規模経営の五三・三％を占め、専業農家（八〇八戸）の一万九四二一ムーを上回り、その後も、合作農場に基づく規模経営が展開されたといわれている[5]。

第三に、一九九〇年代半ば頃になると、多くの合作農場は解散に追い込まれる。その理由は、農場管理者と農場員との間で生じた金銭トラブル、農地の転用などのためであったが、いずれにせよ、上海市近郊農村では、合作農場の閉鎖とともに、規模経営への関心が薄れていくことになった。むしろ地方政府を中心に、農地をいかにして開発するか、あるいは農業生産よりも収益性の高いものへの転用をどのように進めるかという点に注目が集まる。とくに、一九九〇年代半ば以降、土地に関する取り決めが、開発を容認、促進する内容へと変わっていくなかで、上海市近郊農村では、規模経営というよりもむしろ農業生産に対しての軽視傾向が強くなったといえよう。

このように上海市近郊農村における一九八〇年代半ばから約十年間の規模経営を概観すると、その終焉に、大都市上海の拡大、すなわち都市化の進展という大きな時代の流れを感じざるを得ない。しかし、この都市化によって、農業生産そのものが飲み込まれ、そこに生じていた揺らぎについての探究を意義のないものと決めつけることはできない。むしろ急速な都市化とは、農地を巡って、村と農家のそれぞれの思惑が衝突し易く、その上、農地（土地）の価値が高まれば高まるほど衝突によって生まれる矛盾はより先鋭化していくことになった。そして、上海市近郊農村では、農業生産の規模化は、「農家請負責任制」の導入後、直ちに始まり、その後、規模経営は都市化という大波に飲み込まれることになるのだが、ここでは、「包」的な農業経営の視点から、専業農家の実態、合作農場の実態をより具体的に考察する。まず、専業農家をみると、主に次のような点が指摘できる。

第一に、上海市近郊農村における「承包権」の流動化は、非農業部門の発展、急速な都市化の促進などによる農家経営の兼業化、家計の非農業部門への依存度が高まるなど、外部環境の変化が大きな要因を形成していたことは間違いない。しかし、この他に、社会主義国家ならではの優位性を考慮する必要がある。ここでいう優位性とは、日本のように私的所有権の下で、なかなか農地の流動化が進まない現状と比べ、「集団所有」の下では、村が積極的に農地の流動化に介入することが可能であるという点である。そして、この優位性に基づき行われた農地の集積方法とは、「出包者」である村は、兼業化した農家（承包者）から「承包権」を返納させ、一部の農家または合作農場に農地を再分配し規模経営を設立する方法である。このような方法は、「集団所有」の優位性を如実に物語るとともに、工業・農業をバランスよく発展させるための合理的な方法に映る。実際、当時のヒアリングノートを読み返すと、「工場での働き口を確保、都市戸籍を与えるといえば、承包者である農民たちは、喜んで承包権を返納する」という農村幹部たちの言葉が残っている。そして、このような農村幹部たちの言葉に疑いを持たないばかりか、そのような農地の集積方法に合理性や正当性を感じ取っていたことは、偽らざる事実である。しかし、「出包者」と「承包者」との関係性をみると、本来、それぞれが習性化すべき「包の倫理的規律」に基づく、独立性、不可侵性とは異なる上下関係、指令・命令という権力構造が、その背後に潜んでいたのではないかと推測される。つまり、〝「出包者」＝村民委員会（村）・「第一承包者」＝農家〟という構図は、「集団所有」を盾とした村の強い思惑のなかで、「第一承包者」からその「承包権」を剥奪していくことになった。そして、こうした剥奪が行われた背景としては、当時、「出包者」である村の関係者の多くが、「承包権」に含まれる権利を、耕作するだけの権利という程度の認識しか持ち合わせていなかったためであると推測されよう。

第二に、村の積極的な介入によって成立した専業農家は、作付け品目、農業機械の利用、販売ルートなどの大半は、村によって決められ、専業農家に与えられる自由裁量権はそれほど大きくはなかった。また、余剰コントロール権についてみると、定められた生産量を収めれば、残りはすべて自由であったが、その実際は、農業機械の使用料、倉庫費用などの支払いもあり、専業農家の負担は決して小さくなかった。また、その利用先を勝手に決めることもできなかった。つまり、専業農家と村との関係性をみる限り、どこまでも垂直的関係が形成されていたといえる。村によって集められた農地で耕作を営むだけの存在、すなわち、専業農家には「耕作権」だけが与えられていたに過ぎず、「経営権」が付与されていたわけではなかった。まさに「一地二主」という状況からはほど遠く、どこまでも「一地一主」の状態が堅持されていたといえよう。そして、その要因として、「出包者」としての村が農業生産に対して担うべき役割は決して小さくなかったこと。また、当時、まだ存在していた「農業税」(6)は、村の発言権の正当性を裏付ける役割を果たしていたといえよう。

第三に、当時の上海市近郊農村では、村の指導によって生み出された専業農家のほか、「出包者」の村を通さず、農民同士で「承包権」を借り入れ、農地の集積が計られるケースも存在していた。いわゆる、「転包」と呼ばれる方法である。この「転包」に基づく経営は、村の指導によって設立された専業農家とは異なり、その自由裁量権、すなわち、彼らが手にした「経営権」は決して小さくはなかった。つまり、一九八〇年代の半ば過ぎには、すでに「承包権」から「経営権」が萌芽的に派生していたといえる。しかし、当時、「転包」はまだ法的に認められていたわけではなく、そのため、「転包」を通して、専業農家が大きく成長する道はもとより閉ざされていた。しかし、「承包権」を貸し出す農家側からみれば(7)、「転包」とは、自らの農地の資産価値を意識した行為にほかならず、まさに「一地二主」の状況が、水面下ではあるが、改革開放後の早い段階で、すでに発生していたことを確認することができる。ただし、「転包」とは、「包の経済組織」の視点からみれば、事例❸で登場した日焼けした男性やバスの運転手と同じく、「出包者」が不在といえる。それゆえ、「転包」によって生まれた規模経営は、短命であることを余儀なくされた。

第四に、歴史に「もしも」は存在しないが、もしも「転包」が許されていたならば(「転包」が正式に認められるのは二〇〇三年である)、このような専業農家を核として、すなわち、専業農家を「第一承包者」として、「包」

の多層化構造が生まれていく可能性は大いにあり得た。つまり、専業農家が、自らの耕作能力を超えた農地を借り入れ、それらを第三者へと農地を「転包」することができたならば、より一層の規模の拡大が可能となり、数年後には大規模な農場経営者へと転化していた可能性は否定できない。とくに、当時（一九九〇年）の専業農家の年収をみると（以下の数値は、上海市嘉定区馬陸鎮の専業農家一〇五戸の平均）、五〇〇〇〜六〇〇〇元であり、農村企業の労働者（一八三四元）、農村工場の工場長（三六一五元）の数値を大きく上回り、かなりの高所得者層であった。つまり、「転包」を通してより多くの農地を集積できれば、さらなる高収入を望むこともできたであろう。

第五に、一九八〇年代後半から一九九〇年代にかけて、専業農家の「退包」（承包権を行政に返納すること。また、「転包」によって集めた農地を返納すること）問題が発生した。当時、指摘されていた原因の一つは、専業農家の略奪的スタイルであった。つまり、二〜三年ほどで収益を上げると、「退包」して、別の分野（その多くは、非農業部門）へ投資してしまうケースが多くみられたといわれる。確かに、当時の上海市近郊農村には、農業以外の魅力ある投資先が無数に存在していた。それゆえ、略奪的な経営スタイルが横行していただろうと想像することは容易い。しかし、その要因はすべからず「転包」が認められていなかったためである。むしろ数年で専業農家が農業経営から離れることは、「包の経済組織」の構成員のシャッフル、またはビルド&スクラップの機能そのものである。少なくとも専業農家が、「転包」を通してより多くの利益を得ることを目的としたならば、その資産価値を損なうような略奪的な経営を行うことはなかったのではなかろうか。しかし、「転包」は承認されておらず、それゆえ、専業農家の経営は略奪的にならざるを得なかった。そして、専業農家を核とした「包」的な農業経営は広がることはなく、結果として、「承包権」は「第一承包者」に戻り、専業農家による農業の規模経営は上海市近郊農村から姿を消していくことになったといえよう。

このように一九八〇年代半ばから一九九〇年代初頭における上海市近郊農村の専業農家の成立からその終焉をみると、「集団所有」を後ろ盾にした村の権限は強く、「包」的な農業経営が生まれそうな芽は摘まれ続けていたといえる。その要因としては、「集団所有」を堅持すること、あるいは社会主義的であることが最優先すべき課題であったためである。ただし、極秘裏に「転包」が行われていたという事実からも明らかなように、「一地二主」は生まれつつあったといえるが、当時、農家が「レントナー化」すること、さらに、ある特定の農家に、「転包」を通して、農地が集積されることに対して、村の拒絶反応が強くみられたといえよう。言い換えれば、社会主義国家において、「地主」が生まれるような素地は予め潰さなければならなかった。そのためにも、「集団所有」の主体である村および郷鎮政府が中心となり規模経営は運営されるべきであるという考え方が根強く存在していたといえる。そして、上海市近郊農村では、村および郷鎮政府が中心となり規模経営が展開することになる。

3　上海市近郊農村における合作農業の変遷過程

一九九〇年代初頭、上海市嘉定区の馬陸鎮と安亭鎮に建設された合作農場について調査していたが、ここでは、「安亭合作農場」の事例から、その実態と問題点を指摘したい(8)。

第一に、「安亭合作農場」は、一九九三年二月、ドイツのフォルクスワーゲン社との合弁企業として有名な上海フォルクスワーゲンの工場がある安亭鎮に設立されている。すなわち、自動車産業の発展に伴い多くの農民が非農業部門へ移動したことが、農地の流動化を促進し、その設立が可能になったといえる。

第二に、この農場は、「安亭第一合作農場」(一九八七年設立)と「安亭第二合作農場」(一九八九年設立)が合体する形で設立されている。合体した理由は、二つの合作農場で一九九二年に、農場側と農場員との間で収入の分配を巡りトラブルが発生し、農場員の一部が「退包」したことにより、組織の再編成を迫られたためである。

第三に、この農場の詳細をみると、総面積は三二九二ムーあり、合作農場として、当時の上海市近郊農村のなかでは最大級の規模を誇っていた。農場設立のために対象となった農地は六つの村にまたがり、農場員数も一二四人によって構成され、六つの村の農業生産(とくに米と麦)の大半が担われていた。

第四に、農場員の構成をみると、第一・第二合作農場の設立当初は、六つの村の出身者で、全員男性であった。しかし、合併後は、出稼ぎ労働者(二九人全員男性)、女性(四四人全員地元農民)が新たに参加するようになっていた。農場員の平均面積は二六・五ムーで、地元出身の男性(五一人)は二六・八ムー、地元出身の女性は一九・七ムー、そして、出稼ぎ労働者は三一ムーであった。

第五に、政府の投資額をみると、第一・第二合作農場の設立のために約三百万元が投資されていた。その構成比は不明であるが、安亭鎮、嘉定区、そして上海市から投資され、圃場整備、灌漑施設、農道整備、倉庫建設などにあてられた。さらに、この農場の設立にあたり、第一・第二合作農場時代の独立採算制から安亭鎮の直接経営に移り、農場長、会計、農業機械担当者、雑務員など二八名の賃金は、鎮財政によって賄われ、その上、農場員一人ひとりに生産補助費(奨励金)という名目で年間七五元が支払われていた。こうした費用の支払いのため、安亭鎮は毎年約三十万元を負担していた。

第六に、農場員の平均年収は、第一・第二合作農場時代と大きく変わらず、おおよそ五〇〇〇~六〇〇〇元であった。ただし、請負条件については、収入の分配を巡りトラブルが発生していたため、その詳細は不明であった。

第七に、この農場は一九九五年の冬に解散することとなった。設立からわずか三年あまりで解体を余儀なくされ、安亭鎮の規模経営の試みは、第一合作農場の設立から数えても八年足らずの短命であった。筆者は奇しくもその解散日に立ち会い、農場長から話を聞くことができた。彼は解散の理由について多くを語ろうとしなかったが、鎮政府からの一方的な解散命令であったことだけは間違いないようであった。

以上、「安亭合作農場」が辿った歴史を簡単に振り返ったが、「包」的な農業経営の視点からみれば、主に次のような点を指摘することができる。

第一に、そもそも第一・第二合作農場の時代の「包」の関係をみれば、「出包者」は鎮政府であり、「第一承包者」は農場長、そして、「第二承包者」は地元農民であったといえ、「包の経済組織」が成立していた。しかし、収入の分配を巡りトラブルが発生し、多くの地元農民が「退包」したことを契機に、「第一承包者」である農場長は、その「経営権」をはく奪され、「包」の構図は大きく崩れてしまった。

第二に、トラブルの原因については、その詳細は不明であるが、「包の経済組織」の構図が、いびつな形で広がっていたのではないかと考えられる。つまり、「第一承包者」である農場長から農場員とは別の次元で「包の経済組織」が発生したのではないかと推測できる。具体的にいえば、農場の管理層といえる人材および雑務担当者が、農場長と「包」の関係を結び、そこに繋がる人びとの費用が、農場員の利益を蝕んでいった可能性は高い。しかし、この構造はどこまでも経費に群がるものであり、それゆえ、こうしたムダな「包の経済組織」を排除するため、鎮政府は、直接的な経営に乗り出したのではなかろうか。あるいは、農場長を「出包者」とする「包の経済組織」は、農場長の地縁血縁者によって構成され、いわゆる農場長の「私人的性格」の表出が、合作農場の廃止された理由であった点も否定できない。

第三に、「安亭合作農場」の設立とともに、農場員のなかに、出稼ぎ労働者が参加している点からみれば、少々奇異な感じを否めない。なぜならば、こうした出稼ぎ労働者を「承包者」とするならば、なぜ、第一・第二合作農場の時代に、地元農民の農場員たちは、出稼ぎ労働者を「第三承包者」として利用しなかったのかという疑問が浮かぶ。つまり、「出包者」は鎮政府、「第一承包者」は農場長、「第二承包者」は地元農民、そして、「第三承包者」は出稼ぎ労働者という「包の経済組織」が形成されても決しておかしくなかったはずである。少なくともすでに、工場では、ホワイトカラーは地元農民、現場労働者は出稼ぎ労働者という構図は定着しており、このような構図が農業生産の現場に持ち込まれてもそれほど違和感はなかったのではないだろうか。あるいは、農場長は、トラブル発生後、地元農民の多くを切り捨て、「第二承包者」の大半を出稼ぎ労働者に変更することもできたはずである。そうすれば、農場長にとって有利な形で請負契約を結ぶことも可能であっただろう。

第四に、「安亭合作農場」の設立とともに、地元住民の女性が参加しているが、その背景は、出稼ぎ労働者の流入に対する一つの抵抗ではなかったかと考えられる。もちろん、農家単位で考えれば、夫は工場などの非農業部門で働き、妻は農業生産に従事する。いわゆる共働きによる収入増がその目的であったことに間違いはない。しかし、出稼ぎ労働者＝農場員という構図は、彼らの滞在期間の長期化を可能とし、とくに、当時の上海市では、出稼ぎ労働者に対する風当たりは非常に強く、よそ者の侵入を極力防ごうとした可能性を否定できない（原田1994, 1997a, 1997b）。また、こうした地元住民と出稼ぎ労働者の確執が、「包の経済組織」の形成を阻害し、さらに、農場の解散を促進させた一つの要因になったと考えられる。つまり、表面上の解散理由は、鎮財政の削減という理由であろうが、地元農民からみれば、よそ者に農地の「承包権」を付与することは、付与しないまでも多くの出稼ぎ労働者が隣人となるような状況は受け入れ難く、解散しても構わないという風潮が少なからずあったのではないだろうか。

第五に、農場の解散後、再び、「承包権」が、地元農民に返還されることはなかった。その後、農場の跡地は、工場、住宅などが建設されることになるが、もはや「承包権」を失った地元農民は、そうした開発からの恩恵を受けることはできなかった。規模経営設立のために、あるいは農業生産のためという大義名分の下、再集積された「承包権」は、鎮政府によって、より収益性の高い事業へ転用され、多くの利益をもたらすことになる。しかし、こうした状況を地元農民たちは苦々しく眺める以外方法はなかったことであろう(9)。ただし、このような結果は、少なからず他の農民に対して、容易に「承包権」を手放してしまうと、その代償としての補償金を受け取ることができない厳しい現実を突きつけ、「承包権」を保有する重要性を改めて考えるための機会を与えるには充分であったともいえる。

以上、上海市郊外における合作農場の変遷についてみてきたが、専業農家と同じく、「包」的な農業経営の視点からみれば、中途半端な「包の経済組織」が存在するだけである。その理由としては、当時の「承包権」の解釈は、「耕作権」に留まり、その上、「一地一主」の所有者としての「集団所有」の主体である村の権限は決して小さくなかったといえる。あるいは村や郷鎮政府が中心となり行う農業経営とは、「包」的な農業経営の芽を摘みながら進んだという印象を持たざるを得ない。無論、その背景として、社会主義国家体制の下では、専業農家と同じく、一部の農家への農地の集積、すなわち「地主」の再生を拒まなければならないという要因を指摘できよう。しかし、それ以上に、「集団所有」の主体である村および上部機関が加担しながら、その権力を盾とし、規模経営という名目の下で農地を集積し、工業化や都市化の進展に伴い集積した農地の転用を通し、莫大な利益をその手に収めようとする思惑が潜んでいたのではないか、という疑念を抱かざるを得ない。もちろん、農地の開発に伴う村や郷鎮政府への資本蓄積は、経済成長を促進させる重要な要因であったことは間違いないであろうし、とりわけ大都市上海の近郊農村では、そのような傾向が顕著であったと考えられる。

4　「承包権の割替え」と「三権分置」の成立

「承包権の割替え」とは、各農家の人口の増減に伴い、数年に一度各農家の「承包権」の再分配を行うことである。もちろん、このような「承包権の割替え」が、数年ごとに実施されると、農家の投資意欲は低下し、略奪的な経営スタイルが横行するという危惧から、一九九八年、中央政府は、村による「割替え」を禁止し、三十年間の「承包権」を厳守するよう通達している。しかしその実際は、「割替え」が頻繁に行われているといわれている。

もっとも、この「割替え」は、「転包」とは異なる。「転包」とは一部の農家間での「承包権」の移動であるのに対して、「割替え」は、基本的に村全体の農地が対象とされる。つまり、「集団所有」の主体である村、具体的にいえば、村長および村の幹部たちがその再分配の中心的な役割を担うことになる。いうまでもなく、本来、村長たちは、割替え禁止令を通達し、「割替え」の禁止を遂行すべき役割を担わなければならない。しかし、その実態は、彼らは本来の任務を破棄して、あるいは上部機関の指令を無視して、「割替え」は粛々と行われている。

なぜ、村長は、そのような判断を下すのだろうか。

一つの要因として、「村長選挙」を挙げることができるであろう。すなわち、村民たちの「割替え」の要求を聞かなければ、その地位から引きずり降ろされる可能性は高く、保身のために中央政府の通達を無視せざるを得ないという理由である。確かに、このような見方は間違いではなかろう。しかし、村長や村の幹部たちも、村民の一員であり、「承包権」の保有者であるという事実を考慮すれば、もう一つの要因として、「割替え」は、村長や幹部たち自身の要求でもあると指摘することができる。すなわち、彼らの家族の構成員が増加すれば、村長や村の幹部たちは、その肩書ではなく、「私人的性格」に基づき、「割替え」を要求することになるであろう。つまり、彼らは、一方で、村長や村の幹部として村民に対峙しつつも、他方では、地縁血縁者の「圏子」の「公」の実現を最優先する「私人」として振る舞っていたといえよう。

このように集団所有の下でも、水面下において「転包」や「割替え」を行っていた事実は、集団所有の主体である村やその上部機関である郷鎮政府の主導による農業の規模化、さらに農地開発に対して、一つの抵抗と捉えることもできるとともに、農地の資産価値をすでに認知していたことの一つの証にほかならない。正式に認められていなかったにもかかわらず、少なくとも彼らの意識のなかでは、「承包権」に「もう一つの所有権」が存在していることを認識していたと判断することができる。(10) そして、こうした農民の動きとは、命を賭して自らの手で人民公社を解体し、農地を農家単位に分配したことが一つの契機でもあるが、革命以前の「包」的な農業経営を思い起こせば、そこに歴史の連続性を発見することも可能である。むしろ歴史の連続性のなかで、人民公社の解体、「転包」、「割替え」が行われていたと理解すべきであり、逆に、農民たちに与えられた「承包権」を、農地の使用権であるとか、耕作権と捉え続けることは、農民以外の人びとだけの認識なのかもしれない、という疑念を抱かざるを得ない。

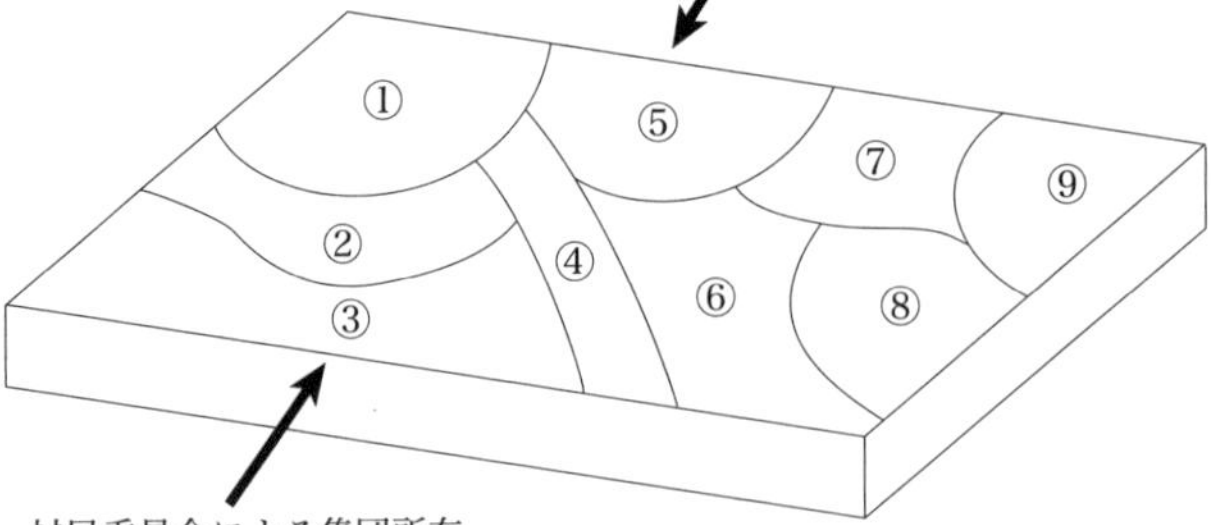
①〜⑨の農家に「経営権」が与えられる、
この「経営権」の流動化（貸し切り）が可能となる。
①〜⑨のレントナー化。
村民委員会による集団所有

図4–3　経営権の誕生

もちろん、社会主義の支柱である農地の「集団所有」体制は健在であるが、それでも、実際の農業政策を振り返れば、「転包」や「割替え」という水面下の動きが、いつまでもその大地の奥深くに隠れ続けていたわけではない。少しずつ表面にその姿を現し、法的に承認されつつあり、農業生産の現場に大きな変化をもたらしている。なかでも、「承包権」の「転包」（貸借、交換、譲渡の移転）が承認された「農村土地請負経営法」（二〇〇三年）は、大きな転機であったといえる。この法によって、「承包権」の流動は正式に認められ、農地の「資産」または「財産」としての価値が明確となった（図4–3参照）。つまり、農家に与えられた「承包権」は、限りなく「もう一つの所有権」に近づくことになったといっても過言ではない。

そして、この政策転換、あるいは水面下の動きを追認することによって、村による農地の「集団所有」と農家による「もう一つの所有権」という「一地二主」という革命以前に柏が捉えた「包」的な農業経営がおぼろげながら姿を現している。[11]そして、二〇一三年十二月に開催された中央農村会議において定められた「三権分置」によって、「一地二主」の方向性は、ほぼ確定化していくことになる。

「三権分置」とは、農地の「所有権」「承包権」「経営権」という三つの権利をそれぞれ明確に分離するものであるが、このうち、「所有権」とは、村による「集団所有」を指し、「承包権」と「経営権」の二つの権利は農家に付与されたものである。そして、この「経営権」は、「承包権」の「転包」と同じように、第三者へ請負わせることが認められている。このように「三権分置」を通して、農家は、二つの権利を手にすることになるが、革命前の「包」的な農業経営の復活という視点を念頭にすれば、この「三権分置」の特徴として、次のような点が指摘できる。

第一に、農家は、付与された「経営権」を第三者に請負わせることが認められたことによって、「経営権」の「出包者」になることが可能となったといえる。すなわち、一つの農地の上に、村と農家という複数の「出包者」が存在することになり、このような状態とは、「田底権地主・田面権地主」と類似したものであり、まさに「一地二主」の誕生を意味する。そして、「主」としての「出包者」を具体的にみれば、「承包権」では、〃出包者＝村・第一承包者＝農家〃、「経営権」では、〃出包者＝農家・第一承包者＝第三者〃という構図をそれぞれ描くことができる。つまり、この「経営権」を巡る「包の経済組織」の誕生とは、一方で、社会主義国家であるにもかかわらず、農家の「レントナー化」、すなわち「経営権」に基づく「地主」の誕生が承認されたことを意味するといえよう。また、他方では、「経営権」を民間企業にも請負わせることが可能となったことで、新たな農業経営の構造が生まれつつあるとともに、農業生産のさらなる発展が期待されていると捉えることができる。

第二に、「経営権」が認められたことは、農地の「資産」としての価値が認められたことにほかならず、農民の立場からみれば、法的には私的所有が認められたわけではないが、農地を自らの所有物であるとする意識は強まったと推測される。ただし、農地の資産価値が高まれば高まるほどに、村内における農地（承包権）の流動化、いわゆる「割替え」を要求する動きは強まることとなるであろう。とくに、「経営権」が分離したことにより、必ずしも農民が主体的に農作業に従事しなくなる状況が生まれ、「割替え」による障害といわれていた略奪的な農業生産の問題は小さくなると推測されよう。それゆえ、「割替え」は、これまで以上に積極的に実施される可能性は高い。つまり「割替え」を通して、農地が固定化されることはなく、各農家の状況（とくに構成員数）に応じて、農地の「承包権」はシャッフルされ続けられることになる。

このように「三権分置」に基づく農地利用とは、いうまでもなく、改革開放後における「包」的な特徴を有する農業経営に大きく偏り、中国の伝統的な経済秩序の復活を意味するものである。

ただし、「三権分置」によって「包」的な農業経営が蘇ったという結論で満足しているわけではない。あるいは、この復活をもってして、社会主義の概念と伝統経済の「包」の秩序の衝突によって生まれた現状のすべてを語り切っているとはいえない。それゆえ、「一地二主」の「二主」、つまり、田底権地主と田面権地主をなぞりながら、現代におけるそれぞれの所有者について考察を加えることによって、中国農業の現況をより具体的に描くことができると考えている。

革命前の田底権地主は、「大地主」であり、実際の耕作には関与していなかったことを鑑みれば、田底権地主とは、「集団所有」の主体である村とし、田面権地主が農家である、と解釈すれば収まりがよさそうでもある。

しかし、筆者は、〝田底権地主＝村・田面権地主＝農家〟という構図は、「三権分置」の確立によって逆転し、〝田底権地主＝農家・田面権地主＝村〟という構図が成立していると考えている（図4-4参照）。その根拠とは、「経営権」の扱いにある。農家は、「三権分置」によって「経営権」を第三者に請負わせることが可能となったが、「経営権」を引き受ける側（つまり「承包者」）からみれば、零細で分散化した農地の「経営権」に魅力を感じることはないだろう。少なくともより多くの収益を求めるならば、大規模な農地が求められることはいうまでもな

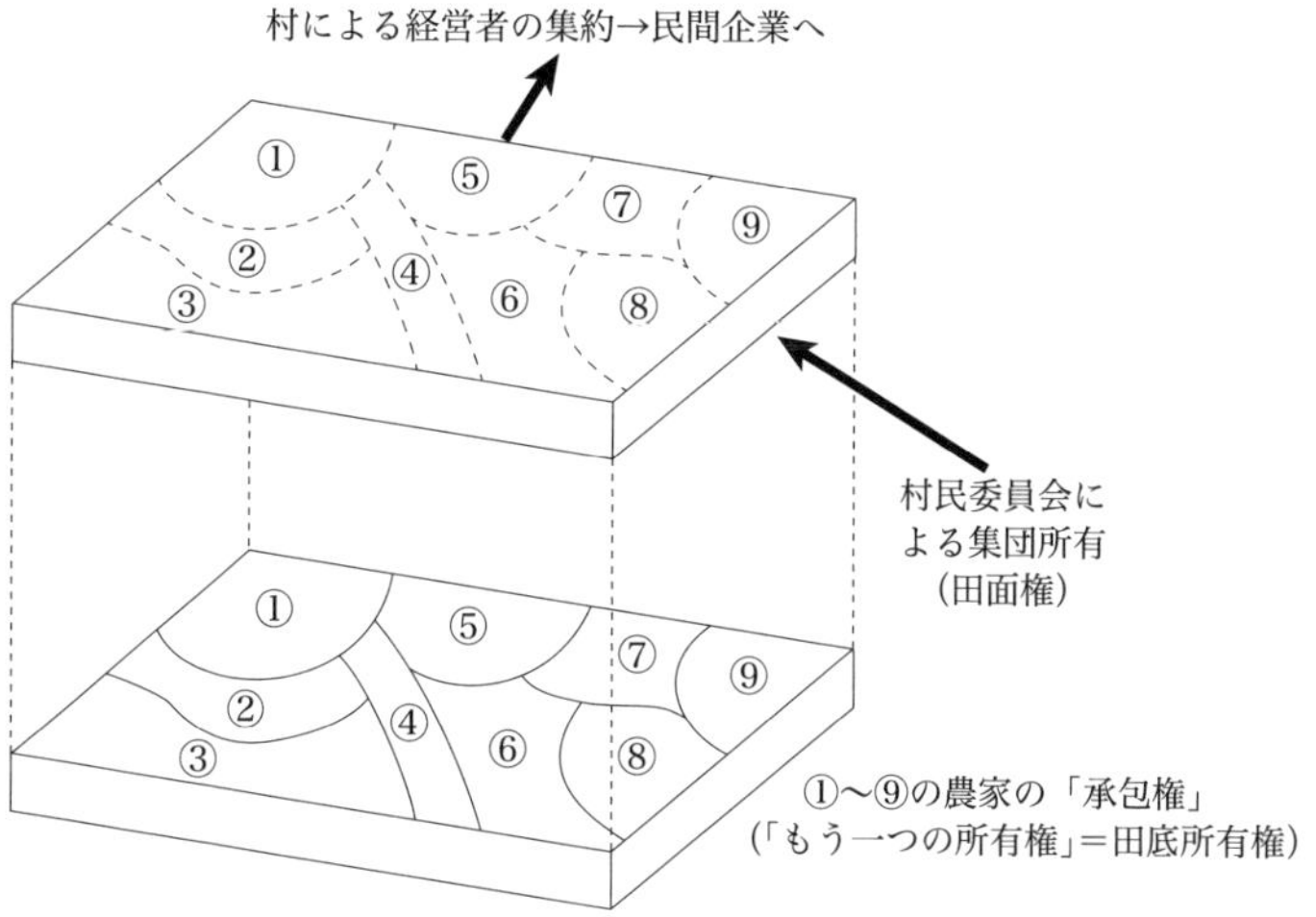

図4–4　一地二主の復活

い。そして、そのような大規模な農地を、たとえば、民間企業が各農家と交渉し集積することは至難の業であろうし、「集団所有」の主体である村が、そのように勝手な農地集積を許すとは考えにくい。むしろ「経営権」の「承包者」を探す役割は、村である可能性が高い。つまり、村とは、農家と交渉し農地の「経営権」を集め、集積した「経営権」を第三者に請負わせる役割を担っているのではないだろうか。無論、革命前にみられたように、田面権地主がその所有権の売買までを許されていた点とは異なり、あくまでも「経営権」の取引だけに限定されるが、村の役割とは、田底権地主である多数の農家から「経営権」の取引を一任された存在へと転換していく可能性は高い。

さらに、農家が田底権を所有する形態を、「集団地主」の視点から捉え直すことも可能である。もっとも、現在において、ここでいう「集団」とは必ずしも「宗族」と一致しているわけではない。ただし、少なくとも「同じ村」という一つのカテゴリーに括るとすれば、村の農地とは、「同じ村に生まれた」（または村の戸籍を保有する）農民たちが、その村の農地を集団所有していると捉えることができよう。そして、村は、農民たちの代表として、農外にかつての「富商巨神」のような民間企業や投資家を見出し、選ばれた第三者が、実際の農作業を行う他者を見出しながら農業生産が営まれることになった、と解釈したほうがより自然といえよう。

このように「三権分置」の下での農業生産をみれば、その「経営権」を「包の経済組織」に落とし込めば、〃経営権の出包者＝田底権の所有者である農家→「第一承包者」＝田面権の所有者である村→「第二承包者」＝民間企業または投資家〃という「包の経済組織」を描くことができる。

もちろん、このような「包の経済組織」に対しては、いくつかの問題が存在することも事実である。なにより も、「出包者」を田底権の所有者である農家と位置づけることは、農地の「集団所有」に基づく社会主義国家体制の後退を意味し、その存在意義が問われることにもなりかねない。その上、農家は、農地の「経営権」を他者に請負わすことによって、「レントナー」へと変貌を遂げることになる。まさに社会主義国家における「地主」の誕生にほかならない。

しかし、そもそも零細な農地しか持たないという事実を顧みれば、「地主」といえども、その実態は「(プチ)地主」の成立にほかならず、それほど大きなレントが発生することはない。つまり、田底権は多数の農家によって零細な状態で分散所有されている状況であり、農家が得ることのできるレントとは、最低限の収入保障(または最低限の生活保障)程度のものに過ぎないケースが少なくないだろう。あるいは、「経営権」の集積が、主に田面権を所有する村によって進められれば、田底権の所有者である農家が「大地主」へと転換する道は小さい、と解釈することもできよう[12]。また、「割替え」の機能からみても明らかなように、農民たち自身が「大地主」の発生を阻害する力を内包しているとみることもできよう。いずれにせよ、中国の農地とは、半ばその零細性が固定化された田底権を多数の農家によって「集団所有」されている状況にほかならず、少々視点を変えてみれば、中国の農地は、多数の「主」によって分散所有されている状態が生まれたといっても言い過ぎではない。そして、多数の「主」を基盤とする経済・社会とは、とりわけ社会主義の思想に反すると決めつけることはできない。むしろ「包」的な農業経営の復活により、農業生産の現場では、社会主義的思想をも反映し、調和のとれた一つの経済秩序が生まれた、という新たな意味を付与することが可能といえよう(13)。

無論、「包」的な農業経営、なかでも農地利用の変遷を辿るだけで、中国経済における伝統経済の復活、あるいは伝統経済と社会主義とが融合した状態であると判断することはできない。ただし、「包」的な農業経営についての考察は、伝統経済という視点から中国経済の理解を深めるための、または、この伝統経済を中国経済のなかでどのように位置づけるべきかを問うための一つの糸口を提供するといっても過言ではない。少なくとも筆者による伝統経済の位置づけは、加藤弘之によって提唱された移行モデル、すなわち、伝統経済から市場経済へ、計画経済から市場経済へという「二重の移行」モデルと比べ大きく異なる解釈である。なお、この伝統経済については、終章において、経済活動における自由についての解釈を行った上で、考察を試みる。

第五章　中国の自由と「生意人」

1　経済学者が捉えた中国の自由

本章では、「生意人」が生み出す経済活動の自由について考察する。この自由の問題は、本書の中心的なテーマであるとともに、中国経済秩序の個性を読み解く上で、「利潤の社会化」と同じく重要な論点である。もちろん、中国の自由について解釈を加え、中国経済を考察することは、これまでにも多くの経済学者によって試みられている。それゆえ、「生意人」の自由について考察する前に、その特徴を理解する上で不可欠な見解として、柏祐賢、中兼和津次、そして加藤弘之の自由論を紹介する。まず、柏と中兼の二人が捉えた中国の自由論についての考察を行う。

柏が、革命以前の中国社会のなかで捉えた自由についてみると、おおむね次のようにまとめることができる。第一に、柏は、中国の統治スタイルを、「中国の国家は、かくして礼治主義国家として発達した。それは畢竟、至人たり、私人たる天子の独裁統治を意味する国家であった」（柏 1986a: 62）とする。しかし、天子による独裁とは、権力的なものではなく、どこまでも礼的な支配であるとし、「民衆に対する天子の働きは、権力的な干渉あるいは保護・保証の面においては、まったく無為であり、いわば放任的自由的である。そこに専制はあるとしても、それは権力的専制ではなく、礼的専制である。かくて中国の国家は、権力的に無為な礼的国家として発達したのであり、支配者の民衆への権力的な干渉、保証の面においては、放任的自由をもってしているのである」(柏 1986a: 63) とする。つまり、中国の自由とは、権力的に無為のなかで、放任的とならざるを得なかったと説明する。そして、民衆が手にする自由とは、「治者は権力をもってその自由を保証しているのではないということである。すなわち書きものとして自由を保証しているのではないということである」(柏 1986a: 101) とし、それゆえ、「民衆は、自らの組織の上において、これを保証するようにせざるを得ない。民衆自らがこれを保証する組織を持たざる限り、国家的な保証がないのであるから、経済秩序の混乱は免れ得ないのである」(柏 1986a: 102–103) としている。

第二に、こうした「権力的に無為」「放任的自由」という点を強調した上で、柏は、国家と民衆の関係性および民衆の置かれた状況、民衆組織の性格を次のように語る。すなわち、「中国においては、上に立つ公権力的地位は存しなかった。したがって中国の民衆が、かかる公権力的地位について自らを治めるということもあり得なかった。中国の民衆の持つ自治は、かかる意味の自治であり得ず、結局、自衛でしかあり得なかった。中国の自治は自衛であった。中国においては、あらゆる人はどこまでも私的人として存し、したがって自らの経済生活を自ら衛るほかに途はなかった」(柏 1986a: 109)。つまり、民衆組織とは、国家に対する一つの抵抗勢力的性格を帯びた自治として発達したのではなく、どこまでも自衛的性格であり、相互扶助的精神に基づく、経済活動および生活を衛ることが、第一の目的であるとしている。ただし、その組織は、「構成員個々の相互扶助のため、強固な協同的閉鎖性を示し、個々の分裂を許さないまでに至っている」(柏 1986a: 145) とその特徴を指摘する。しかし、閉鎖性・拘束力を認めながらも、その構成員に対しては、「どこまでも個々の個人の独立を尊重している。いわば極端なる個人主義を成り立たせている」(柏 1986a: 145) と捉える。つまり、組織は、必ずしも構成員の犠牲を伴いながら成立しているわけではなく、個人の自由、あるいは個人の経済活動および生活を衛るために存在している点が強調され、国家による民衆に対する権力的な無為の状態が、そのまま組織の内部まで持ち込まれ、社会の頂上から末端までを貫く放任的自由の存在を指摘している。

以上二点は、柏の自由論であるが、その要諦は放任的自由の概念に収斂される。もっとも、この放任的自由という用語だけで中国の自由の特徴を理解することはできない。その上、とりわけ目新しい概念とは言い難い。むしろ柏は、西欧社会の放任的な自由、いわゆるレッセフェール (放任自由主義) の概念との違いを鮮明にするために、あえて放任という用語を用いたと、その意図を読み解くことができる。この意図を汲み取りながら、柏の自由論を再整理すれば、主に次のような点が指摘できる。

第一に、国家を権力的に無為な存在と捉えることは、逆説的にいえば、国家による不干渉が常態化した状態と解釈できるが、このような状態を西欧社会における被支配階級の視点からみれば、最終目標、あるいは一つの理想的な状態であるともいえる。すなわち、西欧社会において干渉する国家権力は前提であり、人びとは、自由を獲得するために団結し、闘争を繰り返し、干渉からの解放が目指されてきた歴史を有し、この文脈において放任の概念は語られている。もっとも、柏が、国家による干渉なき状態を理想としていたかどうか定かではないが、レッセフェールとの比較を念頭に置きつつ、中国における自由とは、闘争のなかで勝ち取られていないこと、予め社会のなかに存在するもの、ポランニーの言葉を借りれば社会に埋め込まれた状態であり、中国社会には放任的自由が内包されているという特殊性を明らかにしたといえよう。

第二に、柏は、放任的自由を書き物としての自由ではないこと、いわゆる法や制度によって自由が保障されていない点を強調する。このような解釈は、一方で、闘争の歴史が不在であることを証明することになるのだが、他方では、その自由が可視化できず、まさに掴みどころがない自由であることを意味する。そして、柏は、この掴みどころがないゆえに、放任的自由の成立過程、再生産構造を探ることはなく、どこまでも所与のものとして捉える。すなわち、「包の経済組織」を静態的に捉え続けたように、放任的自由も同じように捉える。

第三に、静態的な放任的自由を前提として、柏は一つの中国社会像を描き出す。国家、自衛的組織、個人、さらには個人と個人、それぞれの関係性が、決して支配的で抑圧的ではない構造を前提とし、国家、自衛組織、個人が、互いに独立性、不可侵性を堅持しつつ、併存している状態が想定される。柏の用語を借りれば、天子も、官僚も、市井の人びとも、すなわち、中国社会で暮らす人びとは誰もが「私人」であるという解釈である。無論、柏は、このような「私人」と「私人」とが併存する状態を、無法化した社会、あるいは秩序なき社会と捉えていたわけではない。むしろ放任的自由な社会の下で、いわゆる国家や権力から遠く離れた場所で、人びとが、何らかの秩序に従わなければならない状況の必要性が想定される。そして、柏は、「私人」が、「包の倫理的規律」に従うことによって、互いに富を奪い合うことなく秩序ある経済活動が成立しているという理解、逆説的にいえば、放任的自由に「包の倫理的規律」の一つの成立根拠が求められている。

第四に、柏が抱く中国社会像は、内山の「区切り」の概念に基づく社会像と親和性が高い。すなわち、人びとが区切られた空間の「主」として並立している状態、さらにその並立が「包の倫理的規律」によって保たれている状態と理解することができる。しかし、この「主」が保持する空間についての解釈は、かなり混乱している。柏は、放任的自由の下で、人間らしい生活を送り、経済活動を営むためには、人びとは、自衛的な組織を作り、それに依拠しなければならないとするが、この組織が、具体的に何を指しているのか明らかではない。無論、「強固な協同的閉鎖性を示し、個々の分裂を許さない」組織であるという指摘をみれば、地縁血縁者を核とした組織が想定されていたといえるが、「包の経済組織」も念頭にしていたならば、そこに自衛的性格を読み解くことは難しいといえよう。少なくとも「包の経済組織」とは「見知らぬ者」同士によって構成される利潤の確定化を目的とした組織であり、そのような目的を自衛的であると捉えることはできない。もっとも、地縁血縁者の組織と「包の経済組織」とを明確に区分することはできないが、少なくとも柏は、この二つの組織についての区分は曖昧であり、自衛組織の実態はやや混乱したまま議論が展開されている。

第五に、柏は、自衛組織の閉鎖性・拘束力を指摘しながらも、組織の構成員に対しては、「極端なる個人主義を成り立たせている」とし、閉鎖性・拘束力と矛盾する一面を浮かび上がらせる。つまり、柏は、閉鎖性・拘束力と個人主義が成立する組織の二面性を見出すとともに、この二面性が成立する背景として、社会の末端まで放任的自由が貫徹している点を挙げる。しかし、放任的自由が、中国社会の頂上から末端まで貫かれているという解釈だけで、自衛組織内部における個人主義が保証されるという説明はかなり不十分といわざるを得ない。少なくとも地縁血縁者を中心とした自衛組織において、個人主義が成立していたかどうかは、検討すべき多くの余地が残される。もちろん、地縁血縁者による組織の特徴として閉鎖性・拘束力を、また、「包の経済組織」に個人主義をそれぞれ見出した可能性はあるが、この二つの組織に関する分析が未整理ゆえに、この「包の経済組織」と個人主義との関係性が詳細に論じられているわけではない。しかし、組織と個人主義の考察には物足りなさは残るが、放任的自由に基づく個人主義、あるいは不干渉、不可侵性な関係性は、「包の経済組織」の構成員同士の対等、平等な関係性を説明する上での一つの根拠を提供していることは間違いない。ただし、放任的自由は個人の自由の存在を浮かび上がらせるが、必ずしもそれが経済活動の自由を生み出す要因のすべてではない。

以上五点は、あくまで柏が革命以前の中国社会の実態を参照しながら導いた「自由」論に、筆者の疑問点を加え、再考したものである。しかし、中国共産党という強力な政権が存在する現代の社会において、そのまま当てはめることはできない。また、いうまでもなく、柏が見出した放任的自由は、「生意人」が手にする自由とは異なる。むしろ柏が指摘する放任的自由とは、中国における自由の特徴というよりも、中国社会の特殊性を語っているに過ぎない。ただし、このような放任的自由に基づく社会像、なかでもそれが、予め社会に組み込まれているという見解は、いわゆる静態的に捉える限り、中国における自由の核心に迫ることはできない。

次に、中兼和津次の自由論をみると、開発経済学の視点から市井の人びとから感じる熱気と民主主義の問題を取り上げ、次のように自問自答を展開する。

中兼は、その著『開発経済学と現代中国』のなかでアマルティア・センの論を引き合いに、「センのような開発哲学から、中国のような抑圧的開発独裁を評価すればどうなるだろうか？　開発独裁体制が政治的抑圧を伴うから、センの基準からすれば、真の意味で開発していることにならないのではないか？」と自問する（中兼2012: 246）。

中兼がいう「センのような開発哲学」とは、「人びとの自由や安心を実現すること」が開発の目的となり、「人々の持っている潜在能力（capabilities）を可能なものにしていくことこそが開発」であるとしている（中兼2012: 245）。すなわち、単に物資的な豊かさだけが求められるのではなく、人びとの潜在能力が発揮される状況を作り出し、そのためには、政治的自由、民主主義的価値が実現されなければならないという指摘である。そして、このような開発哲学を中国に当てはめてみれば、改革開放以降、著しい経済成長に伴い、生活状況は改善され、物質的な豊かさを多くの中国人が手にしていることは、誰もが認める事実であろう。しかし、政治的に中国共産党が支配するなかで、政治的自由はあるのか、あるいは民主主義的価値は根付いたかと問われれば、否定的にならざるを得ない。それゆえ、中兼の問いは、的を射たものであるとともに、多くの人びとに共感されるものであろう。

ただし、中兼は、中国には政治的自由または民主主義に問題があるとしながらも、中国における開発を頭越しに失敗または間違っていると決めつけているわけではない。むしろ中国を「真の意味で開発していることにならないのではないか?」という自問に対して、「単純にそう結論するわけにはいかない」とし、「少数の人々の、たとえば言論という潜在能力が奪われていたとしても、大多数の人々にとって別な意味でのそうした機会が保障されるのなら、全体としては開発=自由を得たことにならないだろうか?」(中兼 2012: 246) とさらなる自問を繰り返す。このような問いかけは、中国社会を熟知したものだけが発することができるものであり、民主主義、それに基づく政治的な自由とは異なる自由を感知し、その存在を自明なものとするとともに、中国の自由についての考察を始める上で、新たな地平を切り開いたといえよう。少なくとも放任的自由というかなり漠然とした概念から、その視線を市井に落とし込み、人びとに焦点を当てたことは評価すべき点である。

ところが、中兼は、自らが感知した自由についての考察を深めることはなく、次のように結論づけている。すなわち、「非常に長期の歴史スパンで見たとき、政治的自由を犠牲にしても経済成長と豊かさを追求することに比較的満足していた平均的中国人も、いつかは「人はパンのみに生きるにあらず」と気づき、そして自ら潜在的要求を主張するようになるかも知れない。またその前に、どのようなメカニズムによるものか今のところよく分かっていないが、政治的自由の欠如が制度設計の障害となり、経済発展の桎梏になる可能性も否定できない」(中兼 2012: 247)。

残念ながら、この結論に対して、肯定も否定もできないといわざるを得ない。中兼は、他の中国研究者と同じく、中国社会を踏破するなかで、出会った多くの人びと、または垣間見た人びとの生活のなかに、「政治的に抑圧された人々の存在」を強く感じることができなかったのではないか。それゆえ、中国を開発経済学の視点で顧みるなかで、大多数の人々が開発＝自由を得ているのではないか、という疑問を発露せずにはいられなかったのだろう。しかし、その疑問は、「長期的スパン」という言葉のなかに跡形もなくかき消されてしまっている。そして、「平均的中国人」はさらなる自由を求めることになるだろうというややありきたりの将来像を導き出したに過ぎない。

なぜ、中兼は、このような曖昧な結論に留まったのだろうか。その要因として、次の三点が指摘できる。

第一に、民主主義をあまりにも神聖化しすぎたのではなかろうか。もちろん、センの開発哲学のなかで、民主主義の概念は非常に重要な位置を占めていることに間違いはない（たとえば、民主主義的な国家や地域において飢饉が発生していないという事実をセンは繰り返し指摘している）。しかし、民主主義の神聖化、あるいは民主主義を一つの到達点に据えた瞬間、自らが感知した自由についての考察および議論は停止せざるを得なかったといえよう。そして、こうした自由についての分析をなおざりにして、ただ人びとの生活が豊かになれば、やがて民主主義の実現に向けた政治的な要求が高まるだろうとする論理展開はかなり短絡的である。

第二に、民主主義とは、柏の放任的自由とは異なり、予め社会に組み込まれているものではない。いうまでもなく、人類の歴史のなかで、試行錯誤を繰り返し、多くの人びとの犠牲を伴いながら育まれたものである。この歴史の蓄積を鑑みれば、民主主義とは実に高貴であり、それを実現するために人びとが学び、教養を身につけることは気高き行為でもある。そして、中兼が指摘するように、中国においても、人びとが、パンのみに生きるにあらずと気づいた時、高貴な文明を築くために動き出す可能性はあるだろう。しかし、改革開放以降の中国において、生活水準は大きく向上し、多くの人びとがパンを手にしているが、人びとが手にしているのはパンだけではない。中兼自身が感知した自由も手にしている。

第三に、中兼が、市井の人びとのなかに感知した自由、同様に柏が見出した放任的自由とは、民主主義ほど高貴なものではない。民主主義を求め、政治的自由を獲得することが気高い行為とするならば、中兼が市井の人びとから感知した自由とは、流血も、努力の必要もなく、容易に手にすることができる自由である。しかし、人びとがその自由を掴み取る行為は、実に合理的な選択である。無論、このような合理性は、民主主義の不要論と直接結びつける必要はないが、民主主義を実現することが、さらに、そのために努力することが、人間のあるべき姿であると決めつけてしまうと、市井の人びとが手にする自由を見落とし、その結果として、中国社会の現実を捻じ曲げることに繋がりかねないといえよう[(1)]。

以上三点は、中兼の自由論に対する批判点であるが、改革開放後の中国社会において柏の放任的自由とは異なり、さらに民主主義、それに基づく政治的な自由とは異なる自由の存在を明らかにした点は評価できよう。また、中兼が市井から感知した自由とは、加藤弘之の自由論の前景を形成するとともに、「生意人」の自由を考察する上で重要な示唆を与えるものである。

2　「曖昧な制度」と自由

加藤弘之は、遺稿(2)の冒頭で、「「曖昧な制度」という視点から、中国経済の運行メカニズムの全体像がうまく叙述できるとすれば、そうした視点で書かれた中国経済論の著作に、「中国経済学」というタイトルをつけることもあるいは許されるのではないだろうか」（加藤 2016: 4）と、やや控えめだが、かなり挑発的な言葉を残している。そして、「曖昧な制度」には他国にとって参照価値以上に重要な価値が含まれ、その価値を自明のものとすれば、「これまでとは異なる枠組みで経済学を捉え直す、ある種の糸口」（加藤 2016: 210）を見出すことに繋がり、地域研究という枠組みに閉じ込められている中国経済研究をもう一つ上の学問領域、いわゆる論から学へと導くことになるとその意図を語る。

このように加藤が「曖昧な制度」に託した想いには、並々ならぬ覚悟が秘められているのだが、加藤をそこまで駆り立てたものは、いうまでもなく柏祐賢の「包」論との出会いである。実際、「曖昧な制度」は、柏の「包」論から着想を得たと語っているように（加藤 2016: 47）、加藤は、柏によって発見された「包の倫理規律」を誰よりも具体的に再評価したその人に違いなく、岸本美緒の指摘した「中国的なるもの」にこだわり続けたという点でも、柏を踏襲しているといっても過言ではない。ただし、柏の「包」論を継承するにあたり、加藤は、自らの論理展開に都合のよい「包」の要素を選んでいたことも事実である。まず、柏の「包」論と「曖昧な制度」に焦点を当てることから始め、加藤の自由論が生まれた背景を明らかにする。「曖昧な制度」と柏の「包」論の関連性、なかでも加藤の取捨選択を中心に読み解くと、主に次のような点が指摘できる。

第一に、加藤は、「曖昧な制度」を「曖昧さが高い経済効果をもたらすように設計された中国独自の制度」（加藤 2016: 12）と定義する。長い歴史的伝統、広大で多様性に富む風土、集権的な社会主義の実験という要素の相互作用を通して「曖昧な制度」が形成され、それが、改革開放以降における中国経済の急成長を推し進めた要因と位置づける。このような見解は、加藤のオリジナルにほかならないが、柏の「包」論が強く影響していることは周知の事実でもある。なかでも、この定義よりも厳密に追求した少々長めの定義、「高い不確実性に対処するため、リスクの分散化をはかりつつ、個人の活動の自由度を最大限に高め、その利得を最大化するように設計された中国独自のルール、予想、規範、組織」（加藤 2016: 30）をみれば、「包」との関連性を容易に見出すことができる。「不確実性」「リスクの分散化」「自由」とは、柏が「包」を説明する時に幾度も利用した概念にほかならない。

第二に、この定義からも明らかなように「曖昧な制度」とは、高い経済効果をもたらすものであり、より具体的にいえば、改革開放政策以降における中国経済の急成長を説明するために用いられた概念である。つまり、加藤は、柏の「包」論を継承しつつも、柏が唱えた停滞論とは真逆な結論、いわゆる発展論を導き出す。すなわち、柏と加藤は、同じ「包」に基づきながらも、それぞれが真逆な経済状況を説明している。もっとも、彼らが目にした中国経済の状況は大きく異なる。柏は革命以前の停滞する中国、加藤は改革開放後、急成長を遂げる中国が、それぞれの目の前に広がっていた。そして、こうした経済状況に応じて、彼らは、その要因を明らかにするために「包」を利用する。つまり、停滞する経済、発展する経済の要因を上手く説明するために、意図的に「包」の諸要素を取捨選択して、それぞれの停滞論と発展論を展開したといえよう。

第三に、加藤にとって、停滞論を証明した「包」論から真逆な発展論へと転換することは、決して容易な作業ではなかったはずである。いうまでもなく、停滞論の根拠とされた柏の「包」では、改革開放以降の経済成長を説明することはできないと、幾度もその行く手を拒まれたのではなかろうか。ところが、加藤は、柏の著作を読み進めるなかで、次のような一節に目が止まったのだろう。それは、次の一文である。「われわれはここで、なお若干のそれに関する学史的考察を行うべきであるかも知れないが、いまはそれをば止め、その後においても、経済学者の間には、このような中国経済の停滞性が深く信じられていることだけを指摘するにとどめておこう」(柏 1986a: 321) という箇所である。そして、この柏の言葉から翻って、加藤は「中国イコール停滞とする当時の通説的理解の制約から、柏自身が自由ではなかった」(加藤 2010: 40) と断言するに至る。と同時に、「包」イコール「停滞」という呪縛から解放され、「包」の取捨選択に正当性を与えることになったといえよう。[3]

第四に、加藤は、停滞論の要諦ともいえる「投機的性格」、「寄生的性格」、さらには「利潤の社会化」などの考察を詳しく試みることはなく、[4]新たに理念型「包」を提示する。そして、その特徴として、水平性、多層性、不確実性の三点を挙げ (加藤 2013: 33–35, 2016: 50–51)、この三つの特徴を基礎として「曖昧な制度」の概念を生み出す。実際、加藤は、この三つの特徴は、「曖昧な制度」にそれぞれが対応しているとし、理念型の「包」と「曖昧な制度」の関係性を、「目標モデル、ルールや組織に「曖昧さ」を残し (=不確実性)、個人の行動の自由度を最大限まで認める社会関係を形成し (=水平性)、リスクを分散化させながら各人のインセンティブを最大化する請負の構造 (=多層性)」は、「曖昧な制度」そのものなのである」(加藤 2016: 51) とする。つまり、柏の「包」論のなかから三つの特徴だけを選び、「曖昧な制度」は作られたといえる。

以上四点から明らかなように、加藤は、柏の「包」論から水平性、多層性、不確実性という三つの特徴を抽出するが、その目的は、経済成長の要因を明らかにすることにある。とくに水平性と多層性という「包」の特徴によって、個人の経済活動の自由度は最大限に高められるという理解である。そして、この自由度の最大化の源泉ともいえる水平性と多層性について、次のように説明する（なお、もう一つの特徴である不確実性については終章で論じる）。

まず、水平性についてみると、加藤は、「組織の中と外、あるいは組織内での上下の命令系統の如何にかかわらず、請負契約の当事者である投資者Aと経営者B、経営者Bと社員C、社員Cと小売店主Dとの関係は対等・平等である」（加藤2016: 50）と定義する。そして、「投資者Aと経営者Bとの関係を取り上げると、所有権理論によれば、「残余コントロール権」（企業資産を自由に処分することができる権利）は所有者にある。したがって、Aに残余コントロール権があるはずであるが、中国の場合には、残余コントロール権がAにあるのかBにあるのかは「曖昧」なことが少なくない。投資者Aは、残余の処分について経営者Bの決定に口を挟むことができず、AはBから利得の一部として配当を受けるという関係に近い場合も普遍的に見られる」とし、さらに、BとC、CとDの関係も同様に、「上下の命令関係や下請関係とは異なる、相対的に対等・平等な人的関係が存在している」（加藤2016: 50）とする。すなわち、投資者Aと経営者Bとの関係性は、本来であれば、投資者Aの方が有利な立場である状況においても、経営者Bの権利が確保され、むしろ指導権が与えられている点を明らかにしたといえる。つまり、加藤の功績とは、投資者Aと経営者B、経営者Bと社員C、社員Cと小売店主Dのような構造、いわゆる請負、下請構造とは、とりわけ中国の経済システムの特徴ではなく、どこにでも存在する経済組織構造であるが、その視線を組織の内部まで落とし込み、人びとの関係性を対等・平等、いわゆる「水平的な人間関係の形成」を内包した経済組織を見出した点にある。そして、中国の経済組織に、日本のような「上下の命令系統や下請け関係とは異なる」側面を見出し、その異なる側面を水平性という概念で説明したといえる。

次に、多層性をみると、加藤は、「包」を再発見した当初、多層という概念に必ずしも辿り着いていたわけではなかった。加藤が「包」について本格的に論を展開した「移行期中国の経済制度と「包」の倫理規律――柏祐賢の再発見」（加藤2010）と『中国経済学入門』（加藤2016）との「包」についての記述を比べれば、その違いは明らかである。前者の論文において、すでに加藤は、「包」に連なる人びとの関係を水平性という言葉で表現しているが、「包」によって連なる人びとの状態を重層性という柏の概念をそのまま踏襲している（加藤2010: 23）。つまり、加藤は、人びとの関係性を、一方では自由の概念へ直結する水平性という言葉を使いながら、他方において、垂直的な命令、指示といったイメージが強い上下関係を彷彿させる重層性という言葉を利用し、やや整合性に欠ける論理が示されていた。ところが、加藤は、水平性の意味をより明確にするため、重層性を多層性という言葉に置き換える（加藤2013: 34）。そして、この多層性を、「包」の実情を参照するように「ピラミッド型の上下に積み重なった重層構造となる場合もあるが、上下左右に重なり合い、相互に入れ子状になった構造を形成する場合が多い」（加藤2016: 50）とし、こうした多層性と水平性とが結びつき、水平的な人間関係が形成されると結論づける。いうまでもなく、重層化から多層化へと言葉を換えた意図とは、加藤の内部で、中国経済の発展要因としての自由の概念が、明確に形づくられた経緯にほかならず、多層性的な経済組織の下で、自由は初めて実現され、インセンティブが最大化される点を強調したといえよう(5)。そして、この中国固有のインセンティブ構造を改革開放以降の経済発展の一つの要因として位置づける。

このように理念型「包」の水平性と多層性とは、柏の「包」論を継承しつつ、「個人の活動の自由度が最大限に高められる」状態をより強調し、経済発展の重要な根拠を導き出すための概念であり、加藤による新たな解釈である。経済活動における水平的な人間関係に基づく自由の存在、そして、その自由が中国経済の飛躍的な成長を促進した一つの要因とすること、さらに、自由を実現する経済秩序に、他国にとって参照価値以上に重要な価値の存在を自明なものとするために重要な論点の一つであることに同意する。あるいは、水平的な人間関係に基づく自由とは、クレールとチャップリンが見出せなかった答えでもある。より正確にいえば、映画のラストシーンのように市場からわざわざ逃避することなく、その答えは、中国経済のなかに隠されていたといえる。しかし、加藤の「包」論あるいは「曖昧な制度」の論理展開に問題点がないわけではない。問題点として、主に次の点が指摘できる。

第一に、加藤は、中国の自由を論じる時、投資者A、経営者B、社員C、小売店主Dという経済学に登場する人間の別称を用いる。このような馴染みのある用語は、中兼が市井の人びとから感知した自由の存在に具体性を与える。すなわち、市井の人びとという抽象的な表現から、誰もが知る名称で説明したことは、中国の自由の存在を理解する上での大きな前進にほかならない。しかし、同時に、あまりにも具体的な名称であるために大きな疑問を抱かせることにもなる。投資者Aと経営者B、経営者Bと社員C、社員Cと小売店主Dが、水平性に基づき、対等な立場で経済活動を行っている姿を想像することは難しい。また、加藤は、投資者A、経営者B、社員C、小売店主Dという一つの経済組織を事例として挙げるが、官僚Eや共産党員Fが含まれるケースも十分考えられる。実際、加藤は、遺稿において政府が指導する経済活動の事例をいくつか紹介しているが、権力を有する官僚Eや共産党員Fに対して、そこに水平性的な関係性が構築されることを想像することはより難しいといえよう。すなわち、本来であれば、経済組織内部において、また、政治的な権力を前にして、いわゆる強者と弱者が、対等に対峙し、水平的な関係性が成立しているといわれても、資本主義社会で生きる人びと、なかでも隷属的な地位に甘んじている人びとからみれば、奇想天外な印象を与えかねない。

第二に、水平性に基づく自由の存在をなかなか理解できない理由は、「曖昧な制度」という用語そのものにある。まず、曖昧という用語をみると、加藤は、「残余コントロール権」が、「投資者Aにあるのか経営者Bにあるのか「曖昧」なことが少なくない」とし、投資者Aと経営者Bの水平性の源泉を、両者の曖昧な関係性に求める。しかし、両者の関係性が曖昧であるなかで、互いに侵害されない状況が生まれることは想像できない。むしろ曖昧な関係性とは、日本社会のようにサービス残業であるとか、大企業による下請企業に対する特許権の侵害など、強者による弱者への侵害を彷彿させるものである。[6]すなわち、投資者Aと経営者Bの「残余コントロール権」は、予め明確な取り決め（契約）が定められていなければ、人びとの利益も労働も不明瞭なものとなる。さらにいえば、不可侵の境界線が存在しないところに、自由が存在する根拠を見出すことは難しいといえよう。

第三に、「曖昧な制度」の制度に着目すれば、「曖昧な制度」の定義に含まれる設計という用語に違和感を抱かざるを得ない。簡潔にいえば、「曖昧な制度」とは、誰によって設計されたのかという疑問であり、制度という用語にはそれを作り出した主語が必然的に求められる。加藤は、「改革開放後、とくに市場移行の初期段階における市場秩序の混乱は、経済環境の不確実性を高め、さまざまの分野で「包」（請負）を復活させる要因となった」（加藤2010: 36–37）とする。このような見解に従えば、「曖昧な制度」の中核ともいえる水平性も同様に市場の混乱によって生まれたということになる。そして、投資者A、経営者B、社員C、小売店主Dの間に水平性が形成される要因は、市場の混乱、いわゆる時代性に求められてしまう。いうまでもなく、このような回答は疑問に答えるものではない。また、仮に、「曖昧な制度」の設計者を投資者A、経営者B、社員C、小売店主Dという人びとであるとすれば、彼らのなかで、水平性を形成するために絶えず話し合いが行われていると想像することは難しい。さらに、周知のように、政府や共産党が、水平性を形成できるような制度を作り出している事実はどこにもない。つまり、「曖昧な制度」の設計者の所在が不明であるにもかかわらず、制度について議論することは、「曖昧な制度」そのものの理解を難しくするといえよう。

以上三点から明らかなように、「曖昧な制度」という概念、さらに、そこから導き出される水平性に基づく自由の概念には多くの問題が残されている。無論、問題が山積しているからといって、中兼が感知し、加藤が具体化した自由の存在を否定する必要はない。また、この自由に基づくインセンティブの向上を経済成長の要因と捉える加藤の論理的枠組みにも同意できる。しかし、他国にとって参照価値以上に重要な価値とするためには、もう少し上手く説明する必要がある。そのためには、加藤の自由論の本質に迫り、その限界を明らかにしなければならない。そして、その限界から翻って、「生意人」の自由を理解するための前提を提示するならば、主に次のような点が指摘できる。

第一に、加藤が馴染みのある用語を疑いもなく使用したことは、その用語に纏わりつく先入観によって多くの誤解を招くこととなるが、この先入観を読み解くことが、「生意人」の自由を考察する上で重要である。先入観とは、投資者A、経営者B、社員C、小売店主Dという名称に対する固定概念ともいえるが、その背後に潜む本質的な問題とは、「主」と「奴」の関係性にほかならない(7)。隷属的な地位に甘んじている人びとからみれば、水平的な関係性とは奇想天外に映るであろうが、逆に、投資者や経営者である「主」からみても、なぜ、「奴」である従業員と対等に扱われなければならないのかと疑問を抱くことはごく自然なことであろう。すなわち、資本主義社会で経済活動を営む人びとからみれば、この「主」と「奴」の関係性は、社会を成立させている基本的な概念であり、先入観の裏付けでもある。もちろん、この関係性とは、「主」と「奴」の対立関係で捉えられることもあれば、「奴」が「主」を内面化した状態、いわゆる「主」の存在を容認しているケースなどがあり[8]、その関係性は必ずしも単純なものではない。たとえば、ポランニーの協同組合論は「奴」の結束の先に描かれる社会像であり、ディストピアな社会をディストピアと理解できない人びとの存在とは「奴」が「主」を容認した状態にほかならない。しかし、このように違いは認められるが、いずれにせよ、「主」と「奴」の関係性は、人びとの思考、行動に過大な影響を及ぼしていると断言してもそれほど大きな間違いはない。

第二に、「主」と「奴」の関係性に基づき、加藤に対する批判点を述べると、「生意人」とは「主」であって「奴」ではない。さらに、「包の経済組織」とは、「主」の集合体であって、そこに「奴」は存在しない。すなわち、「主」と「主」の関係であるがゆえに、その上、「主」の「寄生的性格」「投機的性格」などが加味され、水平性は成立し、「主」と「主」の結びつきであるがゆえに、「包の経済組織」は重層的ではなく多層的な構造、いわゆる「水平的な人間関係の形成」を内包した経済組織として位置づけることができる。つまり、加藤が事例に上げた投資者A、経営者B、社員C、小売店主D、さらに官僚Eと共産党員Fを加えれば、彼らは、その職位や社会的地位には関係なく、誰もが「包の経済組織」のなかでは「主」であり、そもそも加藤が描き出した自由とは、「主」の自由を意味するものである。無論、加藤が「主」と「奴」の関係性を念頭に置いていたかどうかは定かではないが、「主」であるにもかかわらず、あたかも「奴」を連想させる用語を用いたまま自由について考察したことは加藤の限界である。そして、そのような限界を理解することは、「主」と「奴」の関係性とは異なる視点からの経済学の再考に繋がり、その先に加藤が求めた他国にとって参照価値以上に重要な価値を見出すことが可能となる。もちろん、このような視点から中国経済社会の実態から見出したのは、いうまでもなく、筆者が初めてではない。内山の「区切り」の概念や柏の「私人」という概念は、彼らがどこまで意識していたかどうかはさておき、少なくとも「主」と「奴」の関係性では捉え切れない側面から中国社会を理解しようとした試みであったといえる。それゆえ、なぜ、加藤は自由の考察において柏の「私人」の概念を参照にしなかったのかという疑問を拭いされない。柏は放任的自由に基づく個人主義を明らかにした上で、天子から市井の人びとを「私人」という概念に置き換えている。つまり、加藤は、この「私人」の概念を用いて、投資者Aは「私人A」、経営者Bは「私人B」、社員Cは「私人C」、小売店主Dは「私人D」とした上で、自由についての考察の起点とすべきではなかったのか。

第三に、「私人」という概念は、あくまで中国の自由について考察する場合の一つの起点となるが、この概念から経済活動における自由を語り切ることはできない。もちろん、「私人」という概念を生み出す放任的自由に基づく個人主義は、人びとの不干渉、不可侵性を理解する上では不可欠な視点である。ただし、投資者A、経営者B、社員C、小売店主D、さらに官僚Eと共産党員Fの関係性が、この個人主義に基づき水平的であると理解することはできない。なぜならば、放任的自由、個人主義によって「主」が生み出されているわけではないからである。すなわち、柏が指摘するように放任的自由が社会の頂上から末端まで貫かれていたとしても、投資者A、経営者B、社員C、小売店主D、さらに官僚Eと共産党員Fは、生まれた時から「主」として存在することを約束されているわけではない。つまり、放任的自由に基づき「私人」として存在することはできるが、所与のものとして「主」の資格が付与されているわけではなく、または、制度で決められているわけではなく、「主」となれるのは、「包の倫理的規律」と「擬態」の概念を習性化した「生意人」だけである。そして、「生意人」とは、中国社会で生きるすべての人間の特徴を包括するものではなく、中国人の一部を構成する一群である。しかし、この一群は、特権階級のような存在ではなく、その上、固定化されているわけではない。この固定化されない点とは、まさに中国経済秩序の個性を理解する上で、もっとも重要な視点である。

以上三点は、柏と加藤の自由論を批判的に継承した上で、「生意人」の自由を具体的に語る上での枠組みである。しかし、やや抽象的でもある。それゆえ、市井の「生意人」に焦点を当て、中国の経済活動における自由の特徴を明らかにする。

3 「生意人」の自由

中国における自由について考察を始めたのは、農民工に関する研究においてである。もっとも、農民工の第一印象とは、劣悪な生活・労働条件、さらに、戸籍制度の下で差別的な扱いを受けている悲惨な状態にほかならない。そして、そのような理不尽な状態を目のあたりにして、彼らの窮状を世に知らしめるためにいくつかの論文を書き(9)、そこに研究者の使命のようなものを自らに課していた。さらに、このような研究の背後には、「主」と「奴」の関係性を軸として、「奴」の結束に基づく新たな中国社会の創出に対する期待を寄せていたことも事実である(10)。ところが、農民工の生活空間に入り込み、民工子弟学校の設立のために、彼らとともに活動を繰り広げるなかで、農民工の別の側面が浮かび上がってきた。それは、故郷の政府と都市の政府から管理されない農民工の存在である。無論、理不尽な状態に変わりはないが、農民工は、その流入先の都市で、自由に職業を選択し、自由に商売を展開し、そして、自由に子どもを産み続けるなど、故郷では決して享受することができない多くの自由を手にしていた(11)。

写真１　惰眠を楽しむ運転手

このように農民工が都会の片隅で手にしている自由を見出したことは、筆者の中国研究に大きな転換をもたらすことになるが[12]、このような自由は、「生意人」の自由とは異なる。むしろ、彼らが手にしていた自由とは、農民工たちの気高き行為の結果ではなく、柏祐賢が指摘した放任的自由によって付与された内容に近く、より正確にいえば管理が行き届かない空間の発見を意味したに過ぎない。すなわち、「生意人」の自由について考察する上で一つの起点であることに違いはないが、自由な空間が「生意人」の自由を生み出しているわけではなく、この二つの自由の間には大きな溝が横たわっている。

この溝を埋め、「生意人」の自由を理解する上で重要な手がかりとなったのは、中国の街なかのどこにでも存在する日常の風景を切り取った一枚の写真である（写真１参照）。もっとも、この写真１は筆者が撮ったものではなく、中国研究者である川村潤子[13]が、二〇一二年に浙江省海寧市の街なかで撮影した一枚である。川村がこの風景をおさめようと思った動機は、日本ではお目にかかれない三輪車タクシーに興味をひかれたわけではなく、後ろに写る銀行を記録するためでもない。ただ、惰眠を楽しむ三輪車タクシーの運転手がその目に入った時、ディストピア的な日本社会に対する裏腹な感情、すなわち、仕事中なのに誰の目を気にすることなく昼寝を楽しむ運転手に対して羨望の念が沸き上がり、思わずシャッターを押してしまったという。すなわち、川村は、直観的であるともいえるが、運転手を管理されない人間、隷属性から解放された人間と捉え、さらにいえば、日本社会ではなかなか実感できない経済活動における自由を感知したといえよう。筆者も、この写真を手に取り、隷属状態に疲れ果て自死を選んだ友人たちを思い起こし、この羨望に対して共感を示すとともに、もしも友人たちが昼寝を楽しむ運転手を見本とし、「人間らしい労働」について自問する余裕があったならば、あるいは、運転手の姿に『自由を我等に』と『モダン・タイムス』のラストシーンと重ねることができたならば、生き永らえたのではないかという思いを禁じ得ない。

もちろん、このような羨望を誰もが抱くわけではない。むしろディストピアな社会をディストピアと理解できないように設計された人びとは、すなわち、「主」を内面化し、容認することに慣れ親しんでいる人びとは、羨望とは真逆ともいえる嫌悪感を抱き、昼寝を楽しむ運転手と「人間らしい労働」とを結びつけることはできないだろう。その理由は、運転手の昼寝を楽しむ姿に不真面目さや不誠実さを見出し、あるいは柏のように「悪しき労働観」を抱くからである。まさに、「奴」としての道から外れた行為と受け止めることになるであろう。そして、いうまでもなく、羨望よりも嫌悪感を抱く人びとの方が多数を占めていることも事実である。しかし、羨望を抱く者、運転手のなかに自由を見出す者が少数派であったとしても、この自由について考察しなければ、中国社会を理解することはできない。また、改革開放以降の中国経済の成長を読み解くことはできないといっても過言ではない。少なくとも羨望の背後、いわゆる運転手が手にする自由には、「生意人」の自由を読み解き、その意味を知る上での手がかりのすべてがある。ここではまず、三輪車タクシーの運転手の属性についての考察から始め、経済活動における自由の特徴を明らかにする。

三輪車タクシーで人目をはばからず昼寝を楽しむ運転手とは、一体何者なのか。もちろん、筆者は、この運転手に直接会ってヒアリング調査を実施したわけではない。それゆえ、あくまで写真1から想像するしかないのだが、概ね次のように解釈することができる。

第一に、三輪車タクシーという仕事、さらにその風貌から判断して、運転手はこの写真が撮られた海寧市の都市戸籍保有者ではなく、農村からの出稼ぎ、すなわち農民工であろう。また、年齢は、三十代後半から四十代前半であろうか。また、運転手の学歴は、農民工であること、肉体労働者であることを鑑みれば、中卒または中学退学者（小卒レベル）とみるのが妥当だろう。

第二に、両脚をサドルにかけ、上半身を後部座席に委ねながら、まったりと眠る運転手はなかなか堂に入っている。余裕すら感じるその姿からみて、彼の都市での生活は、随分と長期間にわたり農民工として生きている可能性は高い。ただし、運転手は、故郷から遠く離れ、その長い歳月のなかで、三輪車タクシーの運転手として働き続けているわけではないだろう。多くの農民工がそうであるように、広州、上海、温州などの大都市をはじめ、さまざまな都市で、建築現場、工場などで働いた経験を持っていると推測される。

第三に、写真を撮影した当時（二〇一二年）、海寧市における三輪車タクシーの運転手の毎月の収入はおおよそ二〇〇〇～三〇〇〇元であり、当時の海寧市の平均月収である約三一〇〇元と比べほぼ同レベルであるが[14]、高収入とはいい難い。また、逆算すれば、少なくとも一日の売上げは七十元程度であろう。当たり前だが、三輪車タクシーで遠方まで行くことを求めるような利用者はあまりいない。せいぜい、バスで二～三区程度の短い距離、おおよそ一キロ、長くて三キロ程度の移動時に利用するケースが一般的である。そのため、一回の売上げは必ずしも高くはない。三～五元程度が相場である。仮に一回三元とすれば、一日の売上げ七十元を稼ぐためには、二十回前後、距離にすれば二十キロ以上も、後ろにお客をのせてペダルを踏み続ける必要があり、かなりの重労働であるともいえよう。

以上三点から明らかなように、運転手の属性とは、農民工、低学歴、転職を繰り返し、その上、低収入層と推測することは容易である。もっとも、このような推測は、いくつか修正しなければならない点も含まれるのだが、少なくとも三輪車タクシーの運転手とは、低学歴であるゆえ、企業で雇用される機会は少なく、重労働にしか就職できず、根無し草のように転職を繰り返す就業者であると位置づけることができる。そして、この運転手のような中国社会の底辺で生きる現業労働者の存在とは、改革開放以降の経済格差問題を象徴する存在、経済成長の矛盾を示す存在として捉えられることが少なくない。さらに、その経済格差の広がりのなかで、底辺層には不平・不満は蓄積され、中国社会の不安定要因として理解されることもある。しかし、経済格差問題であるとか、社会の不安定要因であるという視点で運転手を読み解いたとしても、その実態に迫ることはできない。少なくとも運転手に対して、直接、不平不満が溜まってるのかと問うたら一笑されることになるだろう。実際、かつて農民工の悲惨な生活・労働条件を明らかにしようとヒアリングを行っている際に、自らが知りたい現実だけを求め、幾度も冷笑を浴びせられたことがある。

いうまでもなく、この冷笑の背後には、運転手が手にしている自由、人の目を気にすることなく昼寝を楽しむことができる自由が隠されている。逆説的にいえば、運転手のような低学歴で、特別な技能を身につけるための機会が少なく、いわゆる社会の底辺に生きる現業労働者でさえも、経済活動における自由を享受している事実を理解しなければならない。無論、このような自由とは人びとの結束の先に勝ち取られる自由であるとか、民主主義の下での自由というような高貴なものではない。すなわち、この自由を下劣であるとか低俗であると定義すべきであるかどうかはさておき、学歴を高め、教養を身につけなければ、手にすることができないといった類の自由ではない。実に容易で、誰もが獲得できる自由である。

この自由を説明するために、街なかの風景に溶け込んでいる三輪車タクシーの運転手を選んだが、その意図は、まさに容易に獲得できる事実を明らかにするためであり、昼寝を楽しむ運転手とは、高貴とは無縁な自由を発見するための一つの目印である。

以下では、引き続き三輪車タクシーの事例に基づき、その業態に注目し、「生意人」の自由についての考察を深める。三輪車タクシーの仕事の業態と自由についてみると、おおよそ次のようなケースが考えられる。

第一に、運転手は、事例❸の男性とバスの運転手と同じく萌芽的な「生意人」として捉えることはできる。すなわち、運転手が、自ら購入した自転車を三輪車タクシーに改造し、営業許可証を持たずに路上で客待ちをしているケースである。とくに、写真を撮影した海寧市では、三輪車タクシーの営業は許可制となっており、この許可証を保有していないとすれば、無許可で路上に一枚のゴザを広げ商いとしているケースと大きな違いはない。そして、萌芽的な「生意人」であるならば、運転手が手にする自由とは、その後ろ盾はなく、自らの意思には関係なく、突然、喪失する危機と背中合わせといえる。あるいは、「主」と「奴」の視点からみれば、決して「奴」ではないが、勝手に自分のことを「主」と思い込んでいるに過ぎない。

第二に、運転手が、三輪車タクシーを自ら製造または購入し、営業許可証を保有していれば、自営業者として分類されることになる。少なくとも統計上は自営業者としてカウントされるであろう。そして、昼寝を楽しむ自由とは、自営業者だからこそ、手にすることができると解釈することも可能である。ただし、運転手を自営業者という既存の概念、いわゆる経済学に登場する人間の別称である用語で解釈することは早計である。なぜならば、運転手が、自ら所有する三輪車タクシーを一人で使用しているとは考えにくいからである。すなわち、使用しない時間帯は、第三者へ貸し出している可能性が高い[15]。つまり、三輪車タクシーをフル回転させているならば、運転手は自営業者という範疇を超え、「包の経済組織」の「出包者」、いわゆる「生意人」として位置づけることができる。

第三に、運転手が仮に三輪車タクシーを複数台所有しているとすれば、彼を中心として多層的な「包の経済組織」が形成されていると推測することが可能である。もっとも、「包の経済組織」の「主」である限りにおいて、「出包者」であろうとも、「承包者」であったとしても「生意人」が手にする自由に大きな違いはない。しかし、いうまでもなく、「包の経済組織」の「出包者」であれば、手にする収入は決して少なくはない。三輪車タクシーの収入とは、あくまでも一台の三輪車タクシーを一日八時間から十二時間程度使用した場合の推計である。すなわち、運転手を自営業者とみなした場合の収入ということになる。しかし、複数の三輪車タクシーを基に「包の経済組織」を形成すれば、営業許可証と三輪車タクシーの貸付料は大きな収入源となる。つまり、写真1に写る運転手とは、確かにその容姿から判断すれば、低学歴層であり、それゆえに低収入を余儀なくされていると推測しがちであるが、そのような解釈は偏見であり、高収入を手にしている可能性を否定することはできない。

第四に、写真1を撮影した当時、海寧市では三輪タクシーの営業許可証は地元民（海寧市の戸籍保有者）にしか与えられていなかったため、運転手が農民工であれば、営業許可証を保有することは難しかった。いわゆる既得権の問題である。また、三輪車タクシーそのものも都市住民が所有している可能性がある[16]。その場合、営業許可証の保有者と三輪車タクシーを所有する都市住民が「出包者」となり「包の経済組織」が形成され、運転手は「承包者」として位置づけられることになる。もっとも、複数台の三輪車タクシーの使用料を支払い、第三者へ貸し出しているケース、一台の三輪車タクシーだけの漕ぎ手、いわゆる「包の経済組織」の末端を担うなどさまざまなケースが考えられる。ただし、その違いは、収入に大きく反映することになるが、「生意人」である限り、いずれのケースも「主」であることに変わりはない。つまり、営業許可証と三輪車タクシーを所有していなくても、「包の経済組織」を構成する「生意人」であれば、自由を手にすることができる。

このように営業許可証の保有者、三輪車タクシーの所有者が、運転手であるのか、都市住民であるのか、それぞれのケースに応じて、さまざまな業態が推測されるが、「包の経済組織」を構成する「生意人」とするならば、運転手が手にする自由の特徴として、主に次のように整理することができる。

第一に、運転手が「包の経済組織」の「出包者」なのか、または末端を担う「承包者」であるのか、その違いは、当然、その収入に大きな差を生むことになるが、「包の経済組織」における位置づけに関わりなく、昼寝を楽しむ自由を手にすることは可能である。すなわち、「生意人」の自由とは、「包の経済組織」における位置づけに関係なく、「出包者」であろうと、最末端の「承包者」であろうとも同等である。

第二に、「生意人」が手にする自由とは、「包の経済組織」における「主」と「主」の関係性を根拠とするものであるが、それぞれの「主」は、誰もが自営業者のように営業許可証を保有しかつ三輪車タクシーの所有者である必要はない。つまり、「主」と「奴」は、保有、所有の概念で区別されず、その身一つで「包の経済組織」に参入することが可能である。

第三に、末端の「承包者」に注目すれば、その収入は決して高くはない。しかし、「包の経済組織」の動態的性質によって、「包の経済組織」における地位は固定化されない。すなわち、資金を貯めあるいは地縁血縁者などから借りることを通して、末端の「承包者」から「出包者」へと変化する可能性はある。または、別の「包の経済組織」へ移動し、高収入が目指されることもある。もちろん、「生意人」として成功するためには、第三者を見抜くための判断力など特異な能力を習得する必要はあるが、たとえ末端であったとしても、高収入を獲得するためのチャンスは存在している。「生意人」になることは、その経済活動において、自由だけではなく、高収入を得るためのチャンスをその手に収めることができることを意味する。

以上三点から明らかなように、運転手の視点から中国における経済活動を捉えれば、生きる糧を得るための最低限の仕事、汗と埃にまみれた惨めな仕事、「主」の命令や指示に半ば強制的に従わなければならないような仕事が、彼の視線の先に映っているわけではない。手を伸ばせばすぐ届く場所に自由と高収入（それを得るためのチャンスを含め）は存在している。すなわち、「奴」ではなく、「主」となるための道筋が明確に示されている。

ただし、運転手の目と鼻の先に存在する自由とは、彼からみれば、それは放任的自由と同じく、あたかも初めから存在しているようにみえるだろうが、この自由は、「生意人」によって生み出されるものであり、予め社会に埋め込まれている自由ではない。もちろん、「生意人」同士が話し合って取り決めたわけではなく、また、彼らが制度化するために政府へ働きかけた結果でもない。

なぜ運転手の目の前に自由が存在するのか？　その答えは、「生意人」が特権階級として固定化されるのではなく、「包の経済組織」の動態的性質に基づき、構成員がシャッフルされ、ビルド&スクラップを繰り返す点に求めることができる。逆説的にいえば、もしもこのような動態性が欠落していたならば、自由は、一部の人間に占有される状態が生まれてしまう。

たとえば、運転手が、営業許可証と三輪車タクシーを所有する「出包者」として、複数の「承包者」と「包の経済組織」を形成するケース、逆に、運転手が末端の「承包者」であるケース、いずれの場合であったとしても、その関係性が長期化すれば、そこに上下関係が生まれる可能性を否定することはできない。運転手が「出包者」であれば、「承包者」に対して管理を強め、利潤と自由を占有する「主」へと変質することになるであろう。また、末端の「承包者」であれば、搾取の対象としての「奴」となり、なかなか「主」へと這い上がれない状態のまま固定化されていくことになるだろう。そしてその結果として、日本社会でみられるような「主」と「奴」の関係性が成立し、「主」は経営者、また、「奴」は従業員、労働者という馴染みのある用語によって理解されることになる。

しかし、中国において「主」ではない人びとを「奴」と理解すべきかどうかはさておき、「主」と「主」ではない人びとの関係性は、どこまでも流動的である。まさに、「包の経済組織」の動態的性質に基づきその門戸は絶えず開かれ、少なくとも「主」と「主」ではない人びとは絶えず入れ替わる状況にある。つまり、加藤弘之が挙げる事例に戻れば、投資者A、経営者B、社員C、小売店主Dも「主」としての地位が継続的に保証されていたわけではない。「包の経済組織」内部での職位の変化（たとえば社員Cが経営者へ）、他の「包の経済組織」への移動（経営者Bが投資者へ）、新たな「包の経済組織」の創出（小売店主Dが投資者へ）、さらに、「包の経済組織」の消滅などを通して、「包の経済組織」の内部には絶えず空席が存在する状況が生まれることになる。また、三輪車タクシーの運転手も同様に、数年後には複数のトラックやトラクターを所有する「出包者」であるかもしれないし、逆に、路肩でゴザを広げ雑貨を販売しているかもしれない。つまり、「利潤の社会化」が実現される背景として指摘した私的所有が時限的であるように、「生意人」が手にする自由も同様に、時限的なものとなる。逆説的にいえば、時限的な性質を生み出す「包の経済組織」の動態的性質が失われない限り、一部の「主」に長期的に自由が占有されることは回避され、手を伸ばせばすぐに届く場所に自由は存在し続けることになる。つまり、水平性とは、「生意人」の関係性を対等に導くための一つの条件であるが、自由が、あたかも社会に埋め込まれたように映り、誰もが容易に手にすることができるためには、「包の経済組織」の動態的性質が加味される必要がある。そして、この動態的性質の源泉とは、「生意人」が「擬態」の概念を習性化している結果であり、資金に対する強烈な欲望を満たすために、彼らが転業、転職を繰り返す点に求めることができる。

終章　中国経済秩序個性のゆくえ——むすびにかえて——

「包の倫理的規律」と「擬態」の概念を習性化した「生意人」によって形づくられる中国経済秩序の個性についてさまざまな視点から考察してきたが、おおよそ次のようにまとめることができる。

「生意人」は、利潤を確定化するために「包の経済組織」を形成するが、このような行為は、とりわけ中国経済の特徴ではない。しかし、「包の倫理的規律」、なかでも「寄生的性格」、「投機的性格」、そして、加藤が指摘した「水平性」を習性化した「生意人」によって、「利潤の社会化」と経済活動における自由が生み出される。ただし、「生意人」がさらなる利潤を求めることによって、彼らは、一つの「包の経済組織」に留まることはなく、その業種、職位は目まぐるしく変化する。いわゆる、「擬態」の概念を習性化した「生意人」は、さまざまな「包の経済組織」を渡り歩き、「包の経済組織」をビルド&スクラップさせる。すなわち、利潤の確定化と組織の不確定性とが循環することとなるのだが、このような循環の下で、「生意人」が手にする利潤と自由は、時限的な性質を帯びることになる。そしてその結果として、一部の人びとに利潤と自由が占有される状態は忌避され、より多くの人びとに対して、利潤と自由を手にするための機会が提供されることになる。

このような「生意人」の存在、そして彼らが生み出す「利潤の社会化」と経済活動における自由を内包した経済秩序とは、他国にとって重要な価値が含まれるといえよう。とくに、自らの利潤をどこまでも追求することが、他者の利潤の確保に繋がり、さらに、闘争もせず、流血する危険に晒されることなく、容易に自由を確保でき、時限的であるとしても「主」となる道が絶えず目の前に存在する経済秩序とは、経済格差が拡大する社会、大半の人びとが「奴」として惨めな生しか約束されていない社会からみれば、一つの希望である。ただし、この希望に具体性を持たせるためには、中国経済秩序を資本主義、社会主義という体制論のなかに、あるいはグローバル経済のなかで明確に位置づける必要がある。もっとも、このような課題は実に興味ある内容を含むが、その考察は、筆者の能力をはるかに超えるものである。それゆえ、課題の多くは、持ち越さなければならないが、ここでは、加藤弘之による「二重の移行」モデルと「包」および「曖昧な制度」に関する考察を一つの導き手として、中国経済秩序の個性のゆくえについて若干の考察を行う。

加藤の「二重の移行」モデルとは、移行の起点となる「計画経済」を「計画メカニズム・平等原理」、「伝統経済」を「自給自足メカニズム・共同原理」、そして、移行のゴールである「市場経済」を「市場メカニズム・自由原理」と定義した上で、「計画経済」から「市場経済」への移行というベクトルと、「伝統経済」から「市場経済」への移行というベクトルとが合成され、重なり合って進行する「二重の移行過程」を指す（加藤 1997: 10）。加藤が、このようなモデルを示した目的とは、いうまでもなく、中国の市場化の過程に具体性を与え、また、改革開放以降における市場化の進展度を測るための明確な一つの指標を作り上げることにあったといえる。すなわち、国有企業の改革の深化、農村における工業化の成長などから中国経済における市場経済の浸透を読み解くことによって、中国型資本主義の特徴を明らかにする狙いがあったといえよう。もっとも、このモデルを提唱した当時、加藤は、まだ、「包」の再発見には至っていない。本来、この再発見とは、まさに伝統経済への再考を迫るものであり、さらに「二重の移行」モデルの大幅な修正、あるいは破棄すらも視野に入れるべきではなかったかと考えられるのだが、柏の「包」論を再評価する過程において、いわゆる「曖昧な制度」を唱える上で、あくまでも「二重の移行」モデルに基づき議論を展開する。その背後には加藤の直線的な発展論的思考が隠されているのだが、このモデルに「包」と「曖昧な制度」を落とし込むことによって、加藤が描く中国経済像は、多くの問題点を露呈することになる。ただし、この問題点とは、中国経済秩序のゆくえを推測する上で、重要な示唆を与えるものであり、この問題点を裏返したところに、そのゆくえは示されることとなる。以下、問題点を整理すれば、おおよそ次のようにまとめることができる。

第一に、「二重の移行」と「包」および「曖昧な制度」の関係をみると、加藤は、「二重の移行」と「包」の関係を「改革開放後、とくに市場移行の初期段階における市場秩序の混乱、経済環境の不確実性を高め、さまざまの分野で「包」(請負)を復活させる要因となった」(加藤 2010: 36–37) と説明する。簡潔にいえば、改革開放の初期段階で、混乱と不確実性が生まれたことによって、「包」は蘇ったという解釈である。しかし、このような解釈に従えば、市場秩序が安定し、経済環境の不確実性が減少すれば、「包」は消滅することになる。また、「曖昧な制度」に関する記述にも同様な指摘を残している。すなわち、「先進資本主義国の経済システムへの収斂がいかに望ましいとしても、すぐに現行のシステムを変えることはできないし、当面は、「曖昧な制度」を維持しその内容を望ましい方向へと改善していくことで、前に進む以外に道はない」(加藤 2016: 208) と述べる。このように「当面」という用語を使用していることからも明らかなように、加藤は、「包」と同じように「曖昧な制度」もある限られた時間内で散見できる一つの経済現象、あるいは消滅する運命にある現象として捉える。逆説的にいえば、「二重の移行」モデルが加藤の理論的枠組みである以上、このような結論は必然的に導かれることになるといえよう。ただし、加藤が遺稿の冒頭で宣言した、他国にとって参照価値以上に重要な価値を「曖昧な制度」に見出そうとしていたことを思い起こせば、そこに大いなる矛盾を見出すことは容易である。少なくとも「曖昧な制度」そのものが、「当面」という曖昧な時間概念のなかに消滅してしまう程度のものであるとすれば、他国に衝撃を与えることは不可能といわざるを得ない。

第二に、加藤は、「包」の復活要因として「経済環境の不確実性」を挙げるが、この不確実性という用語は、加藤が提唱する理念型「包」の三つ目の特徴にほかならない。ただし、この不確実性という概念は、加藤のオリジナルではなく、柏が「包」論のなかで展開した社会的不確定性の概念、いわゆる「社会的不確定性の排除を意図するような動きは絶対に起こり得ないであろう。社会的不確定こそ彼らあらゆる層の生存の地盤なのである」（柏 1986a: 196）を継承したものである。実際、加藤も「社会的不確定性こそ利潤の源泉なのであり、請負者はそこから利潤を得る（可能性を見いだす）のである」（加藤 2016: 48–49）と柏の見解をほぼそのまま踏襲している。そして、加藤は、「生存の地盤」を「二重の移行」モデルの下での市場経済の混乱と不確実性に求める。いわゆる改革開放直後の経済的な混乱が、人びとに「生存の地盤」を与えたという見解である。しかし、混乱と不確実性が、どこまでも一時的なものであるとすれば、「生存の地盤」の再生産構造についての考察は論外へと追い出されることになる。つまり、「包の経済組織」の動態的性質によって、確定化と不確定化が循環するなかで、「生存の地盤」の再生産構造を指摘できるが、加藤は、どこまでも直線的な思考で中国経済を理解し、「生存の地盤」の循環性を見出すことはなかったといえよう。

第三に、加藤は、不確実性を「契約やその上位規定である法律や条例などで規定されていない領域、あるいは規定があってもその執行に含みがある領域などが存在することを想定しているのである」（加藤 2016: 51）と定義する。このような加藤の解釈からも明らかなように、不確実性とは、一つの領域、つまり、不確実で曖昧な空間を生み出す要因として捉えられている。あるいは、理念型「包」のその他の特徴である水平性・多層性が、人びとの繋がりについての考察であるのと比べ、不確実性とは、水平性・多層性を実現させる要因と位置づけられている。そして、「二重の移行」モデルの下で、不確実で曖昧な空間もいずれは消滅することになるとすれば、自由の関係性を構築する水平性・多層性も同じ運命を辿ることになる。より具体的にいえば、加藤が水平性を説明した投資者A、経営者B、社員C、小売店主Dの事例に戻れば、その関係性が不確実性で曖昧な状態とは、自由な関係性を構築するための源泉となるが、そのような状態が再生産されない限り、そこにはやがて上下関係に基づく「主」と「奴」の関係性が生み出されることになる。つまり、「二重の移行」モデルに従えば、「市場経済」へと向かうベクトルのなかに、自由に基づくインセンティブ構造も消滅し、加藤が掲げる経済成長の要因も消えることになる。

第四に、上記三点は、「市場経済」へ向かうベクトルのなかに、加藤が提唱した「曖昧な制度」そのものが消滅していく過程にほかならないが、「包」の再評価の過程で、「二重の移行」モデルに対して若干の修正を加えたことも事実である。「伝統経済」を「自給自足メカニズム・共同原理」と定義していたが、このような視点は放棄され、加藤は、次のような視点から「伝統経済」を捉え直す。「近代以降の中国において「いちば」がどのように形成され、発展してきたのかを歴史的な視野に立って観察することから、中国における「しじょう」の特徴を抽出し、中国の資本主義のゆくえを展望する」（加藤 2009: v）とし、中国の多様性に富む「いちば」の謎解きを起点として中国経済の核心に迫ろうとする。そして、加藤は、実際に、自らの体験に基づく、〝地下鉄出口で地図を売る男〟〝偽ブランドの販売をめぐる駆け引き〟〝使えないトラベラーズ・チェック〟の事例を紹介し（加藤 2009: vi–xvii）、それら「いちば」の多様性は、「中国における「しじょう」の成熟度、あるいは中国の資本主義がもつ個性の一端を反映したものであり、「いちば」から「しじょう」を見る視点の有効性を示すものである」（加藤 2009: xviii）と捉える。このように「いちば」の多様性を歴史的、または伝統的な視点から「市場経済」さらには中国経済を再考すべきであるという見解は、「伝統経済」の再定義にほかならず、なかでも個性という用語には、他国にとって参照価値以上に重要な価値の発見へと向かうための起点、あるいは加藤の意気込みのようなものが感じ取れる。しかし、「いちば」の成熟度と個性という二つの言葉が並立する修正には、留意すべき点が少なくない。すなわち、「いちば」の成熟度という言葉の背後には、中国経済は、依然として未熟の段階であるとする加藤の見解が浮かび上がるとともに、未熟なものは成熟へと向かうのは必然であるという直線的で発展論的思考が露わとなる。あるいは、加藤が街なかで見出した人びとの経済行為、なかでも〝地下鉄出口で地図を売る男〟とは、三輪車タクシーの運転手とよく似たケースであるが、そのような経済行為についての考察は、「曖昧な制度」を構築する上での重要な示唆を与えてはいるが、加藤の視線はその個性的な経済行為に長く留まることはなかった。その理由は、加藤にとって、〝地下鉄出口で地図を売る男〟や三輪車タクシーの運転手は、長く存在することはできないと判断したためであろう。つまり、明日存在しているかどうかも分からず、その上、統計的にも把握することが不可能な存在に依拠して論を展開することに不安を見出した可能性は高い。しかし、いかなる理由があったとしても、街なかで発見した人びとから視線を外してしまったことは、中国経済の個性に関する研究を自ら断ってしまったといえよう。

以上四点は、加藤自らが提唱した「二重の移行」モデルに「包」および「曖昧な制度」を落とし込んでしまったゆえに生じた問題点である。そして、このような問題が生まれた原因とは、加藤が、「市場経済」を一つのゴールと設定したこと、より具体的にいえば、中国型資本主義という用語を用いている点からも明らかなように、「先進資本主義国の経済システムへの収斂」を中国経済の到達点と定めた点に求められる。あるいは、中兼が民主主義を神聖化したのと同じく、「先進資本主義国の経済システム」を神聖化し過ぎたためである。そして、神聖化という思い込みによって、中兼同様、曖昧な結論に留まったといえよう。ただし、「二重の移行」モデルで使用された社会主義経済、伝統経済、市場経済という三つの視点までを否定する必要はない。むしろ中国経済秩序のゆくえを理解するためには、この三つの視点から、「生意人」を考察する必要がある。以下、中兼や加藤のように市井の人びとから視線を外すことなく、どこまでも「生意人」を中心に据えて、彼らが生み出す経済秩序のゆくえを推測すれば、おおむね次のような点が指摘できる。

第一に、「生意人」とは、彼らが習性化している「包の倫理的規律」と「擬態」の概念から判断すれば、伝統経済を体現化した人びとであると理解することが可能であろう。無論、改革開放が始まる時点で、それらをどこまで習性化していたかを知る術はなく、その体現化の水準がどの程度であったかは定かではない。しかし、改革開放の先駆けとなった農地改革、いわゆる「農家請負責任制」(「家庭聯産承包責任制」)の導入時の出来事を思い起こせば、そこに「生意人」の姿を確認することは十分可能である。もし、人民公社を解体した農民たちが、「包の倫理的規律」を習性化していなければ、まったく別の方法で農地改革は進行していたかもしれない。つまり、農地改革とは、「包の倫理的規律」を習性化した「生意人」、すなわち伝統経済を体現した人びとが、社会主義経済に対峙したことから始まったと捉えることができる。あるいは、もとより加藤が「二重の移行」モデルで示した「伝統経済」や「社会主義経済」から「市場経済」に向かうベクトルは存在せず、むしろ伝統経済と社会主義経済とが、中国の大地で衝突したと理解すべきである。加藤は、改革開放の初期段階で混乱と不確実性が生まれて「包」は復活したとするが、その実際は、「生意人」が混乱と不確実性を生み出した源泉であり、「包」が復活したことにより、混乱と不確実性は生まれたと解釈すべきである。

第二に、この衝突によって、中国社会には政治的にも経済的にも混乱が生じたことはいうまでもないが、社会を分断するような対立構造が生まれたわけではない。この衝突の端緒となった農地改革についてみても、伝統経済の体現者である「生意人」は、社会主義経済の根幹ともいえる農地の集団所有制から私的所有制への転換を強く求めたわけではない。むしろ、農地の利用方法は、「包」的な農業経営の復活により、社会主義的思想をも反映し、調和のとれた農地利用が形成されている。つまり、このような事実を顧みれば、とりわけ農地に限ったことではないが、土地の私的所有が未成立の下で、加藤が指摘するような「市場経済」への収斂がどのように進むのかを問うのではなく、「伝統経済」と「社会主義経済」が衝突し、いかなる化学反応を起こしているのか、または、その結果としてどのようにして調和がとれた「市場経済」が成立しているのかを問う必要がある。そして、このような調和が保たれる一つの要因とは、「生意人」は多様な人びとによって構成されているからである。つまり、一つの農地を前にして、農民と政府の官僚や共産党員が対立しているのではなく、彼らは、「生意人」としてともに、一つの農地から利潤を最大化にするための経済秩序を生み出しているといえよう。また、農業生産の現場だけに留まらず、国有企業や集団企業においても同様な動きがみられたのではないかと推測される。もっとも、企業経営についての研究蓄積は少なく、まだまだ論証の過程であるが、中村圭が国有企業における「包」的な経営システムの実態を明らかにしたように（中村圭 2019）、国有企業以外においても、経済組織の内部に経営者、労働者、従業員などが「生意人」へと擬態化し、「包の経済組織」が形成され、「中国的なるもの」としての「市場経済」が形成されていると推測することはそれほど大きな間違いではなかろう。

第三に、改革開放後、諸外国から多くの企業が中国へ進出し、さらに市場経済が導入されているが、このような動向は、中国における先進資本主義国の経済システムの浸透を意味する。そして、「生意人」は、社会主義経済だけではなく、資本主義経済と向き合う必要性に迫られたといえよう。「生意人」にとって、外国資本の参入は、新たな「出包者」の出現にほかならない。また、市場経済の導入は、金融市場や株式市場などの新たな利潤獲得の場所を提供し、「生意人」からみれば、欲望を満たすための有効な手段として歓迎されたことはいうまでもない。つまり、「生意人」が経済活動を行う上では、社会主義経済よりも資本主義経済の方が親和性は高く、利潤獲得のための可能性は大いに広がったといえる。そして、「先進資本主義国の経済システム」を積極的に受け入れた「生意人」のなかには、とくに一部の「出包者」は、「承包者」に対して管理を強め、利潤と自由を占有する「主」へと、すなわち、資本主義社会でいうところの経営者へと変化するケースも現れたであろう。また、そのような経営者の下で、「承包者」は、労働者、従業員という用語に、つまり、「奴」への転換を余儀なくされただろう。すなわち、「包の経済組織」のなかには、「主」と「奴」の関係性が固定化され、「包の経済組織」の動態的性質を喪失させるような変化が生まれた可能性は否定できない。しかし、「出包者」としての「生意人」が資金的な欲望を満たすためのさまざまな投資先を見出す機会は、市場経済の導入によって増大した。そして、そのような状況は、「生意人」からみれば、一つの経済組織に経営者として留まるよりも、より多くの利潤を獲得できる機会の創出を意味したといえよう。つまり、「生意人」が資金的な欲望を満たすことを第一義的な目的と捉えるならば、「先進資本主義国の経済システム」とは、彼らの期待に十分すぎるほど応えるものであり、その結果として、「包の経済組織」の動態的性質は活性化し、中国経済秩序の個性（伝統経済）を温存させることに繋がった可能性は高いといえよう。

以上三点は、伝統経済としての中国経済秩序の個性のゆくえを「生意人」の視点から考察したものであるが、「生意人」とは、社会主義経済との調和を図り、資本主義経済に対しては、欲望を最大化にするための有効な手段を見出し、その結果として「包の経済組織」の動態的性質を維持し、「先進資本主義の経済システム」を変質させた存在、または、社会主義経済と資本主義経済を中国経済秩序に組み入れていく役割を担った存在として位置づけることができる。もちろん、それは、「生意人」の意図的な行為の結果ではない。あくまでも合理的に利潤の最大化を目指した結果であり、彼らの欲望が中国経済秩序の個性を形づくっていると解釈できよう。そして、このように「生意人」を評価することは、一方で、社会主義経済、資本主義経済という既存の概念からの解放を意味するが、他方では、既存の概念では説明できない中国経済に対して、新たな名称を与えなければならないという課題を自明のものとする。

本書では、「生意人」が生み出す「利潤の社会化」と経済活動における自由の実現という未知なる価値を導き出したが、この二つの特徴だけで中国経済秩序に新たな名称を付与することはできない。さらに、市場という舞台で「中国人が行っていること」に新たな解釈を加えていく必要がある。

このような解釈を加えていく研究方法とは、どこまで自らの内部に蓄積された知識と経験、さらには感覚だけを拠り所とした研究である。もっとも、このような方法に批判が少なくないことも承知しているが、本書は、頭のなかで描いた一つのイリュージョンである。あるいは、西洋の学問を学ぶことから研究生活を始め、その影響を強く受けながらも、どこか東洋人としての価値観も体内に留め、「中国人が行っていること」に対して違和感を抱き続けた結果、生まれた一つのイリュージョンにほかならない。無論、日本人の特異な存在を強調しているわけではないが、どこまでも本書は、日本人が描いたイリュージョンであり、その意味でいえば、比較研究、または地域研究の域を出ることはない。それゆえ、中国経済秩序の個性からもう一つ上の学問領域に昇格させるためには、「中国人が行っていること」についての研究を深めていかなければならない。すなわち、「利潤の社会化」

と経済活動における自由の実現は、他国にとって参照価値以上に重要な価値が含まれているといえるが、その価値についての考察をさらに深め、これまでとは異なる枠組みで経済学を構築していくことが、今後の課題である。

注

はじめに

(1) 閻美芳はその限界性を次のように語る。「日本人研究者が中国研究を志した場合、日本社会（という近代化された社会）との比較がどうしても視野に入ってくること、また文化を記述するまなざしが当該文化の外にあるために、どれほど対象となる「人びとの問い」へ近づこうとしても、そこにはおのずと限界があるということである。／このことを言い換えれば、中国の人間関係や社会構造を考察する日本人中国研究者は、自社会に存在しない特徴に焦点を当てがちになるだけでなく、中国の人びとがどのように行為をしているのかは観察によって把握できても、なぜ人びとがそのような行為を正当としているのかという、その正当性の基準（根拠）を支える人間観・社会観にまで降り立って考察することは難しいということである」（閻美芳2017: 177）。ただし、閻の指摘を否定することができないことも事実である。たとえば、第一章第三節で紹介する費孝通の「差序格局」のなかで、日本人研究者とその研究対象者との出会いにどのような意味があるのか、その意味を理解した上で、どのような関係性を築いていたかを自省的に再考する必要がある。

(2) この伝承を教えられたのは、実に不思議な出来事だった。二〇一二年三月、珠海からマカオに向かうためのイミグレで並んでいると、後ろに並ぶ三人組の男たちから、「日本には原田という姓があるのか」と尋ねられた。彼らとはイミグレまでの白タクで同乗し、運転手との会話から筆者が日本人であることをすでに知っていたはずである。しかし、突然、「原田」といわれ、「どうして私の名前を知っているのだ？」と咄嗟に聞き直してしまった。運転手に名前を告げた覚えはないし、パスポートはまだウエストバッグにしまったままであった。彼らが私の名前を知ることは不可能なのに、「原田」と呼ばれることが不思議でならなかった。しばらく「原田という姓はあるのか」「どうして知っているのだ」という交わらない会話を続けたのだが、「ほら、私が原田だよ」とバッグからパスポートを取り出すと、瞬く間に彼らの顔は興奮で赤く染まり、両手を天井に向けて、「オー」とイミグレに響き渡るほどの一声をあげるのだった。呆気にとられる筆者に彼らは、「私たち三人の故郷の村には、ずいぶん昔に日本に渡り原田姓を名乗り、暮らしている話が伝わっている。ただ、それが本当の話なのかどうか、日本に原田姓が存在しているのかすら分からなかった。だから、日本人に会ったら、聞いてみたかったんだ」と、感動のわけを説明した。つまり、彼らにとって、筆者は生まれて初めて出会う日本人であり、その上、伝承が正しかったことを証明する「原田」にほかならなかった。彼らの感動はひとしきりだったのだろう。その後、彼らは、「私たちは間違いなく血が繋がった親戚だ」「兄弟、兄弟」と何度も繰り返し、そのたびに抱きしめられた。もちろん、日本には「原田姓」はたくさん存在しているし、筆者の一族が彼らの一族の末裔であるとは限らない。ただ、筆者の家系を辿るとおおよそ五〇〇年前まで、あの黒潮がぶつかる和歌山県で暮らしていたことは確かなようだし、まんざら彼らと親戚ではないと言い切ることはできないかもしれない。それに信じがたい偶然に導かれたわけでもあるから、「親戚」とすることも悪くはないだろう。

（3）違和感を出発点として描いたものとして、「中国漫文シリーズ①〜④」がある（原田 2012b, 2013b, 2014a, 2014b）。

（4）岸本は、戒能の主旨を、「通説に対するアンチテーゼとは、単に通説と異なる事実を平面的に記述するに止まらず、「市民的なるもの」と「中国的なるもの」との対立関係の歴史的根拠を明らかにし、かつ後者から前者への移行の道程を探究することによって打ち立てられるべきものであった」（岸本編 2006: 281）とする。市民社会の形成、当時の中国の状況からみれば、国民の形成が急務であったであろうが、いずれにせよ、「中国的なるもの」を明らかにするだけでは、その研究は道半ばであるということであろう。あるいは、「市民的なるもの」と「中国的なるもの」を結ぶものこそが、イリュージョンであり、「個性の強いイリュージョン」を描くことに研究者の存在意義を見出していたともいえる。ただし、本書はあくまでも経済秩序を論じるものであり、市民社会の形成という問題までを視野には入れていない。

（5）なお、社会学者に対して、岸本は次のように語る。「「風俗」のような自前の歴史的語彙から独自の概念を抽出して普遍化することを目指すべきではないか、〈中略〉現在一般的に用いられている社会学の概念が往々にしてヨーロッパの歴史的経験から抽出されたものであることを考えると、アジアの歴史から普遍性のある概念を鍛え上げてゆく努力がもっと試みられてもよいのではないだろうか」（岸本 2018: 23）。この挑発的な発言も西洋的な概念とは異なるアジア独自の普遍性を求める点では、中国経済研究に対する批判と通底するものであるといえる。

（6）「左手に跪く」という表現は、筆者の研究スタイルを端的に述べたものであり、研究者として生きていく上での一つの重石でもある。少々長いが、この表現を用いる意味を説明しておく。そもそもこの言葉の意味を理解するためには、ハンナ・アーレントと江坂哲也によるレッシング解釈を紹介する必要がある。

アーレントは、一九五八年九月二八日、自由・ハンザ都市ハンブルグからレッシング賞の受賞に際して行った講演を、レッシングその人の言葉で結ぶ。「各人は自分が真理と思うことを語ろう、そして真理それ自体は神にゆだねよう」（アーレント2005: 56）。アーレントが、この一文を引用した真意を読み解けば、おおよそ次のような点が指摘できる。

第一に、「語ろう」という言葉に、「他者」の存在、アーレントが幾度も繰り返し強調した「複数性」の概念を容易に発見することが可能である。自らが思う真理について一人書斎で零したとしても意味はなく、おのおのが真理だと思うものを「語り合い」、つまり「他者」との「対話」を通して、初めて真理に近づくことができるということであろう。もちろん、「対話」をすれば、真理に近づくというわけではない。論点が定まらない、または、互いが自分の価値観を押し付け合うだけの「対話」、このようなものは「対話」とは呼べず、単なる「他者」との交わりに過ぎない。つまり、「真理と思われるもの」について「対話」をする場合、そこには一つのルールが必要であり、それは、真理それ自体を「神に委ねる」ことにほかならない。

第二に、レッシングの「神にゆだねよう」という言葉を、アーレントは、絶対的な真理の不在（人間世界における不在）の必要性を読み取ったのではなかろうか。少なくとも、もし絶対的な真理が私たちの前に姿を現したならば、「対話」は「命令」へ、「複数性」は「画一化」へと、定められた真理に従うことしか許されない世界の到来を意味する。そして、神に委ねた真理がその御手から零れ落ち誰かの手のなかに収まったとしたら、すべての社会科学は沈黙を余儀なくされる。たとえば、私たちを優秀なマルクス主義者（とりわけマルクスにこだわる必要性はどこにもないが）の称号を与えるという口実の下、ついついその気になって「資本論にはこのように書いてある」といってしまえば、そこに滑稽な社会科学者を見出すことは容易である。あるいは、もし完全無欠な経済法則Zを認めてしまったら、経済学者は法則Zの伝道師に過ぎなくなってしまう。つまり、神の存在を信じるかどうかはさておき、真理とは、私たちが生きる世界とは異なる次元に存在している、すなわち「神に委ねる」こととしなければ、私たちは自由ではなく、自由がなければ、社会科学の発展など望めるはずもない。つまり、神の御手に真理は隠れていることを前提とすることによって、はじめて自由な「対話」は成立することになる。

第三に、右記二点を簡潔にまとめれば、私たちは、絶対的な真理を棚に上げ、自由のもとで「対話」を通して真理を追究しなければならない、ということになる。もちろん、このようなことであれば、誰もが知る事実であり、「科学者たちは現実に科学的に前進している限り、自らの「真理」が決して最終的なものではなく、生きた探求の中で絶えずラディカルに修正されていくことをよく承知しています」というアーレントの指摘を待つまでもない（アーレント2009a: 56）。しかし、「自分に真理と思われるもの」が、いつもラディカルに修正されていくとは限らない。そもそも「間違っている」とは思いたくないし、自分が「過ちを犯すはずがない」という過信はつきものでもある。この点をより理解するために、今一度、レッシングに立ち戻ろう。江坂哲也は、「神が右手の内に全真理を、そして左手の内に真理への比類のない絶えざる活発な意欲を持ち、――後者には絶えず間違いを犯し続けるということが含まれているのだが――、「どちらか選べ」と、私に言われるならば、私は恐る恐る彼の左手に跪き、こう言うだろう、「父よ、与えたまえ。純粋な真理はただあなただけのものですから」」というレッシングの言葉を引用し、次のような解釈を加える。すなわち、「「真理」は神や天使に属し、「間違いを犯す」人間という部類のものではない」、「「過ちを犯す」部類である人間が「比類のない絶えざる活発な意欲」で「真理」を追求する、これが人間として生きると言うことである」とする（江坂 2018: 55）。江坂のいう「人間」を「社会科学者」に入れ替えたならば、より分かりやすくなるであろう。つまり、左手に跪く社会科学者とは、過ちを犯し続ける存在にほかならないのだ。ただし、その過ちとは、決して神の右手に隠された真理と比べることによって発見されることはない。それゆえ、その過ちとは、アーレントのいう「対話」を通してしか発見されることはない。言い換えれば、「比類のない絶えざる活発な意欲」で「自分に真理と思われるもの」を大いに語り合い、その繰り返しの中で、自らの過ちをラディカルに修正することが重要といえよう。

以上三点は、「左手に跪く」という言葉を利用した理由であり、筆者の研究スタイルである。ただし、日本では、「神」は不在である。それゆえ、アーレントがいうような「神」の存在を前提とした「対話」が繰り広げられることは少ない。「神」の不在の下で、どこまで「対話」が積極的に行われ、社会科学の発展を期待できるのかどうか定かではない。もしかしたら「神」の有無が、欧米諸国と日本の研究者の決定的な違いを形成し、その成果にも影響を与えているかもしれない。それゆえ、ここではあえて岸本美緒に「神」の代わりに登場していただいた。もちろん、岸本の右手には、真理ではなく、あくまでもイリュージョンが隠されているという表現にとどめたが、それでも岸本自身が望むことではないだろうし、その意味でいえば、実に失礼な話でもある。しかし、岸本の挑発的な発言の真意が、「対話」の活性化であるとするならば、本書でイリュージョンを描く一時だけに限り、その場に座っていただくことにした。

（7） 堀口正は、「国家と社会、特に農村社会の自律性と秩序の維持が何によって規定されているのかは、政治学、社会学、経済学の領域において、未だに解決されていない重要な課題である」とした上で、「村松や柏らの研究成果をうつしかがみ」とし、研究を進める必要性を述べている（堀口 2020: 93）。このような政治、経済、社会、経営などの研究領域を飛び超えた議論が、今後、積極的に展開され、「包」研究の深化が進むことを期待したい。

序章

（1）柏祐賢は一九〇七年（明治四十年）富山県の農村（実家は地主）に生まれる。一九三三年京都大学農学部卒業。その後、農林省、京都大学助教授を経て、一九四七年に京都大学教授。一九七一年京都大学定年退官。同年、京都産業大学経済学部教授。一九七八年から京都産業大学学長。二〇〇七年死去（略歴および著作目録の詳細は『柏祐賢著作集』第二五巻に詳しい）。なお、本書では、『柏祐賢著作集』全25巻（京都産業大学出版会、一九八五～九〇年）を利用している。

（2）「中国経済秩序個性論」は、『柏祐賢著作集』の第三～五巻に収録されている。

（3）加藤弘之（一九五五～二〇一六、愛知県出身）。一九七九年三月大阪外国語大学卒業。一九八一年三月神戸大学大学院経済学研究科博士前期課程修了、一九八二年三月神戸大学大学院経済学研究科博士後期課程退学。一九八二年四月大阪外国語大学助手、一九八五年四月神戸大学経済学部専任講師、一九九六年四月同助教授、一九九七年四月同教授。二〇〇六年四月～二〇〇七年三月外務事務官（在中国大使館公使）、アジア政経学会理事長（二〇〇七～二〇〇九年）などを歴任。

（4）加藤による「包」の研究としては、主に、加藤（2010, 2013, 2014, 2016）がある。

（5）この「生意」の真意には諸説あるが、一般的には、商売をするときの心がけとして、「商売の相手は、何年も同じ人と商売をするのではなく、いつも新鮮な相手と商売をすることが望ましい」という一つの教訓が背後に隠れている。まさに関係が熟す前に手を切り、生《ナマ》の状態で、新しい人間関係を絶えず構築することが、商売で成功するためには最善であるという教えでもある。このような発想を日本人が理解することは難しいのだが、筆者が「生意人」を使用する真意は、この解釈に影響を受けている。また、本書で使用する「擬態」という概念、さらには「包の経済組織」の構成員である「生意人」がシャッフルすること、さらに、「包の経済組織」がビルド&スクラップするという点も、「生意」の解釈によるところが大きい。

（6）本書では、既存の「生意人」という用語を利用するが、その理由は、「生意人」を構成する漢字に隠されている。筆者は、「生意人」に含まれる「生」と「人」を取り出し、それを結びつけた「生人」という用語を重視している。「生人」とは、日本語に訳せば「見知らぬ人」という意味である。第一章以降で詳細に論じるが、「生意人」と「生意人」が「包」の組織構造に基づき経済活動を営むということは、「見知らぬ人」と「見知らぬ人」とによるものであることが前提となる。そして、「生人」の反意語は「熟人」であり、経済活動を通じて「見知らぬ人」から「よく知った人」へと変化するときが、その経済活動の終焉を告げることになる。

（7）「包」という用語は中国語であるが、現在の中国では「承包」と表現されることが多い。そもそも日本の研究者の間では、「承包」という概念を「包」という言葉で語ってきた長い歴史がある。少なくとも「包」という言葉が定着した背景は、革命以前、柏祐賢が『経済秩序個性論』のなかで「包」（＝包的倫理規律）という言葉を利用したことが、一つの契機であったといえる。そして、改革開放後の日本の中国研究においても、柏の「包」論を継承した加藤弘之および筆者も、「包」という言葉をそのまま使用している。しかし、「家庭聯産承包責任制」に含まれる「承包」と「包」とを同一視できるのかどうか、定まった見解が存在しているわけではない。また、日本語訳に関していえば、筆者は、「承包」を「請負」とすることに疑問を抱き、より適切な表現が必要であると考えているが、今のところまだ適訳を発見できているわけではない。ただし、これまで、筆者の知る限り、「請負」という訳に異議を申し立て、別の言葉で語った人物が一人いる。それは、革命前からの中国社会に精通した内山完造その人にほかならず、彼が提示した言葉とは「区切り」である。この「区切り」の意味は、人と人、家と家、国と国などの間に明確な境界線を定め、あるいは土塁を堆《うずだか》くもって壁を作り、区切られた空間を作り出すことが「包」の本質であるという解釈である。一見すれば、この言葉は一体どのような意味を含むものなのか理解しづらいのだが、本書の第一章で詳細に紹介するが、「包」の本質を言い当てた言葉にほかならない。しかし、「区切り」とは、実に分かりづらい表現であるとともに、この言葉で、「包」が内包する特徴のすべてを語り切ることはできないというのが、筆者の見解である。そのため、本書では「包」をそのまま使用する。

（8）日本におけるハイエク研究としては、森田雅憲（2003, 2009, 2015）、山中優（2007）、山崎弘之（2007）、嶋津格（1993）、中川淳平（2005）、吉野裕介（2005, 2014）、土井崇弘（2010）、中澤信彦（2015）などがあるが、ここでは、哲学者である仲正昌樹による「自生的秩序」の定義に従い補足説明をしたい。仲正は、「長い年月をかけて進行してきた「ルール」進化の帰結として生まれてきた秩序である。言い換えれば、伝統や慣習の中で、うまく機能するものであることが実証されたルールから成る秩序である」と定義する（仲正2011: 227）。つまり、ハイエクは、非人格的な「秩序」として「伝統や慣習の中でうまく機能するもの」を想定するのだが、この考え方の背後には、人間が合理的、理性的であるから、経済活動の秩序が成立しているわけではない、というハイエクの核心が潜む。さらに、自らが合理的、理性的であると信じる人びとによって設計された経済秩序、あるいはそのような人びとによって、人間の個性や目的を合理的、理性的に書き換えようとする方法に傲慢さを感じ取り、この傲慢を前にして人びとは自由ではいられないという認識を示す。言い換えれば、ハイエクの目的とは、人間が、「他者から強制されることなく――目的追求することができる自由」（仲正 2011: 158）を実現できる秩序を明らかにすること、そして、その一つの到達点が「自生的秩序」であったといえよう。仲正は、ハイエクを社会哲学者とした上で、彼の一貫した課題を、「〝必ずしも合理的ではなく、自分自身を常に制御することができるわけでない個人〟、〝あまり強くない個人〟が自由に生きることを可能にする「大きな社会」のメカニズムを明らかにし、それを守っていくこと」（仲正 2011: 227）であるとする。ここでいう「大きな社会」とは、「単に人口規模が大きいだけでなく、異なった目的、価値を追求する人々が生きる「開かれた社会」」（仲正 2011: 139）を指すとともに、その下で、人間同士が、「互恵的な関係を築き、自分だけでは達成できない利益」（仲正 2011: 227）を得ることができるような社会が想定されている。

（9） 高橋五郎は、日本における中国研究について、「研究対象の分析を通して、そこに生きる人への視点が弱い」とした上で、「誰を主語とする研究であるかという認識は、人間科学にとって不可欠なことである。／ここに、批判的視点の有無の根拠がある」（高橋 2018: 10）と指摘する。人間へのまなざしが欠落し、主語が明確でなければ、批判点あるいは論点は必然的に曖昧となり、研究そのものの意義が問われかねないということであろう。

なお、人間と「秩序」の視点から中国経済の実態に迫った研究者として、柏祐賢、村松祐次、原洋之介を挙げることができる。柏については、第一章で詳細に論じるため、ここでは、村松祐次、原洋之介の二人について所為迂回する。

村松祐次は、中国経済・社会を解明するための重要な視点を次のようにまとめる。「中国経済全体を競技に例えれば」、経済事象とはスコアであり、「個々の経済主体を制約する社会的な規範は、中国経済に特有な「競技規則」だとも見られよう」（村松 1949: 19）。

開発経済学者の原洋之介は、「制度・経済システムのなかに埋め込まれているインセンティブ構造をみきわめる以外に、多様な地域・国の異なる経済パフォーマンスを説明する方法はない」（原 2005: 189）という視点を提示し、その上で、改革開放以降の経済活性化を支えているのは、「「市場経済への移行」と性格づけるよりは、「伝統的市場の復興、ないしそれへの回帰」であるとしか性格づけることができないのではなかろうか」（原 2005: 136）と自問にも似た問いを投げかける。そして、中国の経済システム・制度の面からみると、経済成長は、「伝統的な市場経済の復興であったといって、決して間違いではないであろう。

中国社会のもつ構造特性は、多様な縁によって作られる股分シェアリング型ネットワークであるが、経済改革・開放政策採用以降の中国経済の活性化は、まさにこの構造特性によって引き起こされたものであったといえる」と断言する（原2000: 136–137）。

このように村松の「ルール」、原の「伝統的な市場経済」（より具体的にいえば股分シェアリング型ネットワーク）とは、「秩序」とともに研究対象として人間そのものに焦点を当てている点でも共通している。村松は「個々の経済主体」、原は「インセンティブ構造」という言葉のなかに、人間の存在を明確に捉えることができる。しかし、彼らの論点に違和感を覚えることも事実である。「人」と「秩序」の捉え方のなかに、人間の強烈な個性を感じ取ることができないからである。むしろ「秩序」に従う人間の姿、「秩序」から人間を眺めた一方通行的な視点のように映る。また、原の「インセンティブ」という言葉には、刺激がなければ人間は動けないような、どこか受け身な姿が浮かび上がる。それゆえ、本書では、秩序を習性化した人間としての「生意人」を創造した。その理由は、人間とは、秩序に従い、支配される存在ではなく、能動的な存在として捉えるためである。

（10）この言葉は、日本福祉大学の元同僚であり、生江明の言葉からの引用である。生江は、発展途上国の調査団として活躍した経験から、海外調査の問題点を次のように鋭く指摘する。「ぼくがいろんな国の調査をやっているときに」「日本の研究者や調査をやっている人たちのやり方に、ある共通項があることに気が付いた」。それは、「私は、AとBとCとDの項目について、情報を知りたい。Aは何パーセント、Bは何パーセント、Cは何パーセントと集める」。「大きな土の塊のなかに、A、B、C、Dというシャベルというか、磁石のようなものをすっと入れて、それだけを取り出す。で、Aは何パーセント、Bは何パーセント、Cは何パーセント、がこの社会です。で、嘘じゃないんだけど、その他の要素はすべて無視する。つまり自分の知りたい要素だけ取り出して数字化するともっともらしく見えるだけ。「それがどうしたの?」「それでこの社会分かったの?」日本と比較した時はわかる。だけど、それが、相手の国を分かったことになるか、と言えば、「全然わかってない」。つまり、自分の欲しいものを最初に決めて、それだけ、引っこ抜くっていう調査があまりにも多くて……」（生江・川村・原田2018: 164）。なお、この鼎談だけではなく、生江とは、スターリング大学（スコットランド）で開催された「日英セミナー」における「The Bao Theory as the Safety Net for you the Socially Vulnerable Multitudes in China」を発表（二〇一〇年）、汪希望（2012）の監修などをともに行った。このほか、論文へのアドバイスをはじめ公私にわたり研究を支えていただいている。

（11）「人間らしい生活」という言葉は、一九五二年に全日本自動車産業労働組合が打ちだした賃金三原則の第一原則からの引用である。すなわち、「たとえ技能が低くとも、どんな企業でどんな仕事をしていても職場で働いている限り、人間らしい生活をして、家族を養い労働を続けうるだけの賃金を、実働七時間の中で確保する」（小熊2019: 391）。また、小熊は、「日本の労働者にとっての「戦後民主主義」は、全員を「社員」、すなわち大卒幹部職員と同等に待遇せよという要求として現れたといえる」と戦後の労働組合運動を総括するが（小熊2019: 363）、このような小熊の解釈に従えば、「人間らしい生活」を求める運動の一つのゴールは明確に示されるとともに、労働者が理解した「民主主義」が如実に露わになるといえる。

(12) ハイエクの視点から中国経済を語ろうとする日本の中国研究者は、筆者が知る限り皆無である。ただし、梶谷懐は、「「社会主義」であることを標榜している中国の政治経済体制に対して、社会主義を生涯にわたり厳しく批判し続けたハイエクが、より開かれた望ましい社会のあり方としてたどり着いた「自生的秩序」概念を適用することには異論もあるだろう」と断りをいれた上で、「ハイエクの描く「自生的秩序」は、もともと特定の誰かが青写真を描いたわけではない「意図せざる秩序」という側面を持つ」とし、「現代中国の市場秩序形成のプロセスも、さまざまなアクターによる利潤獲得のインセンティブと、そのための「局所的な情報」の獲得と利用のプロセスに支えられているという点で、「意図せざる市場秩序」としての性質を多分に持っている。その意味では「自生的秩序」の一種として捉えることは決して的外れではないと考える」と述べている（梶谷2018: 221）。

(13) とりわけ大学で学んだことが評価対象にならないのは、厨房で働く女性だけの問題ではなく、日本社会全体の傾向でもあろう。たとえば、小熊英二は、次のように語る。「日本企業が重視するのは、大学や大学院で何を学んだかよりも、どんな職務に配置しても適応できる潜在能力である。その能力は、偏差値の高い大学の入学試験を突破したことで測られる。他国にもこうした潜在能力を評価する傾向はあるが、日本はその広がりが大きい。／逆にいえば、日本で大学入試のランキングが重視されるのは、企業や官庁が、修士号や博士号を重視していないからである。「博士号・修士号・学士号」という序列が機能していないから、「A大卒・B大卒・C大卒」という序列が重視される、と考えればわかりやすいだろうか」（小熊2019: 124–125）。また、経団連が毎年実施しているアンケート調査に基づく、「企業が求める人材」をみると（二〇一八年度 新卒採用に関するアンケート調査結果）、「コミュニケーション能力」が第一位（一六年連続）、「主体性」が第二位（十年連続）となった。「チャレンジ精神」は、前年に比べて二・八ポイント低下したものの、三年連続で第三位となっている。大学で学んだことが、何一つ評価対象になっていないことはいうまでもなかろう（https://www.keidanren.or.jp/policy/2018/110.pdf）。

(14) やりがいという言葉は（生きがいと表現されることもある）、実に感情的な表現であり、誰もが納得できる基準を備えているわけではない。しかし、日本社会にはどういうわけか、近年、このような一般原理を受け入れることができない言葉が氾濫している。しかし、筆者は、このような雲を掴むような言葉（たとえば「ありがとう」という感謝の言葉も溢れかえっている事実も含め）とは、本書のテーマである自由を覆い隠すために生まれてきた言葉ではないかと疑ってもいる。

(15)「人づくり」という言葉は、傲慢以外何ものでもないが、その源泉は「豊田綱領」（豊田佐吉の考え方を、豊田利三郎、豊田喜一郎が中心となって整理し成文化され、トヨタグループ各社に受け継がれ、全従業員の行動指針としての役割を果たしているといわれている。一九三五年）に求めることができるだろう。以下が綱領の内容であるが、この綱領を目標とした「人づくり」が、トヨタに限らず、教育現場を巻き込みながら展開していったといえよう。

一、上下一致、至誠業務に服し、産業報国の実を拳ぐべし
一、研究と創造に心を致し、常に時流に先んずべし
一、華美を戒め、質実剛健たるべし
一、温情友愛の精神を発揮し、家庭的美風を作興すべし
一、神仏を尊崇し、報恩感謝の生活を為すべし

また、トヨタ研究で知られる猿田正機は、トヨタの「人づくり」を次のようにまとめている。

トヨタの「意欲あるトヨタマンの育成の体系」は、現場教育を柱にフォーマル教育と「インフォーマル活動」がそれを支える構造になっている。トヨタの「能力開発の基本的なねらい」は、①「考える人間」づくり、②「根性と実行力のある人間」づくり、③「企業人意識」の醸成、の三つである。いわゆる「トヨタウェイ」を身につけた従順な「トヨタマンづくり」が目ざされており、そのために小規模活動（QCサークル）や創意工夫提案制度、さらには自主研究会（昇進時の教育訓練、トヨタ生産方式研究会など）や人間関係諸活動（トヨタクラブ、P・T活動、社内団体、学歴別、出身地別、役職別の団体など）、寮自治会などを使い、網の目の企業内人間関係の構築が図られてきた。労働組合は「人づくり」に果たす役割としては、労使一体的な労使関係の下での「トヨタマンづくり」への協力がある。たとえば、会社や上司が言うとおりに働けば、企業は発展するし労働者の「生活の安定・向上と自己努力の成長」にとってもbestだ、というイデオロギー宣伝などがある。入社以来、トヨタの社員寮、結婚して社宅へ入居し、トヨタ住宅などから人生の目標とする持ち家の購入というライフスタイルを経る多くのトヨタマンにとって、トヨタが作り上げてきた人間関係の網の目から脱出することは、意識的にも、物理的にも容易なことではない。（猿田 2019: 14）

この猿田による「人づくり」の解説は、「豊田綱領」のすべてを網羅しているわけではないが、綱領の背後に潜む「閉塞感」がより具体的に語られているといえよう。

(16) 愛知県の「管理教育」とトヨタ生産方式との密接な関係については、猿田(1995)を参照。なお、筆者による愛知県の管理教育に対する批判は、生江・川村・原田(2018)で詳しく述べているが、ここでは、一つのコラムを紹介しておく。このコラムは、日本児童教育振興財団内日本青少年研究所研究員胡霞編著『国際比較からみた日本の高校生――八〇年代からの変遷』(監修千石保、日本児童教育振興財団、二〇一四年)に掲載された高校生に対するアンケート調査結果を受けてしたためたものである。調査結果では、〝先生はどんな人〟という質問の回答をみると、「尊敬できる人」と回答したのは一一・五%、「なんでも打ち明けられる人」に至っては二・三%しかいない。逆に、「表面的に付き合う人」は六二・六%、「抵抗したくなる人」は三四・四%とその割合は高い。このような事実から判断すれば、日本の高校生の大半は、教壇に立つ高校教師を尊敬することはなく、表層的で、むしろ敵対し合うような存在と受け止めている。教師からみればなんとも惨めな結果ではあるが、管理教育の下で、多くの時間を過ごした者からみれば、信頼関係の喪失は至極当然の結果である。

《コラム 快感がこの身を包み込む》

新緑の頃、私は、日曜日でもあるにもかかわらず電車に揺られ高校に向かった。その日、午前十時からわが校のグランドでサッカーの練習試合が組まれていた。学校に着くと対戦相手の高校はすでに到着し、グランドの片隅で着替えを始めていた。一年生の私に、試合に出るチャンスはなく、球拾い程度の役割が与えられているに過ぎなかった。せっかくの休みを雑用で過ごすことは決して愉快ではなかったが、その日に限れば、一つ楽しみがあった。それは、対戦校に、中学時代、同じボールを追いかけたチームメイトがいたからである。私は、荷物を部室に置くと、急いで友人を探した。彼はすぐに見つかった。そして、小走りで近づいていくと、彼も輪の中から一人抜け出してきた。「久しぶり」というと、「ああ」と連れない返事が返ってきた。「試合出るの?」と聞くと、「出ない」と乾いた答えが返ってきた。なんだか妙につれない。「それじゃ、同じだね。試合終わったら一緒に帰ろうよ」と誘うと、彼の顔はこわばり「これ以上は、話せない」という。「どうした?」と聞くよりも早く、「うちの高校は、他校の生徒と話すことを禁じているんだ。もし、見つかったら、あとで怒られる。今こうして話していることも顧問に見つかったら怒られるんだ」というと、逃げるように輪の中に戻っていった。「どうして?」「冗談だろう?」という私の声に決して振り向くことはなかった。しばらくして、友人が通う高校に、そのような校則が本当に存在していることを知った。もちろん、友人の高校だけではなかった。当時（一九七〇年代後半）、愛知県下の多くの高校（とくに新設校を中心に）では、理不尽な校則が存在し、管理教育が実施されていることも知った。私は、たまたま通っていた高校が伝統校で管理教育から逃れることができた。しかし、友人の震える唇、怯えた瞳、オドオドと輪のなかに隠れていったその後姿を決して忘れることはない。何の権利があって、私たちの友情を割くことができるのか。たとえ高校時代に限定されたものであったとしても許されることではあるまい。ましてやそれが教育という名のもとに行われたことに怒りすら覚える。それゆえ、教員を尊敬している割合がわずか一割程度であるという事実は、管理教育が常態化した現在、それは極めて当然の帰結である。と同時に、この数値を前にすれば、自然と快感がこの身を包み込んでくるのだ。もちろん、それが管理教育のもとで傷ついた心を癒すことはないし、自死した若者を蘇らせることはできない。しかし、この快感が未来を切り開く一つの原動力にはなりえる。未来を担う若者のために、この惨めな数値が、大きな一歩に反転することを願いたい。（生江・川村・原田 2018: 138）

(17) 愛知県における高校進学率は、二〇一九年度において九八・五%と過去最高を記録しているが、全国では四一位である（全国平均は九八・八%）。逆に、中卒者の就職率は、〇・三%で全国七位である（全国平均は〇・二%）。

(18) もちろん、教師たちの前で、従順さを装いながら上手く立ち回り、自らの目的を達成できると信じている生徒は少なくない。筆者も、中学三年生の時、修学旅行を前にして、担任の教師に呼び出され、次のような注意を受けた。「あなたは、修学旅行で問題を起こすかもしれないブラックリストに入っています。旅行中は、行動・発言には十分気を付けるように」。高校受験を控え、もし目立ったことをすれば、内申書に影響することは間違いないと悟り、旅行中だけでなく、その後の学校生活は、できる限り従順であることに努めた。健気な態度が気に入られたのだろう。内申点は急カーブを描き、希望する高校へ進学を果たすことができた。無論、かなり真面目に勉学に励んだのだが、やはり教師たちに気に入られるかどうかが大きな決め手であったし、逆に、「お気に入り」から除外された同級生は、希望する高校への進学を果たせず、涙を流すケースは少なくなかった。少し頭を働かせれば、教師をコントロールすることは決して難しいことではない。その上、彼らが求めるものは、それほど無理難題ではない。いつも笑顔であいさつし、犬のように尻尾を振りつづければよいだけだ。しかし、従順さを装うことは、あたかも恫喝や暴力に抗っているような気にもさせるが、実際は、それらに屈した以外の何ものでもない。むしろその後の人生で大きな後遺症として現われてくる。少なくとも従順さを演じ続けていると、自らの存在価値は浮遊し、足場を失った感は否めない。筆者は、幸いにも精神疾患を患うことはなかったが、従順さを装い続け、他者からみれば成功者と認められるような人生を送っていた同級生たちのなかには、「演じることに疲れ果てた」といい、精神科に通い薬が不可欠な生活を送る者や自死した者も少なくない。

(19) 二五セント硬貨には、このほかに「戦争は平和なり」というスローガンが刻まれてもいる。

(20) ルネ・クレール(一八九八〜一九八一)はフランスの映画監督。代表作に『パリの屋根の下』(一九三〇年)、『巴里祭』(一九三三年)などがある。

(21) チャールズ・チャップリン(一八八九〜一九七七)は、二十世紀を代表するイギリス出身の映画監督であるが、俳優、コメディアン、脚本家、映画プロデューサー、作曲家などその才能は多岐にわたる。ただし、『モダン・タイムス』以降の作品(なかでも『独裁者』一九四〇年)が、「容共的である」という理由から、アメリカ全土で「赤狩り」の嵐が吹き荒れるなか、非難の的となり、国外追放処分となる(一九五二年)。再びアメリカの地を踏むのは二十年後の一九七二年、アカデミー賞名誉賞を受賞するためのものであった。

(22) ポーレット・ゴダード(一九一〇〜一九九〇)はアメリカ出身の女優。一九三六〜一九四二年までチャップリンと生活を共にする。チャップリン作品には『モダン・タイムス』のほか、『独裁者』にも出演している。

(23) もちろん、映画が製作された一九三〇年代とは、まさに世界的な不況の嵐が吹き荒れ、誰もが「人間らしい生活」を望んでいたことは事実である。日本においても小津安二郎が『大学は出たけれど』(一九二九年)を発表するが、このタイトルに続くのは、「人間らしい労働」ではなく、大学は出たけれど、どうして「人間らしい生活」を送れないのだ、という言葉を続けた方がより世相を反映していたといえよう。

第一章

(1) このような枠組みから経済学を捉えることは、周知のように、経済学の主流ではない。少なくともアダム・スミスから始まる古典派経済学、いわゆる近代以降において社会から離脱し、それ自体で運動するものと規定された経済学とは全く異なる。実際、この主流派と呼ぶべき経済学において、倫理観が語られることはないが、それは、人間を「効用」という概念に還元しているためである。そして、この「効用」という概念の発見は、経済学における歴史的な転換点を準備し、その後の主流派経済学の飛躍的な発展を約束するものであったといえよう。さらに、「効用」の数値化を通して、複雑な計算式などを用いて経済の動向を可視化することにも成功している。しかし、主流派経済学による可視化できるものは、あくまでも経済の「運動」でしかない。もちろん、世界全体の経済の動き、それぞれの地域や国の経済の動きは可視化され、時系列での比較、または地域間や国家間の比較を可能とするが、経済の秩序に形を与えることはできない。

（2） アリストテレスの「徳」を巡る思考は、現代の経済倫理学に過大な影響を与え続けている。たとえば、経済倫理学者である塩野谷祐一は、「アリストテレスの中に多元的な経済世界像の存在可能性を確認」し、「共同体的経済思想の優位を承認すると同時に、さらにそれを経済概念の原型における普遍的構成要素として位置づける」（塩野谷2009: 384）として、自らの原点を示す。その上で、塩野谷は、アリストテレスの経済概念のなかに、「社会的に埋め込まれた経済」を再確認し、経済の存在すべき場所からの再構築を目指した。なかでも、アリストテレスが「制度」として経済を孤立的に問題にしなかったように、塩野谷も「経済・政治・倫理」の「三者が共同体社会の不可分の領域を構成」していると捉える。そして、塩野谷は、「経済・政治・倫理」を一体とみる制度的枠組みは、現代の「資本主義、民主主義、社会保障（公共政策）」という「社会統合化パターン」の出発点とし、新古典派経済学の代替案としての「福祉国家」論を展開する。また、塩野谷は、「経済・政治・倫理」を一体とみなす「制度」と社会を規制する規範的価値の「理念」との関係を人びとの「習性」という概念で捉え、「習性」は「制度」を形成すると同時に、逆に「制度」は「習性」を育成すると理解する。そして、「習性」はアリストテレスの倫理学の主題である人間の「人柄・性格」と同じものであり、「習性」が「制度」を特徴づけるほどに安定的であるとき、経済学、政治学、倫理学の総体としての実践の学は、それにふさわしい確固とした基礎を持つことになると解釈する。すなわち、塩野谷は、徳（卓越）を実現した人間によって正義が達成される制度がつくられ、その制度のなかで人間の徳（卓越）の「習性」が養成される社会を導こうとしたといえる。このような塩野谷の議論は、福祉国家のあるべき姿を考察する上で多くの示唆に富むものであるが、その論理展開のなかで、主語と目的語の転換が見過ごされ、エリート主義、設計主義的発想を色濃く反映するものである。

（3） 片山善博は、ヘーゲルのベルリン大学時代の講義録から「傾向性、衝動、欲求等々の全体が幸福（福祉）である。自らの傾向性などを満足させること、そもそも自分の幸福（福祉）に配慮されることは許される。このことはまた必然的であるし許されるだけでなく義務でもある」（ヘーゲル2000: 240）を引用し、ヘーゲルによる「欲望」と「人間の義務」についての議論を展開する。そして、ヘーゲルがそのような見解を導き出した根拠を次のように説明する。一つは、自己は他者との関係において成り立つし、自己の行動は他者の行動と密接不可分の関係にあるという人間を関係性と捉えるヘーゲルの理論、もう一つは、アダ

注

ム・スミスの『道徳感情論』や『国富論』に示されている共感・同感を本性とする人間像を根拠としているとする（片山2021: 68）。

（4）大野英二郎は、宣教師、商人などの記録を丹念に読み解き、また、ニーダムの「『停滞』という言葉は中国には全く当てはまらなかった。それは純粋に西洋の側の誤解であった」（大野2011: 693）という考え方を引き継ぎながら、中国の停滞論を次のように結論づけている。「中国の停滞という観念がヨーロッパの世界観の中に生じ、定着し、継承されてきた経緯はいまや明らかであろう。中国の停滞とは、まずキリスト教宣教活動の正当性を説明するために着目され、やがてヨーロッパ文明が自らの変化を進歩として捉えたときに、その世界観を担保するために必要とされた概念であった。〈中略〉前者の変化が後者には見られなかったことが、中国は変化せず、停滞しているとの神話を作り上げたのである」（大野2011: 694）。

（5）こうした柏の非科学的とでもいうべき側面から翻って、加藤弘之は「中国イコール停滞とする当時の通説的理解の制約から、柏自身が自由ではなかった」（加藤2010: 40）と柏の限界性を示す。そして、このことは、「包」＝停滞論という柏の呪縛からの解放を意味するとともに、加藤は発展論を展開することになる。

（6）佐藤長は柏史観を「未来社会への展望という一般歴史家の殆んど触れない問題にまで積極的に予想し、社会科学者としての優れた歴史観を示された」と高く評価しつつも、「西ヨーロッパ発展の歴史把握の理論であり、世界史把握の理論までに至っていないところに問題が残っているのではないだろうか」と疑問を呈している（佐藤1988: 47）。すなわち「インドや中国における生産力の発展はどのような系譜を持っていたか」、またはこの史観のなかで、中国については「個性の強調にとどまっているだけで、ヨーロッパとは異なった高度の生産力をもつ歴史社会としての把握までは進んでいない」（佐藤1988: 46）という指摘には同調せざるを得ない。

（7）柏が中国研究から離れた理由は主に次の二点が指摘できる。第一に、『経済秩序個性論』が発行された翌年、中国では革命が成立し、「中国革命の成立＝新しい社会の誕生および発展」という図式のなかに「停滞論」は埋没することになった。また、中国革命の成立とは、マルクス学派の勝利にほかならず、柏が描き出した中国経済の個性は、マルクス的ではないという理由で、歴史のなかに葬り去られることになる。つまり、中華人民共和国の成立は、柏から中国という研究空間を奪い去ったといえよう。第二に、柏自らが、中国との関係を断ち切った点も指摘できる。柏は、革命後の中国社会をマルクス主義という一つの教義、すなわち機能的主体的秩序だけが支配する社会とみなし、倫理的主体的秩序の体現者としての「包」の担い手は消滅せざるを得ないとみていた可能性を否定することはできない。言い換えれば、革命後の中国社会は、共産党によって作られ、人びとが主体的に作り上げていくことはできなくなったと柏の目に映ったのではないだろうか。柏の研究を俯瞰すれば明らかなように、人間の主体性を感知できない社会に彼が魅力を感じることができなくなったとしても何ら不思議ではない。

（8）「職分社会的共同体」とは、生産力主体と利用厚生主体とが「職分」（オーディネーション）を媒介として組織的に統一されるようになる段階である。そして人びとが「職分」を果たすことによって社会的分配を得て、利用厚生を享受することができるような経済秩序の到来が予測されている。つまりこの時代では、人びとがそれぞれの「分」に応じながら社会的義務を果たさなければならないといった「職分」によって内面的に規制されながら、アクイジションとコモンウィールを実現していくという社会が描かれている。

（9）この「権利即義務」を中心に据えた柏の労働観は、戦後日本農業が歩んだ「農地改革」と密接な関係性があり、柏はこの「農地改革」に「職分社会的共同体」の萌芽的な側面とその未来像を重ね合わせている。たとえば柏は「農地改革は、不在地主の所有地は、すべてこれを否定した。在村不耕作地主の保有し得る土地は、平均一ヘクタール（北海道においては四ヘクタール）までとした。したがって原則として、自ら耕作する土地だけを、自ら所有し得ることとしたのであった。こうして農地所有権は、その土地の耕作と密接に結びつくことになり、権利それ自体として独り歩きする土地所有権は、否定されてしまったのである。そして権利即義務という意味での土地所有権が、成立してくることになったのである」（柏 1986c: 290）と語り、こうした事態（すなわち権利即義務が現実の秩序の中で起きている）は未来的職分社会への大きな前進であり、このような社会的秩序は社会的職分社会にほかならないとしている。そして柏は権利即義務を中心に据えた労働観をこれまでとは全く異なった新たな意味を持つものであるとしている。つまり不在地主に代表されるような「寄生的性格」を暗に否定する労働観であるともいえる。ただし、柏の「職分社会的共同体」に対して息苦しさを感じるというのが率直な見解である。その理由は、いうまでもなく、柏史観には自由の概念が欠落しているからである。なかでも、柏は、「職分社会的共同体」では、「職能を分掌する以上、それを果たすか果たさないかは、もはや個々の者の自由ではあり得なく、明らかに社会的義務である。生きるために分掌せざるを得ない社会的職分は、権利であると同時に義務である」（柏 1986c: 288）とし、人びとが労働に収斂されていく必要性が強く説かれている。しかしそこには労働からの逸脱は許されないという不自由さがあり、たとえ皆で労働し、その先に皆で自由を享受することが想定されていたとしても、相互監視システムの結果生まれるような自由を共有することはできない。

(10) 辻村公一によれば、柏の多くの著作には、「強く」という言葉がしばしば見出されるとし、「極めて性格的な言葉で」、柏の「内面的強さの表白であろうと感じられた」（辻村1988: 16）としている。また、「史観をめぐる四十年」では、地主の家に生まれ、戦後の農地改革によって三町からなる土地を柏の代で手放すことになったことにふれ、「先生のことですから、そういう持っていた土地を手放さなきゃならん、そのこと自体、そりゃもう、腹が立って腹が立ってしょうがない、というようなことでしょうがね」という寺田由永の問いに、柏は「腹が立った」と素直に認め、「それはもう歴史的必然性だとなれば、放さざるを得んわけよ。となれば、その論理を自分でつけておかないと、いかんわけよ。自分で自分に納得させる論理をつくらなきゃならないわけよ」（柏1990: 318）と答えている。こうした柏の言葉には、アクの強い個性的な人物としての柏を捉えることができるが、それ以上に、地主の息子として生まれ、本来であれば、寄生的生活が約束されていたにもかかわらず、それを奪われてしまったのちに、地主ではない生き方、あるいは地主では持ちえない労働観とは何かを考えずにはいられなかったといえる。そして、最終的に辿り着いたのが、「権利即義務」という発想であったといえよう。

(11) たとえば、ポランニーの論文や講演原稿などを収集した『経済と自由』の翻訳者の一人である福田邦夫は、『経済と自由』の解説で市場導入によって農民工を取り巻く環境を次のように述べる。「先進工業諸国の生産工程を忠実に受け入れて華々しい経済成長を記録し続けている第三世界では、急激に進行する脱農村化の波に洗われて行き場を失った人びとの群れが、中国の農民工に象徴されるように資本の餌食にされ、悲惨極まりない地獄のような世界にたたき落されている」（ポランニー 2015: 538）。

(12) 人間から「労働」へ、さらに「生意人」への擬態化とは、あくまでも経済学の視点から捉えたものである。中国の社会や政治に目を向ければ、人間にはさまざまな別称が与えられてもいる。すなわち、生活、趣味、信仰、政治団体など経済活動以外の多様なコミュニティ内部で、リーダー、世話役、後見人など、その名称は無数に存在している。そのような多様な名称は、社会的・政治的地位が、社会的階層の移動を助け、いわゆる社会関係資本や経済活動に影響を及ぼし、あるいは労働における困窮状態を救うセーフティ・ネットの役割を果たすものであると推測される。中国の社会・政治構造を考察する上でも、このような人間に付与されている別称からの研究は重要な視点ではないかと思われる。

(13) ポランニーの「社会に埋め込まれた経済」という視点に関しては、今なお、繰り返し議論される論点でもある。たとえば、『日中社会学研究』第27号（二〇二〇年二月）における中村則弘と中村圭による論争もその一つである。両者の論争とは、中村圭著『なぜ中国企業は人材の流出をプラスに変えられるのか』に対する中村則弘による書評（中村則弘2020: 76–79）、その書評への中村圭自身による反論（中村圭2020: 80–83）を指す。もちろん、論争の論点は、多岐にわたるものであるが、筆者が、注目する点は、ポランニーの「社会に埋め込まれた経済」と「包」とに関するそれぞれの見解である。中村圭は、その著において、ポランニーの「社会に埋め込まれた経済」という概念を一つの導き手として、「経済活動とはその社会に深く埋め込まれたものであり、人々の無意識のうちに刷り込まれている行動様式と密接な関係がある」（中村圭2019: 2）という見解に立ち、国有企業における「包」的な経営システムを明らかにする。そして、「「包」が重層的に組み込まれた社会経済システムは、中国でおこっている現象を説明するための有用な概念なのだ」（中村圭2019: 194）であるとし、国有企業の経営システムに限定することなく、広く中国の社会経済を読み解く上で、社会に埋め込まれた一つの経済秩序としての「包」は不可欠な要素であると位置づける。この中村圭の見解に対して、中村則弘は、ポランニーの「読み間違い」、さらに、「社会に埋め込まれた経済」と「包」の具体的な論述展開がないとした上で、「現代中国が、いわゆる前近代の状態にあるはずがない。市場経済を軸とする近代世界システムに包摂されていることは自明であろう。毛沢東路線こそ反システム運動として「埋め戻そう」という一面をもっていた。経済改革こそが、その崩壊を意味するものだったのである」（中村則弘2020: 77–78）と批判する。いうまでもなく、筆者は、中村圭と同じ見解に立つ。中村則弘がいう毛沢東路線とは、社会主義思想によって人間を社会から離脱させる行為そのものであり、思想が主語となり人間の道具化によって多大な悲劇の源泉であったと理解している。無論、中村則弘の中国社会の底辺で暮らす人びとへの眼差し、市井の人びとの躍動性に対する評価は共感できる点は少なくない。しかし、市井で暮らす人びとが、自らの生活向上のために、あるいは自らの人生を善きものとするために、毛沢東路線、さらには社会主義路線を支持するような社会的な雰囲気を決して感じることはできない。

(14) ポランニーによる実際の社会主義批判、なかでも「協同組合の問題を等閑」にしたという批判は正当性を持つ。ただし、近年進む『マルクス・エンゲルス全集』の刊行によって、これまで知られることがなかった新たなマルクスが問われるようになっているが、なかでも斎藤幸平（斎藤2020）によって紹介されているマルクスのコモンズ論、協同組合論は、ポランニーの協同組合論と比較しながらも、検討すべき重要な論点といえる。ただし、斎藤が指摘する「脱成長コミュニズム」については懐疑的である。この点は、別稿で詳細に論じる予定である。

(15) 若森みどりは、ポランニー『市場社会と人間の自由』の解説（「ポランニーの市場社会批判と社会哲学」）において、「人間の意識の改革こそ、社会の現実を転換し人間の将来を切り開くような、制度転換の尽きることのない源泉である。社会科学者ポランニーの生涯は、諸個人の行為の非意図的な望ましからぬ社会的影響に人間がまったく無力であると予断する社会科学——社会法則、経済法則、経済的自由主義、経済合理主義、経済決定主義、アメリカの普遍主義——に対する闘いの連続であった」（ポランニー 2012: 335）としている。

(16) 内山は『両辺倒』のなかで、彼が見聞した事例に基づき、「中国人は大人、日本人は子ども」であると幾度も繰り返し続けている。

(17) 経済組織、いわゆる「包の経済組織」のビルド&スクラップに関して、これまでいくつかの論文で発表しているが（原田 2019a, 原田 2020a, 原田 2020b など）、もともとはスクラップ&ビルドと表記していた。しかし、「包の経済組織」が形成されることによって経済活動は始められる点に考慮し、ビルド&スクラップという表記に変更した。また、この用語は、いうまでもなく、「包の経済組織」の擬態的性質を意味するものである。つまり、ビルド&スクラップとは、その存在そのものが時限的であるという特徴を表すとともに、この点を留意すれば、ビルド&スクラップ&ビルド……と表記する方がより正確といえよう。

(18) 「差序格局」に関する研究としては、佐々木衛（1993, 2003）、首藤明和（2002, 2003）、聶莉莉（2015）、川村潤子（2020）などがある。

(19) それぞれの「圏子」に内在する道徳的要素の説明として、村松の「中国経済全体を競技に例えれば」、経済事象とはスコアであり、「個々の経済主体を制約する社会的な規範は、中国経済に特有な「競技規則」だとも見られよう」（村松 1949: 19）を参考にすると分かりやすい。つまり、血縁者との「圏子」では「野球のルール」、地縁者との「圏子」では「バスケットボールのルール」、そして、見知らぬ人との「圏子」では「サッカーのルール」という具合である。それぞれの「圏子」に応じたルールを習得しなければ競技に参加することはできないばかりか、追い出されてしまうだろう。ただし、この村松がいうルールとは、外在的なものであり、解釈によっては、ルールが主語となり、人間が道具化される危険もある点には注意が必要である。

(20) ここでは修正・調整という言葉を用いたが、むしろ絶対的な倫理観の不在という視点が重要である。つまり、倫理観は人間の手によって修正・調整することが可能であるという意味である。なお、修正・調整という用語は、本文で紹介した費による孔子とイエスの違いの説明から着想している。

(21) 費孝通が「差序格局」と「団体格局」の二つの概念を生み出す過程において、彼の欧米諸国における生活体験が大きな役割を果たしていることは間違いない。ただし、前者は孔子の思想が多数引用されながら説明されているのに対して、後者のバックグランドは明確に示されていない。そのため、「団体格局」に基づく人間関係とは、どこまでも費の生活体験などから得られた見識に基づき展開された一つの仮説といえる。無論、わざわざ孔子の思想に対して聖書の一節を示し、その他の文献などを提示しなくても、説得力は持ち得ているが、ここでは、アダム・スミスが『道徳感情論』第六部「徳の性格について」第二章「私たちが善行を行う社会に関して自然が示した序列について」で展開した「団体格局」的な性質を提示しておく。まず、人びとが縄によって束ねられている状態の説明として、次のような一文がある。

「独立した国家は例外なく多くの階級と共同体に分かれ、それぞれが独自の権力や特権を持ったり、義務を免除されたりしている。そして個人は当然ながら、他のどの階級や共同体よりも自分が属す階級や共同体に強く結びつけられており、当人の利害と対面のみならず、友人や仲間の利害と対面もこの階級や共同体と深くかかわっている。そこで自分の階級や共同体の権益を拡げようと熱望し、他の階級や共同体に浸食されまいと必死になる」（アダム・スミス2014: 496–497）。

次に、「公」の問題に関しては、次のような一文がある。

「賢明有徳の士は、自分が属する階級や共同体の公の利益のために、つねに自己の利益を犠牲にしようとする。また、この階級や共同体の上位に位置付けられる国家や主権者のより大きな利益のために、階級や共同体の利益を進んで犠牲にしようとする。となればこの人は、下位集団の利益はすべて、宇宙の大いなる利益のために犠牲にしようとも考えるだろう。それはつまり、あらゆる賢慮と知性を備えた存在から成り立ち、神自身がその直接の統治者であり指導者でもある大いなるものの利益のために、犠牲にすることである。慈愛に満ちた全知全能の存在は、その統治体系に、宇宙の善にとって不要な悪が一片たりとも紛れ込むことを許さない——この人がつねに心からそう信じているなら、自身や友人、社会、祖国を襲う不幸はどれも宇宙の幸福に必要だと考えるに違いない。したがって、そうした不幸を甘受すべきものとみなすだけなく、ものごとの相利共生をわきまえた人間であれば、謙虚に欲すべきものとさえ、みなすはずである」（アダム・スミス2014: 505–506）。

費がアダム・スミスを読んでいたかどうかは定かではない。しかし、アダム・スミスが語る「私たちが善行を行う社会に関して自然が示した序列について」と「団体格局」の概念に大きな違いはない。少なくとも共同体、国家などのために自己の利益を犠牲とすることが賢明有徳の士であるという考え方は、実に西洋的な性質を帯びている。そして、その背後に、強固な縄で縛り付けられている人びとの存在を発見することができるといえよう。

（22）　費の中国における「公」の概念の結論は次の一文に収斂される。「差序的な構造配置における「公」と「私」は相対的なもので、どの範囲の「圏子《チュエンズ》」（集団）の中であろうと、内側を見ればそれは「公」となるのである。実際、西洋の外交官が国際会議において、自国の利益の為に平気で世界の平和や他国の合法的な権益を犠牲にする時も、これと同じ事をしているのである。異なる点は、彼らは国家を一切の小さな組織からなる団体を超越したものと見なし、国家の為なら、上層下層の双方を犠牲にすることがある。しかし、犠牲にしてまで、他の集団をまとめあげることはしない。これが現代における国家観念であり、中国のような郷土社会にはないものである」（費2019: 74）。

(23) 費自身が指摘するように、「西欧＝団体格局、中国＝差序格局」という構図は、あくまでもどちらが優位に立っているかということであり、西欧にも差序格局は存在するし、逆に中国においても団体格局もあるとしている（費2019: 98）。それゆえ、中国人のすべてが差序格局に応じているわけではない。

(24) 費は「時間格局」という用語（費2019: 60）を使用するが、「圏子」の存在する時間について語っているわけではない。費がいう「時間格局」とは、個人にとっての現在と過去との隔たり、社会にとっての世代間の隔たりを表す意味で使用する。つまり、「時間格局」とは、その隔たり（差）をどのように捉え、どのように解消しているかという問題に限られ利用しているが、費の問題設定には「波紋」と表現するように時間の概念が重要な位置を占めていたと考えられる。

(25) もちろん経済活動の「圏子」が消滅する原因には、利益の分配をめぐる仲違いも多々あり、必ずしも平和的な「圏子」の解消ばかりではない。ただし、「人情」の強さを忌避するために「圏子」を解消するケースは、経済活動としての関係性が解消されるだけで、その後の関係性は継続されることになる。そして、その解消は、まさに「友情」の始まりであり、「友情」に基づく「圏子」が形成されることになる。

第二章

(1) 泡銭を誰もが容易く手にすることはできない。本来であれば、「失敗」しないよう、「我」のなかに潜む「汝」が自己努力を惜しまないのだが、「生意人」にはそのような「汝」は存在しない。しかし、柏は、「失敗」したときに、その内面に初めて「汝」が作られ、汝は我に向かって「没法子」（「仕方ない」というあきらめの胸中を表す言葉）と告げることになるという（柏1986a: 163）。そして、柏は、この「没法子」という言葉のなかに、「強い自己意識」を見出し、「投機的な観念は、そのような自己規律の一つの表徴である」（柏1986a: 163）とする。この意味からいえば、「包」に連なる「人」とは、投機的、寄生的という側面だけではなく、人為をもっていかんともしがたいものを熟知した存在であり、柏は、そこに資本主義社会の「人」とは決定的に異なる「人」を発見したといえよう。もちろん、「没法子」といわなければならない状況が起こる前に、もっと自己努力し、リスクを回避すべきではないかといいたくなるが、このような視点を持ち続ける限り、「中国人が行っていること」を理解することはままならないといっても過言ではなかろう。もっとも、柏は、「没法子」を汝が我に向かって語るとしているが、それ以外にも、他者が、「没法子」といわなければ、投機的性格を強く帯びた社会は成立しない。この他者がいう「没法子」については、中部経済新聞の〝オープンカレッジ〟に掲載したコラムを以下に紹介したい（二〇一六年八月四日）。

《コラム「没法子」と赤塚不二夫――「これでいいのだ」を受け止める器量》

二年ほど前から、中国の民間金融を調査している。先日も、浙江省のある街で、投資会社を営むAさん（四十代半ばの男性）の話を聞いた。お金の流れなど一通りの質問をし、最後に、「最近は？」と尋ねると、投資先の内装業者が、不動産不況のあおりを受けて倒産してしまい、数千万円の負債を抱えているという。もっとも、Aさんは、ひどく落ち込んでいるわけでもなく、事実、ヒアリングのあと、彼の友人たちを呼んで開いた宴会では、大きな声で冗談を言い、周りを笑わせていた。まさに、失敗したが「没法子」（「しょうがない」という意味の中国語である）ということだろう。彼のどこまでも前向きな姿勢には驚かされたのだが、大抵の日本人からみると、この「しょうがない」という言葉に、無責任さ、他人任せで自己努力を怠る中国人の姿を見出す。ところが、Aさんを囲んだ宴会の後、彼の友人たちの話にはもっと驚かされた。なんと、宴会に出席していた友人たちは、みな債権者だという。その話をしてくれた人も、Aさんに三〇〇万円ほど貸している。もちろん、宴会の席上では、お金の話は一切していないし、誰もが楽しい時を共有していた。「なぜ叱責しないの?」「そもそもなぜ一緒にお酒が飲めるの？」と問うと、彼はただ「没法子」と答えるだけだった。どうやら、「没法子」という言葉には、Aさんに対する「許し」の意味があり、同時に現状を打破し、将来につながる一筋の道を与えたいという意味も含まれているようだ。そして、その時から、「しょうがない」という日本語訳だけでは、中国人を理解できないし、この場合の正しい訳を考え始めた。意外なことに、その答えは、名古屋で見つかった。正確にいえば、『マンガをはみでた男――赤塚不二夫』というドキュメンタリー映画のなかに答えは潜んでいた。劇中、「没法子」という中国語が、なぜかバック・ミュージックのように何度も流れていた。そして、そのフレーズは、精悍で才能豊かな青年赤塚が、だんだんとハチャメチャになり、やがて酒と女にその身を蝕まれていく姿と見事なまでにシンクロしていた。いうまでもなく、この映画で用いられた「没法子」

は、「しょうがない」という訳では間違っている。正解は、赤塚が、バカボンのパパに言わせ、自らの人生の中で、何度もつぶやき、そのたびに日本社会との隔離を知り傷ついた言葉、すなわち、「これでいいのだ」がもっともふさわしい。満州引揚者の赤塚の血には、紛れもなく中国人のエートスが流れ込んでいたのだろう。ただし、晩年の赤塚が腫れ物にでも触るような扱いを受けたように、「これでいいのだ」という意味を正しく受け止めるほどの器量を、現在の日本社会に求めるのは無理だろう。両国の溝は深い。しかし、赤塚ほど強烈でなくとも、固まりつつある価値観を笑いながら吹き飛ばすような新たな価値や文化を作り出していく必要が、今まさに求められているのではないだろうか。

（2）「判断力」とは、私たちの日常生活において、その言葉の真意を深く考えることなく、しばしば使用されている言葉である。しかし、アーレントによる「判断力」についての格闘を読めば、容易に使用することにとまどいを覚えざるを得ない。しかも、周知のように、アーレントは、判断力についての論考を書き上げる途中で急逝する。それゆえ、この思考の痕跡としては、講義録が残るに過ぎず、アーレントの「判断力」論の全容を知ることはできない。混迷は深まるばかりである。ただし、この講義録の翻訳者である仲正昌樹によるアーレントの「思考」「意思」「判断力」を総括する次のような見解は多くの示唆を与えてくれる。「「現在」の時点で、私たちの目の前に現れている世界を認識する精神の能力である「思考」は、自由な活動のための展望を与えてくれない。「意志」は、「未来」に向かう能力ではあるが、未だいかなる形も取っておらず、何をもたらすか分からない。〝未来〟はそれ自体としては、「活動」することへの積極的な意味を与えてくれるわけではない。偉大なる「過去」の出来事を振り返って、そこに「自由な活動」の意味を見出すことのできる「判断力」こそが、「現在」の私たちを支え、「未来」に向けての希望を繋いでいる、というのである」（アーレント2009b: 316）。

（3）多様な人間関係を形成するためには、より多くの他者と出会うための機会が必要とされるが、その場合、なんらかの目的、たとえば、仕事の依頼であるとか、生活での困難を助けてもらいたいなどの目的を携えていると、その関係性の広がりは失われることになる。言い換えれば、多様な人間関係を形成する上でもっとも重要なことは、無目的性である。つまり、目的を持って他者と会うということは、その時点で他者を選択していることにほかならず、自らの関係性を縮めてしまうことになる。この無目的性と人間関係の形成については拙稿（2014b）を参照。

（4）中国の「宴会」の様子については拙稿（2014a）を参照。

（5）周知のように、中国において、この「私人的性格」、いわゆる「私」と、その対概念である「公」の問題は、古くて新しい問題であるが、この問題については、第三章で詳細に論じる。

（6）　民間人と官僚の関係性については、媚びへつらうような姿を目撃したことはないが、その詳細については拙稿（2014a）を参照。

（7）　中村圭は、その著書のなかで、現代社会における「包」研究に有益な情報を数多く指摘している。たとえば、調査対象である製造貿易会社（アパレル関連の国有企業）の社長の言葉として、「請負制になった後は、私は何もしなくてよい。今は任せているのでプロセスを見る必要はなく、結果だけ見ればよい。中国人の管理は、結果を見る管理であり、管理者にとってプロセスはほとんど関係がない」（中村2019: 101）という言葉を記載し、国有企業における「包」的な経営を行っている事実を示している。そのほか、「包」の諸機能の多くが語られている。たとえば、「私は何もしなくてよい」という言葉の背後には、社長がこの会社の営業課のリーダーへ「仕事を丸投げしている」という事実が隠れている（二〇一一年当時十八の営業課が存在していた）。そして、この営業課リーダーは、課内の「跟単」（秘書や経理と同様、中国の貿易業界ではごく一般的な職種として認知され、取引について最初から最後まで責任をもって完了させる取引責任者と呼ばれる人びとを指す）に発注されたデザインの仕様書に沿って原材料の発注、製造工場での加工、検品、通関の手続きなどの一連の仕事を任せる。いうまでもなく、ここに柏や加藤が指摘した「寄生的性格」や「多層化」という構図を容易に発見することができる。さらに、「結果だけ見ればよい」という言葉は、営業課リーダーに「自由裁量権（労働裁量権）」が与えられている実態を浮かび上がらせたといえよう。このように他人任せな「寄生的性格」、請負い構造のなかで人びとが数珠繋がりになっていく「多層化」構造、そして、たとえ社長（上司）であっても「プロセスには口を出さない」という営業課リーダーに「自由裁量権」を与えることは、まさに「包の倫理的規律」そのものである。また、中村は、数度の調査を実施し、経営状況に変化が生まれていることも指摘している。たとえば二〇一一年には十八の営業課が存在していたが、二〇一六年度の調査では、その数は三つまで減少していることを明らかにしている（中村圭2019: 144）。この減少とは、いうまでもなく、時間の経緯とともに生じる外部環境の変化に応じたものであり、「包の経済組織」の動態的な性質を表す一つの事例といえる。

（8）　このように資金が流動することは、「包の経済組織」の外部に金融資本が形成されない事実を浮かび上がらせるが、金融資本が発展しなかったことは、単にヨーロッパとの違いを説明するだけで、経済が停滞すると断定することはできない。

（9）　ここでいう民族的習性とは、序章の注（6）で説明した「生意」の解釈に通底する。すなわち、「包の経済組織」の構成員である「生意人」がシャッフルすること、さらにそれがビルド&スクラップを繰り返すことは、その習性が存在する一つの証といえよう。すなわち、「生意」の解釈通りに一定の期間が過ぎれば、商売相手を変えることによって、多くの利潤を手にすることができるゆえ、この言葉は生き続けているといえる。

(10) そもそも「対象物の擬態化」とは、序章においてすでに述べたように、「擬態」の概念を習性化した「生意人」の手によって経済の諸要素、いわゆる経済組織、農地などが擬態化する働きを意味する。ただし、ひとえに経済組織の擬態化といっても、対象物としての経済組織を農地と同じように明確にイメージすることは難しい。たとえば、農地であれば所有形態は明確で、そこで営まれる業種も限定的であり、何がどのように擬態化しているのかを把握するための道筋は、第四章で具体的に論じるようにそれほど複雑ではない。しかし、経済組織は、所有形態だけではなく、その規模や業種など多様性に富み、一括りに論じることはできない。実際、所有形態についてみても、国有企業と民間企業が同じように擬態化されるのか、あるいは産業によって擬態化の内容は大きく異なることが予想される。

(11) 改革開放後、中国経済が世界経済に組み込まれるなかで、閉鎖的な市場は徐々に姿を消し、「いい値」での商売は成立しなくなったようにみえる。しかし、輸入品や奢侈品の価格が高価格であったことにより、偽物市場が生まれ、市場価格の内側に低価格商品市場が成立したともいえるであろう。また、近年の「爆買」も、「いい値」に基づく商売であると捉えることができるであろう。

第三章

(1) 鄧 (1993: 155)。

(2) 鄧 (1993: 110, 142) など。無論、鄧小平は、社会主義国家の支柱としてこの根本的な原則を絶対視していたのか、それとも「先富論」を唱え始めた一九八〇年代半ばころの政治状況のなかで、「共同富裕」を国家の一義的な目的と捉え続ける保守層を納得させるための一つの手段であったのかは定かではない。

(3) もちろん、鄧小平は「一部の地区や人びとが先に豊かになることを許すことは、最終的に共同富裕を達成させるためで、二極化を防止しなければならない。これこそが社会主義である」(鄧 1993: 195) と語るが、この一文から「先富論」と「共同富裕」の関係性を理解することは難しい。「先富論」によって豊な社会が実現された後に、「共同富裕」な社会が目指されるのか、豊かな社会の達成が「共同富裕」なのか、「二極分化」が経済格差なのか、二極化されない程度であれば格差は認められるのか、鄧小平の真意を読み取ることは難しい。ただ、いずれにせよ、中国社会の将来に再び「共同富裕」に基づく国づくりの可能性を残すことになったといえるが、社会主義の看板を掲げる以上、当然のことであるともいえよう。

（4）鄧（1993: 111）。

（5）鄧（1993: 121, 144）など。

（6）鄧小平亡き後も、国家による良心へ訴えるようなスローガンは街中に溢れている。

（7）「包の経済組織」そのものに着眼すれば、その経済活動を通して、大きな成功を手にする「生意人」もいれば、小さな成功あるいは多くを失う「生意人」も存在するように経済的な格差が生まれることは必然である。このように経済格差とは、「包の経済組織」が成立するための前提条件であるとともに、「包の経済組織」に基づく経済活動によって生み出されることにもなる。つまり、「生意人」と「生意人」の格差を生み出しながら、同時に、利潤を分配するシステムであるといえる。さらに、改革開放以後において「生意人」が躍動する市場は、前章で述べた柏が指摘した「集・市・廟会などは、各地区・各時期において、それぞれに孤立的・閉鎖的に成立し、大都市市場価格とは無関係な市場価格が成立」（柏 1986a: 175）するような限定的な市場とは大きく異なる。すなわち、市場は日々拡大し、なかでもインターネットの発展に伴う巨大な市場の成立は、天文学的な資産を有する豊かな人びとを輩出し、経済格差がより顕在化する状況が生まれている。

（8）この善き社会に関する一文は、スピノザの次の一説を踏襲している。「ものを善と判断するから、そのものへ努力し、意欲しあるいは衝動を感じあるいは欲求するのではない。むしろ反対に、あるものを善と判断するのは、そもそもわれわれがそれにむかって努力し、意欲し、衝動を感じあるいは欲求するからである」（スピノザ 2007: 193）。

（9）この学校の歴史は、汪（2012）と川村（2019a）に詳しい。なお、汪希望はこの学校の経営者の一人でもある。

（10）この学校経営における「包」的営みについては、原田（2011）に詳しい。

（11）③番に資金を貸す地縁血縁者からこの学校をみれば、それは一つの投資先である。無論、貸し手の状況としては、家族や血縁者の「圏子」を安寧の場所として選び続けているケース、工場勤務または農業生産に従事しながらコツコツと貯蓄しているケース、または、蓄積した資金を元手に高利貸し業を積極的に営んでいるケース、さらには商売で大金を手にしているなどさまざまなケースを想像することができる。ただし、いずれにせよ、地縁血縁者からみて、③番の学校とは一つの投機の対象にほかならず、不労所得を獲得するための一つの手段である。

(12) たとえば、孫文は、中国の「公」について次のように語っている。すなわち、「外国の傍観者は、中国人をばらまかれた砂だという。その理由はどこにあるのか。中国の一般人民には、家族主義と宗族主義があるだけで、国族主義がないからであります」(孫 1985: 20)。また、費は、中国には社会全体を覆うような「公」は存在せず、それぞれの「圏子」の内側にのみ「公」は存在すると指摘している。中国における「私」と「公」の問題は、中国人、社会、さらには国家の在り方を考察する上で必要不可欠な視点であるとともに、なかなか明確な回答が与えられているわけではない。もちろん、この両名の見解が打ち出された後、周知のように中国革命は成立し、両名が述べた「私」と「公」の解釈は再考を迫られているのだが、未だに明確な回答が示されているわけではない。

(13) もちろん、この学校の使用料までが①番の懐に入り込むことはないかもしれないが、その額は少なめに設定されることになる可能性は十分ありうる。

(14) 柏祐賢は、この違いを次のように語っている。「ヨーロッパの法は、人の履み行うべき道の下の限界を示しているものであるのに対し、中国の法は、むしろ人の履み行うべき道の上の限界を示している」(柏 1986a: 76) と (ここでいうところの法とは、規範、モラルといったほうが、より正確であろう)。つまり、中国では、「道の上」を越えなければ、国が定めた法を踏み外しても問題にはならないということである。なお、この「道の上」とは、以下の注(18)を参照。

(15) 「嫌悪感」を抱くことは、ポランニーの次のような指摘と同根でもある。すなわち、「自身の自由意志にもとづいて〈中略〉——たとえば十二時間、十四時間あるいは十六時間というふうに——切り売りし、利潤を得ることができると考えさせるものなのだ」(ポランニー 2015: 402)。いうまでもなく、このような指摘の背後には、ポランニーが批判を繰り返した「経済決定論」が潜む。すなわち、「『経済的』人間が『本来的』人間であるごとく、経済システムこそが『本来的』な社会なのだ、という誤った結論に至るのは、避けようもないことでした」(ポランニー 2015: 45)。もっとも、ポランニーがいうように、「経済的人間」=「本来的人間」、「経済システム」=「本来的な社会」とする構図、つまり「経済決定論」は、人間を幸せな未来へと導くことはなく、人間や社会のすべてを捉え切ることはできないだろう。しかし、多くの人びとは、丸太を操る農夫、日焼けした男性、バスの運転手に嫌悪感を抱くであろうし、「十二時間、十四時間あるいは十六時間」を切り売りすることによってしか収入を手にすることができず、その上、その収入の多寡があたかも人間の価値を定めるという「経済決定論」に基づく考え方に、強く影響を受けていることも事実である。ただし、ポランニーが危惧する「経済決定論」とは、私的所有に基づく「市場経済」を前提にしている点に留意する必要がある。言い換えれば、ポランニーがいう「経済的人間」「経済システム」とは、私的所有に基づく「市場経済」のなかで存在する「人間」であり、システムにほかならない。

(16) 逆説的にいえば、腹立たしく感じることは、私的所有の概念が骨の髄まで浸透している一つの証でもある。

(17) もっとも、九元も得をするという経済的判断があるとしても、通行料が十元であっても、一元であったとしても、タクシーの運転手が支払うわけではない。

(18) 彼らの「包」の構造には、「出包者」は不在であるが、彼らの意識では、「天」と「包」していると考えている可能性は高い。すなわち、「天」という「出包者」の存在を前提として、「包の経済組織」を形成しているという発想である。この「天」については、溝口雄三に従えば、溝口は中国人の「天観」の変化、とくにこの問題とかかわりの深い点だけを抜き出せば、次のように語っている。「自然的天が明代に入って欲望を含意しはじめていることである。もともと中国でも天は日本の天がそうであるように万物生生の根源とみなされており、『隋書』や『唐書』にも散見できる「食」を「人ノ天」「民ノ天」とする古来の考え方は、この程度なら日本にも見られることだろうが、人の「食」すなわち生存欲や所有欲を――天の恩恵としてではなく人の主体的な欲求の側から――天の名で主張するとなると、これはおそらく日本ではみられないことのはずである」(溝口2011:160–161)。すなわち、農夫や日焼けした男性とバスの運転手の行為とは、自らの生存欲や所有欲を、天の名のもとで行っているのであって、それはなんら「道の上」を履み外れたものではないということになる。したがって、日本人からみて嫌悪感を抱くことは、道徳的相違であるというよりも、「天」に対する考え方の違いともいえる。ただし、このように溝口が明らかにした中国の「天観」を現代の中国人も抱いているという判断はあくまでも筆者の勝手な理解である。溝口は、「天観」が多くの人びとに共有されていたかどうか、ましてや現代にもそうした理念が継続されているかを明らかにはしていない。むしろ懐疑的ですらある。

(19) 数年前から、中長距離バスに乗ると、乗客数のチェックが厳しく実施されている。まず、バスセンターの出口で乗客数が確認され、さらに会社によっては、目的地の途中に検問所を設置するようになっている。明らかに運転手の小遣い稼ぎの防止策である。もちろん、どのバス路線にも検問所が設置されているとは限らず、こうした行為がなくなったわけではないだろうが、近年、明らかに減少していることは事実であろう。

(20) 原田(2013b, 2016)参照。

（21） 原田（2020c）参照。

（22）「市場」が生み出されるためには、開業資金を融通する地縁血縁者の存在が重要であることはいうまでもない。この点は、原田（2020c）で紹介している。

（23） 二〇二〇年初頭から全世界を襲ったコロナ禍は、中国経済にどの程度の影響を与えたのかは定かではないが、少なくともコロナ禍対策として、李克強が打ち出した「露店商経済解禁」政策は、その成果がどの程度のものであったのかは別として、萌芽的な「生意人」と政府の関係を知る上で重要な示唆を与えている。具体的にこの政策をみれば、コロナなどによって職を失った人びとに対して、道路や路肩などの公的な空間、いわゆる国家が所有する土地を「露店商」を営むための場所として貸し出し、失業者を「露店商」の「事業主」へと転換させることである。もちろん、このような方法が、失業者対策としてどの程度の効果を上げることができるかどうかは定かではない。また、もとより李克強自身（「解禁」を支持する政府関係者を含め）、「露店商経済解禁」によって失業問題のすべてを解決できると想定しているわけではないだろう。それゆえ、この背後には、李克強の真意が隠されているのではないかと推測することはあながち間違いではなかろう。

第一に、萌芽的な「生意人」とは、人びとの「思い込み」に基づく経済活動である。「露店商」を一つの事例とすれば、そもそも「露店商」とは、人びとが、公的な路上や歩道を勝手に自らの占有物と思い込むことによって始まった一つの生業である。もちろん、現在、無許可な「露店商」は排除の対象であり、それゆえ、「露店商」が成立できるかどうかは、政府の裁量権によるところが大きい。しかし、「露店商」の源泉を辿れば、政府が許可したことによって生み出されたわけではなく、政府の許可とはどこまでも後付け的なものに過ぎない。無論、李克強も、改革開放後の中国経済を顧みて、「露店商」が、政府の許可によって誕生したとは理解していないであろう。その上、コロナなどによってダメージを受けた都市では、すでに無許可な「露店商」が雨後の筍のごとく出現していると判断していたとしても不思議ではない。つまり、李克強自身、自らの発言に関係なく、市井の人びとは、勝手に経済活動を始めていることを認識しつつ、あえて「露店商経済解禁」を公言したといえよう。

第二に、いうまでもなく、李克強が、公的空間を勝手に使用しても構わない、あるいは法や規制を無視するような経済活動の奨励を公言することはできない。しかし、市井の人びとは、「露店商経済解禁」の背後に放任主義的政策、管理体制の緩和というシグナルを発見していることであろう。そして、人びとが李克強の真意を読み取れば、コロナなどによって停滞気味の市場に再び躍動感が呼び起こされることになる可能性は高いといえよう。しかし、このような放任主義的な政策とは、経済・社会の無秩序化を促進させ、その上、政府の威信の低下を招くという批判に晒されることになる。実際、失業者対策の有効性に対する批判は噴出し、都市の衛生・美化問題などの視点から否定的な見解がメディアを通して打ち出されている。しかし、無秩序化とは、どこまでも政府の視点から描かれたものであり、放任主義的政策の下で、市井の人びとが、無秩序に振る舞い、経済・社会が混乱するような状況が生じるという見解に対して、疑問を抱かざるを得ない。いうまでもなく、市井には市井の秩序が存在しているからである。もちろん、その秩序とは、政府が意図的に設計したものではなく、ハイエクがいう「自生的秩序」、すなわち、歴史のなかで実証された最適な秩序として、人びとが無意識の下で選択しているものである。

(24) 戴震は、ホッブス没後五十年ほど後に生まれ、ルソー、カントとほぼ同世代である。

第四章

(1) 本論では、柏に従い「一地二主」と表現するが、中国では、「一田二主」あるいは「一田両主」と表記されることもある。

(2) 柏は、「田底権地主・田面権地主」を紹介するにあたり、田面権地主の「経営権」の多層化傾向、または、その構造のビルド&スクラップについては触れてはいないが、おおよそ「集団地主」と同じように、田面権地主から発生する「包」の構成員は、その農地の大きさ、または契約期間に関係なく、彼らは「主」として振る舞い、「包」した「経営権」とは、彼らにとって「主」としての根拠を形成するものである。

(3) 以下の農業に関する数値は、『上海経済年鑑』(一九八八年版・一九八九年版)からの引用である。

(4) 当時の上海市の統計資料をみると、専業農家の定義は必ずしも統一されていたわけではない。たとえば、『上海経済年鑑』(一九八八年版)では、一五ムー以上の農家と定義され、一九八七年の専業農家数は三九八六戸となっているが、『上海郊区統計資料匯』(一九八八年版)では八〇八戸とその数に大きな違いがある。その理由は、後者の資料では、農家所得に占める農業収入も含まれ、その基準が厳しくなっていたためである。以下では、農業関係の資料がより豊富な前者の資料を用い分析を進める。したがって、専業農家を十五ムー以上の農家と定義する。

(5) 上海市嘉定区馬陸鎮に関する数値などの情報は、すべて筆者のヒアリング(一九九一年八月〜一九九四年三月)によって収集したものである。

(6) 農業税が廃止されるのは二〇〇六年一月一日である。

(7)「承包権」の「転包」による貸出料(あるいは地代)は、地域によって大きく異なることはいうまでもないが、上海でのヒアリングを振り返ると、「転包」による「現金収入はない」、「現物(米と麦)を分けてもらうだけ」という回答が多く聞かれた。しかし、今から考えると、地代は発生していたものの、部外者にはその実態が話されることはなかったというのが真実に近いのではないかと思われる。

(8)上海市嘉定区安亭鎮に関する数値などの情報は、すべて筆者のヒアリング(一九九一年九月〜一九九四年三月)によって収集したものである。

(9)上海市嘉定区馬陸鎮に一九八九年に設立された棕坊合作農場も同じような末路を辿っている。この農場は一九九四年春に解散し、その後、「自動車運転免許教習所」が設立されている。一九九〇年代半ば頃から活発化する地方政府による農地を対象とした開発において、「請負権」が分散化した農地を対象とすると、補償交渉に時間と費用がかさむが、すでに「請負権」が集積されていた規模経営ではその交渉は必要とされず、開発対象になりやすかったと推測できる。

(10)合作農場においてその権利をよそ者(出稼ぎ労働者)に渡したくないという強い思いの表れに、農民たちの農地に対する所有の概念を知ることができるだろう。

(11)もっとも、柏が描いた革命以前の中国農村がそうであったように、二十一世紀における「包」的な農業経営の形態や農地の権利構造は、「地域」「歴史」などの影響を強く受け、必ずしも一つではないだろう。また、作付けされる品目、グローバル化しつつある農産物市場などの外部関係によってもその形態には違いがみられるのではないかと推測されよう。

(12)集積された農地の「承包者」とは、必ずしも民間企業だけではなく、地元の農民がその引き受け手となるケースもあるだろうし、そのなかには、村を通さずに農家間の「転包」を通じて行われるケースもあるだろう。それゆえ、「地主」が生まれる可能性を否定することはできない。ただし、改革開放後において多くの農民が都市へと流出した現状を顧みれば、「地主」へと転化する予備軍はそれほど多くはないのではないか、と推測している。

(13)本書の視点は、あくまでも農地の権利構造についての考察であるため、現実の農業生産の現況および今後の推測は別稿に譲らなければならない。ただし、ここでは、若干、農地の権利構造の問題を絡めながら農業生産についての考察を加えておきたい。まずなによりも、農家が保有する「承包権」と「経営権」が今後の農業生産を推測するにあたり、大きな役割を果たすことはないだろうと指摘できる。すなわち、革命前の田底権地主が実際の農業生産に強く関与しなかったように、現代の多数の「主《あるじ》」も、農業生産に関して、大きな影響力を持ち得なくなる可能性は高い。実際、農民工として故郷を離れた人びとは、まさに不在地主化し、地元の農業生産の発展に貢献することは不可能に近い。それゆえ、今後は、田面権所有者である村、すなわち「集団所有」の主体である村が、「経営権」の集積にその役割を発揮し、資本の流入、新たな技術の導入などを促進できるかどうか、あるいはより広大な規模経営を運営できるかどうかが、中国農業の将来を左右する可能性は高いといえよう。ただし、中国のすべての農地が投資先として魅力があり、規模経営に適したものでないことはいうまでもない。具体的にいえば、そもそもレントを期待できない農家が多数存在している事実から目を背けるわけにはいかない。平地の農村と山間部の農村、あるいは一つの村のなかでも優良な農地とそうではない農地が存在している。このような違いは、必然的に地域間格差、農家間格差を生むことになるであろう。この格差をどのように埋め、より多くの農家にレントを分配できるかどうかは、今後の大きな課題の一つである。また、たとえ「経営権」が集積され、規模経営が行われたとしても、その成否は、いうまでもなく「市場」に委ねなければならない。なかでも、農産物のグローバル化が進むなかで、「集団所有」と「包」の化学反応によって生まれた農業経営が、生き残れるかどうかは別問題であり、市場の変化に応じて、さらなる化学反応が生まれる可能性は高い。「集団所有」が前面に押し出されることになるのか、または、「経営権」とは異なる新たな権利が生まれてくることになるのか定かではないが、今後も、この化学反応に対しては注意していくべき視点であることはいうまでもないであろう。

第五章

（1） 筆者は、中国のとある地方都市で生活するAさん（四十代後半の男性）と食事をしているとき、突然、次のような質問をうけたことがある。「中国は、外国から民主主義がないと非難されていることは知っている。しかし、この社会には、自由が満ちていると思うのだが、間違っているのだろうか？」。「是」とも「否」とも声にならない。戸惑いを察したAさんは、外国人と語り合うべき話題ではないと悟ったのか、あるいは言葉を失くした筆者への優しさなのかは定かではないが、両手をオーバーに広げると、「民主主義と自由の問題を考えると眠れなくなるんだよ」と笑い飛ばし、その夜、二度とこの話題に戻ることはなかった。その後、Aさんとは幾度か食事をともにしているのだが、同じ問いを投げかけられてはいない。もっとも、再び問われたとしても、明確に答えることはできない。なぜならば、「民主主義」という言葉の意味をそもそも正確に理解しているとはいえないからである。その上、「自由」の問題が絡んでくると、「人びとの自由を守るために民主主義は生まれたのか？」「民主主義によって自由は生まれるのか？」「民主主義がなくても自由は成立するのか？」などと半ば意味不明な自問を繰り返しながら、深い夜の闇に、この身もろとも溶けていくようでもある。いうまでもなく、Aさんの問い掛けを正面から考察すれば、混乱は必須である。しかし、Aさんの問い掛けを、やや強引だが、香港問題（先鋭化している民主化を求める動き）と絡めながら考察すれば、彼が日々の生活のなかで実感している「自由」を理解するための手助けになるかもしれない。もちろん、Aさん自身が、香港問題を念頭に置いて発言しているかどうかは定かではない。ただし、彼の言葉を深読みすれば、香港問題に共鳴することができないという彼の思いが漏れてくるようでもある。もっとも、共産党が、Aさんの考えを力で押さえ込んでいるからではない。ただ、彼には、香港人の要求が理解できないだけであり、彼の言葉とは、まさにそれを証明するものである。もちろん、多くの人びとがAさんの質問を耳にすれば、民主主義を知らない遅れた人間であるとか、または、豊かさが実現され、民主主義がなくても満足しているに過ぎない、と決めつけられてしまうかもしれない。しかし、このような非難をAさんに向けることはできないし、民主主義という言葉で彼の存在、あるいは彼が感じている「自由」を一蹴することはできない。

（2） 筆者は、加藤の遺稿に対して書評をすでに発表しているが（原田2018）、本書では、書評では書ききれなかった新たな視点を踏まえて加藤の「曖昧な制度」論を批判的に継承している。もちろん、加藤から許可を得ているわけではなく、あくまでも個人的な見解であるが、本書は、加藤の遺稿の続編と位置づけている。ただし、加藤との最後のメールの交換において、「中国経済学はたしかに言い過ぎだし、まだ完成からはほど遠いですが、数年前から体調を崩していることもあって、若い人にバトンを渡す歳になったと自覚し、そういう思いを込めて、この本を仕上げました。付論に書いたとおりの気持ちです」と伝えられており、続編と位置づけてもよいのではないかと思ってもいる。

（3） 加藤は「中国イコール停滞とする当時の通説的理解の制約から、柏自身が自由ではなかった」と評価するが、この評価は、中国イコール発展とする改革開放後の通説的理解の制約から、加藤自身も自由ではなかったともいえる。少なくともあまりにも発展要因の探究に集中し、柏の「包」論を再考することを行ったといえる。

（4） 加藤は、柏の「包」論を次の五点に要約する（加藤2016: 48–49）。すなわち、①仲買業が発展した商品市場の重層構造。②農業経営における「包」の構造。③市場価格の外側に発生する「利潤」。④官僚組織の「包」的性質。⑤「包」的委託者としての企業経営者の五点である。これらの特徴とは、①の「仲買業が発展した商品市場の重層構造」と②の「農業経営における「包」の構造」とは、一つの商品または農地に「包の経済組織」の構成員が数珠のように繋がっている構造、③の「市場価格の外側に発生する「利潤」」とは、「一物一価」が成立しない状況、④の「官僚組織の「包」的性質」とは、官僚の「私人的性格」、そして、⑤の「「包」的委託者としての企業経営者」とは「寄生的性格」を指す。いうまでもなく、これら五点は、柏の停滞論の諸要因にほかならないのだが、加藤は、まず、停滞要因を要約・提示することから柏の「包」論を紹介するだけであり、その詳細な分析を行ってはいない。とくに、柏の停滞論の中核ともいえる「利潤の社会化」については、「利得の際限なき分散化をもたらす」(加藤2016: 50)という記述があるに過ぎない。

(5) 加藤は、遺稿において農村と基層政府、郷鎮企業と基層政府、国有企業と政府、中央政府と地方政府とのそれぞれの関係が「包」的に結ばれていることによって、「承包者」のインセンティブは高まり、経済成長に繋がっていることを明らかにするのだが、水平性を明らかにした投資者A、経営者B、社員C、小売店主Dという人間に焦点を当てた事例から政府を中心とした事例へと飛躍している。全体像を知るためには有益といえるが、その考察方法にはやや慎重さが欠けているといえよう。

(6) 日本企業の研究者である川端望は、「曖昧さ」とは、日本の大企業と下請企業との間で常態化しているのではないか、と指摘する。川端は日本で散見される曖昧さを次のように語る。「メンバーシップによる長期継続的関係においては、企業は働き手の供給する個々の財・サービスだけではなく、働き手自体をまるごと評価する。逆に、個々の取引についての権利・義務は曖昧化する。長期的関係であることが前提なので、個々の取引については透明で対等な交換にならなくてもよいとみなされがちになる」。さらに、「犠牲にされる取引一回ごとの利益を上回る利益が長期的には得られると期待するからである」(川端2017: 30)。日本の方が曖昧である。このような指摘は、加藤の「曖昧な制度」に対して、実に示唆を含むものであるとともに、「中国的なるもの」を探し求める者からみれば、「曖昧」という言葉の再考を迫るものであったといえる。

(7) 「主」と「奴」の関係性とは、ヘーゲルの「主人と奴隷の弁証法」に基づく。片山によれば、「ヘーゲルは、生死を賭けた闘争の帰結として自己意識の二つの形態(主人と奴隷)を導出する」(片山2007: 60)とする。つまり、生死を賭けた闘争を行うことができる人間は「主人」となり、それができなければ「奴隷」ということになる。経済活動という点からみて、生死を賭けるほどまで過激な場面がいつも設定されるわけではないが、少なくとも第一章で述べた孔子の「推己及人」(己を推して人に及ぼす)と通じるものがあるといえよう。筆者は、とりわけヘーゲルについて詳しいわけではないが、この「主人と奴隷の弁証法」は、中国人を読み解く上で重要な視点であるが、その詳細は今後の課題としたい。

(8) この「奴」が「主」を内面化する考察は、片山(2007: 183–186)。また、ジュディス・バトラーの「ヘーゲルの「不幸な意識」

論を読む」（バトラー 2000）を参照。

（9）原田（1994, 1997a, 1997b, 1998）を参照。

（10）当時、筆者が調査対象としていた上海市近郊農村では、農民工を対象とした労働斡旋所、診療所、農民工の子弟のための学校が、農民工の手によって、さらに地縁血縁ネットワークを超えた次元で設立され始めていた。筆者は、そのような動きを「新しい社会の創出」と捉え、人間の可能性を感じるとともに、大きな期待が膨らんだ。「新しさ」によって農民工はその身分から解放され、「奴」から解放される道筋が現れたとすら考えていた。さらに、「新しさ」のなかで農民工は、古めかしい地縁血縁ネットワークから離脱し、彼らが作り出した諸施設を土台として、新たな人間関係が生まれるのではないか。同時に、排他的な戸籍制度を打ち破り、自らの手で、新たな身分――それを市民と呼んでよいかどうかは別としても――を勝ち取り、彼らの権利を主張していく場が形成されるのではないかと考えた。そして、これこそが「進歩」であり、やがて中国社会に大きな衝撃を与えることになるのではないかとも理解していた。また、上原一慶による「中国の行方は、「社会主義」を標榜する国家が、市場経済化の過程で容認された失業や、非正規就業の増大、そこから生まれた諸矛盾などの社会の不安定要因をいかに解決していくかによっているといっても過言ではないであろう」（上原 2009: IX）、そのためには、「党からも自立した労働者の組織が不可欠であろう。中国の未来は、この点にかかっている」（上原 2009: 302）という期待を先取りしたような動きでもあると理解した。しかし、歴史を振り返れば、農民工の動きから新しい社会が創設されることもなく、上原の期待も幻想でしかなかったといえよう。

（11）原田（2009, 2010a, 2010b, 2016）を参照。

（12）もっとも、この転換には随分と長い時間を有し、おおよそ六年間くらい論文を全く書くことができない期間を過ごした。

（13）写真1を撮影した川村は、当時、まだ大学一年生であったが、日本福祉大学経済学部を卒業後、愛知大学大学院現代中国研究科に進学。現在は名古屋大学大学院人文学研究科の博士後期課程に在籍（二〇二三年現在）。主に農民工やその子弟を対象として研究を進めている（川村 2019a, 2019b, 2020）。

（14）浙江統計局編『浙江統計年鑑 2013』: 547 参照。

（15）海寧市において、街なかの塀などにチェーンで括られた三輪車タクシーの定点調査を実施したが、少なくとも一台の三輪車タクシーを二〜三人が共同利用していた。

（16）三輪車タクシーの営業許可証を保有している都市住民が、「包の経済組織」を形成するのではなく、一つの企業を経営しているとすれば、写真1に写る運転手は、その企業の従業員であり、単なる賃金労働者に過ぎない。そして、賃金労働者であれば、彼が楽しむ昼寝とは職務の怠慢または放棄にほかならない。しかし、管理コストや第二章で論じた寄生的な性格などを考慮すれば、運転手に毎月定額の賃金を支払うことは、合理的な選択とはいえず、「包の経済組織」が形成されている可能性は高いといえよう。

引用文献

ハンナ・アレント（2005）『暗い時代の人々』（阿部齊訳、ちくま学芸文庫）
ハンナ・アーレント（2009a）『暗い時代の人間性について』（仲正昌樹訳、情況出版）
ハンナ・アーレント（2009b）『完訳 カント政治哲学講義録』（仲正昌樹訳、明月堂書店）
上原一慶（2009）『民衆にとっての社会主義――失業問題からみた中国の過去、現在、そして行方』（青木書店）
内山完造（2011）『両辺倒――中国人的政治・経済感覚の古層』（書肆心水）
江頭進（1995）「ハイエクと主観主義」（『経済論叢』第155巻第2号、京都大学）
江頭進（1999）『F・Aハイエクの研究』（日本経済評論社）
江坂哲也（2018）「シラーの『オルレアンの乙女』について4」（日本福祉大学研究紀要『現代と文化』第137号、日本福祉大学福祉社会開発研究所）
閻美芳（2017）「中国民衆による「下からの公」の生成プロセス――山東省の一農村を事例として」（『社会学評論』第68巻第2号、日本社会学会）
ジョージ・オーウェル（2009）『一九八四年』新訳版（高橋和久訳、早川書房）
汪希望（2012）「中国民工学校外史――現役校長が語る民工学校の過去・現在・未来」（監修原田忠直・生江明、日本福祉大学研究紀要『現代と文化』第125号、日本福祉大学福祉社会開発研究所）
大野英二郎（2011）『帝国の停滞――近代西洋における中国像の変遷』（国書刊行会）
小熊英二（2019）『日本社会のしくみ――雇用・教育・福祉の歴史社会学』（講談社現代新書）
柏祐賢（1986a）『柏祐賢著作集』第4巻 経済秩序個性論Ⅱ（京都産業大学出版会）
柏祐賢（1986b）『柏祐賢著作集』第5巻 経済秩序個性論Ⅲ（京都産業大学出版会）
柏祐賢（1986c）『柏祐賢著作集』第7巻 危機の歴史観（京都産業大学出版会）

柏祐賢（1987）『柏祐賢著作集』第13巻 学問の道標／大学の道（京都産業大学出版会）
柏祐賢（1990）『柏祐賢著作集』第25巻 補巻Ⅴ 回想録（京都産業大学出版会）
梶谷懐（2018）『中国経済講義——統計の信頼性から成長のゆくえまで』（中公新書）
片山善博（2007）『差異と承認——共生理念の構築を目指して』（創風社）
片山善博（2021）「社会福祉理念の再検討——ヘーゲル法哲学の視点から」（日本福祉大学研究紀要『現代と文化』第142号、日本福祉大学福祉社会開発研究所）
加藤弘之（1997）『中国の経済発展と市場化——改革・開放時代の検証』（名古屋大学出版会）
加藤弘之（2010）「移行期中国の経済制度と「包」の倫理規律」中兼和津次編著『歴史的視野からみた現代中国経済』（ミネルヴァ書房）
加藤弘之（2013）『「曖昧な制度」としての中国型資本主義』（NTT出版）
加藤弘之（2014）「中国型資本主義の「曖昧さ」を巡るいくつかの論点——中兼和津次氏の批判に答える」（『国民経済雑誌』第210巻第2号、神戸大学経済経営学会）
加藤弘之（2016）『中国経済学入門——「曖昧な制度」はいかに機能しているか』（名古屋大学出版会）
加藤弘之・久保了（2009）『進化する中国の資本主義』（岩波書店）
川端望（2017）「中国経済の「曖昧な制度」と日本経済の「曖昧な制度」——日本産業論・企業論からの一視点」（『中国経済経営学会』第1巻第1号）
川村潤子（2019a）「民工子弟学校・友誼学校の歴史・存在意義——公立学校の門戸が開かれる中で、なぜ農民工たちは今でも民工子弟学校に通うのか」（『ICCS現代中国学ジャーナル』第12巻第2号、愛知大学国際中国学研究センター）
川村潤子（2019b）「日中の比較からみる「学校教育」の捉え方と「社会で学ぶ」意義について——日中の中・高生に対するアンケート結果より」（『日本福祉大学経済論集』第59号、日本福祉大学経済学会）
川村潤子（2020）「なぜ農民工は都市戸籍を選ばないのか——H市を事例として都市化政策が農民工に与える影響についての一考察」（愛知大学現代中国学会編『中国21』Vol.53、東方書店）
川村潤子（2022）「農民工は日本語文献においてどのように捉えられてきたのか——なぜ農民工は「差序格局」の視点で描かれて

こなかったのか」（『日本福祉大学経済論集』第64号、日本福祉大学経済学会）
岸本美緒（2018）「中国史の視座から」『学術の動向』第23巻4号、日本学術協力財団
岸本美緒編（2006）『岩波講座「帝国」日本の学知』第3巻 東洋学の磁場（岩波書店）
小林一三（1988）「経済の主体正論」（柏祐賢著作集完成記念出版会編『現代農学論集』日本経済評論社）
小林一三（2001）『経済発展の理論と実証』（日本経済評論社）
斎藤幸平（2020）『人新世の「資本論」』（集英社新書）
佐々木衛（1993）『中国民衆の社会と秩序』（東方書店）
佐々木衛（2003）『費孝通——民族自省の社会学』（東信堂）
佐藤長（1988）「柏博士の歴史学への寄与について」（柏祐賢著作集編集委員会編『学と人——柏祐賢教授の歩み』京都産業大学出版会）
猿田正機（1995）『トヨタシステムと労務管理』（税務経理協会）
猿田正機（2019）「トヨタ社員労災認定裁判「意見書」」（トヨタ社員労災認定裁判を支援する会）
塩野谷祐一（2009）『経済哲学倫理——福祉国家の哲学』（東京大学出版会）
嶋津格（1993）『自生的秩序——ハイエクの法理論とその基礎』（木鐸社）
首藤明和（2002）「中国の「人間関係優先主義」と「后台人」——現代中国農村の民衆生活を見る視点」（『社会学評論』53号、日本社会学会）
首藤明和（2003）『中国の人治社会——もうひとつの文明として』日本経済評論社
スピノザ（2007）『エティカ』（工藤喜作・斎藤博訳、中公クラシック）
アダム・スミス（2014）『道徳感情論』（村井章子・北川知子訳、日経BP社）
孫文（1985）『孫文選集』第1巻（社会思想社）
高橋五郎（2018）「現代中国研究と小島麗逸氏の方法」（高橋五郎編『現代中国研究の方法について——現代中国学の構築とその日中対話』愛知大学国際中国学研究センター）
辻村公一（1988）「柏先生との出会い」（柏祐賢著作集編集委員会編『学と人——柏祐賢教授の歩み』京都産業大学出版会）

寺田由永（1988）「人間性復活のための思想」（柏祐賢著作集編集委員会編『学と人――柏祐賢教授の歩み』京都産業大学出版会）
土井崇弘（2010）「ハイエクの自生的秩序論と進化論に関する予備的考察」（『中京法学』第44巻第3・4号、中京大学法学会）
中兼和津次（2012）『開発経済学と現代中国』（名古屋大学出版会）
中川淳平（2005）「組織における人間行動――能力ベース論の再検討」（『駒大経営研究』第36巻第3・4号、駒沢大学経営研究所）
中澤信彦（2015）「ハイエクはバークをどのように読んだのか？――ハイエクの保守主義観の特質と意義」（関西大学『経済論集』第64号第3・4号）
仲正昌樹（2011）『いまこそハイエクに学べ――〈戦略〉としての思想史』（春秋社）
中村圭（2019）『なぜ中国企業は人材の流出をプラスに変えられるのか』（勁草書房）
中村圭（2020）「中村則弘先生の書評にこたえて」（『日中社会学研究』第27号）
中村則弘（2020）「書評『なぜ中国企業は人材の流出をプラスに変えられるのか』」（『日中社会学研究』第27号）
生江明・川村潤子・原田忠直（2018）「〈続鼎談〉蜷川幸雄のメモから読み解く現代社会――仮面とお面の間に存在するもの、そしてその未来」（『日本福祉大学経済論集』第57号、日本福祉大学経済学会）
聶莉莉（2015）『「知識分子」の思想的転換――建国初期の潘光旦、費孝通とその周囲』（風響社）
F・A・ハイエク（2004）『科学による反革命――理性の濫用』（佐藤茂行訳、木鐸社）
F・A・ハイエク（2014）『自由の条件I――自由の価値』（気賀健三・古賀勝次郎訳、春秋社）
ジュディス・バトラー「ヘーゲルの「不幸な意識」論を読む――執拗な取り憑きと身体の主体化」（大池真知子訳、『現代思想』二〇〇〇年十二月号）
原田忠直（1994）「上海市における出稼ぎ労働者の実態」（『中京商学論叢』第41巻第1号、中京大学商学会）
原田忠直（1997a）「上海における出稼ぎ労働者の行動様式――自営業者を中心に」（『日本福祉大学研究紀要』第97号、日本福祉大学）
原田忠直（1997b）「上海における出稼ぎ労働者の定着化」（『日中経協ジャーナル』一九九七年九・十月号、日中経済協力会）
原田忠直（1998）「上海における出稼ぎ自営業者の誕生」（『日中経協ジャーナル』一九九八年十月号、日中経済協力会）
原田忠直（2009）「現代中国社会分析試論――三元的社会構造としての民工問題」（日本福祉大学研究紀要『現代と文化』第119号、日本福祉大学福祉社会開発研究所）

原田忠直（2010a）「中国・民工第二世代（中学生・高校生）の現状認識と将来展望」（日本福祉大学研究紀要『現代と文化』第121号、日本福祉大学福祉社会開発研究所）
原田忠直（2010b）「民工と自由」（『日本福祉大学経済論集』第41号、日本福祉大学経済学会）
原田忠直（2011）「柏史観と「包の倫理規律」」（『日本福祉大学経済論集』第43号、日本福祉大学経済学会）
原田忠直（2012a）「中国・高校生の「希望」と学力差の関係性について――江西省T市及びY県の高校生に対するアンケート調査結果より」（『日本福祉大学経済論集』第44号、日本福祉大学経済学会）
原田忠直（2012b）「中国漫文シリーズ（その1）「日本人の中国観」についての一考察――元気のいいホモ・サケル」（日本福祉大学研究紀要『現代と文化』第126号、日本福祉大学福祉社会開発研究所）
原田忠直（2013a）「民工（男性）の「希望」とその実現性について――浙江省H市における民工に対するアンケート調査結果を中心に」（『日本福祉大学経済論集』第46号、日本福祉大学経済学会）
原田忠直（2013b）「中国漫文シリーズ（その2）「包」についての一考察――鄧小平と擦辺球」（日本福祉大学研究紀要『現代と文化』第127号、日本福祉大学福祉社会開発研究所）
原田忠直（2014a）「中国漫文シリーズ（その3）奇妙な宴会――アーレントは着席するか？」（日本福祉大学研究紀要『現代と文化』第129号、日本福祉大学福祉社会開発研究所）
原田忠直（2014b）「中国漫文シリーズ（その4）躓きの石――確定化への誘惑」（日本福祉大学研究紀要『現代と文化』第129号、日本福祉大学福祉社会開発研究所）
原田忠直（2014c）「現代中国における「包」と「発展のシェーマ」についての一考察」（『中国社会の基層変化と日中関係の変容』日本評論社）
原田忠直（2016）「農民工からみた中国社会――ある一枚の写真から読み解く中国社会」（愛知大学現代中国学会編『中国21』Vol. 44、東方書店）
原田忠直（2017）「「包」の「特殊性」から読み解く「中国経済のシェーマ」（その一）――柏祐賢と加藤弘之が探し求めた中国研究の核心」（『ＩＣＣＳ現代中国学ジャーナル』第10巻第1号、愛知大学国際中国学研究センター）
原田忠直（2018）「書評　加藤弘之著『中国経済学入門――「曖昧な制度」はいかに機能しているか』」（愛知大学現代中国学会編『中

国21』Vol. 47、東方書店）
原田忠直（2019a）「「包」の特殊性から読み解く「中国経済のシェーマ」（その二）――柏祐賢と加藤弘之が探し求めた中国研究の核心」（『ＩＣＣＳ現代中国学ジャーナル』第12巻第1号、愛知大学国際中国学研究センター）
原田忠直（2019b）「書評『なぜ中国企業は人材の流出をプラスに変えられるのか』」（『日本福祉大学経済論集』第59号、日本福祉大学経済学会）
原田忠直（2020a）「中国における市場の「自由」と「包」についての一考察」（日本福祉大学研究紀要『現代と文化』第140号、日本福祉大学福祉社会開発研究所）
原田忠直（2020b）「中国における農地の「集団所有」と「包」についての一考察」（『日本福祉大学経済論集』第60号、日本福祉大学経済学会）
原田忠直（2020c）「農民工は「悪魔の挽き臼」にすり潰されたのか――農民工から読み解く「擬制」の概念」（愛知大学現代中国学会編『中国21』Vol. 53、東方書店）
原田忠直・西野真由・大島一二（2002）「上海市における農村出身集住地域の形成過程とその社会・経済構造――上海市Ｗ村の事例」（『現代中国』第76号、日本現代中国学会）
原洋之介（2000）『アジア型経済システム――グローバリズムに抗して』（中公新書）
原洋之介（2005）『開発経済論』（第2版）岩波書店
費孝通（2019）『郷土中国』（西澤治彦訳、風響社）
ヘーゲル（2000）『法哲学講義』（長谷川宏訳、作品社）
ヘーゲル（2022）『新装版　法哲学講義』（長谷川宏訳、作品社）
カール・ポラニー（2010）『大転換』新訳（野口建彦・栖原学訳、東洋経済新報社）
カール・ポランニー（2012）『市場社会と人間の自由――社会哲学論選』（若森みどり・植村邦彦・若森章孝訳、大月書店）
カール・ポランニー（2015）『経済と自由――文明の転換』（福田邦夫・池田昭光・東風谷太一・佐久間寛訳、ちくま学芸文庫）
カール・ポランニー（2019）『経済の文明史』（玉野井芳郎・平野健一郎編訳、石井溥・木畑洋一・長尾史郎・吉沢英成訳、ちくま学芸文庫）

堀口正（2020）「中国農村の生活組織・市民社会・女性団体——先行研究の考察と今後の展望」（愛知大学現代中国学会編『中国21』Vol.53、東方書店）
溝口雄三・池田知久・小島毅（2007）『中国思想史』（東京大学出版会）
村松祐次（1949）『中国経済の社会態制』（東洋経済新報社）
森田雅憲（2003）「移行期ハイエクの方法論について」（『同志社商学』第54巻第5・6号、同志社大学商学会）
森田雅憲（2009）『ハイエクの社会理論——自生的秩序論の構造』（日本経済評論社）
森田雅憲（2015）「社会システムからみた自生的秩序論——ハイエクとルーマンの比較にむけて」（『同志社商学』第66巻第5号、同志社大学商学会）
山崎弘之（2007）『ハイエク・自生的秩序の研究——経済と哲学の接点』（成文堂）
山中優（2007）『ハイエクの政治思想——市場秩序にひそむ人間の苦境』（勁草書房）
吉野裕介（2005）「F・Aハイエクの主観主義について——G・L・S・シャックルとの対比から」（『経済論叢』第175巻第5・6号、京都大学経済学会）
吉野裕介（2014）『ハイエクの経済思想——自由な社会の未来像』（勁草書房）
鄧小平（1993）『鄧小平文選』第3巻（中共中央文献編輯委員会、人民出版社）
〈資料〉
上海社会科学院《上海経済年鑑》編集部編『上海経済年鑑』一九八八年版・一九八九年版（上海三聯書店）
上海市農業局・上海市統計局編『上海郊区統計資料匯』一九八八年版（上海人民出版社）
浙江統計局編『浙江統計年鑑2013』（中国統計出版社）
胡霞編著『国際比較からみた日本の高校生——八〇年代からの変遷』（千石保監修、日本児童教育振興財団、二〇一四年）

あとがき

筆者の「包」研究は、二〇一一年に発表した「中国におけるセーフティネット形成と「包の倫理規律」」（日本福祉大学研究紀要『現代と文化』第123号、日本福祉大学福祉社会開発研究所）を第一歩とすれば、本書を書きあげるまでにおおよそ十二年の歳月を費やしたことになる。無論、この間に「包」に関する論文をいくつか積み上げてきたが、本書は、それらを単純にまとめたものではない。むしろこれまでの蓄積に基づき、初めから書き直したといったほうが正確である。その上、本書と同量の文書を二度も破棄し、三度目の書き直しを経てなんとか出版に辿り着くことができたというのが正直なところである。もっとも、内容に満足しているわけではない。書けば書くほどに、次から次に新たな視点が浮かんでくる。今なお書き直しの衝動を抑えることは難しいのだが、ここはひとつ勇気をもって区切りをつけることとした。また、いつも支えてくれている先輩や後輩の研究者から「いつになったら本になるのだ」という冷たい視線にそろそろ耐えられなくなったことも事実である。

これまで叱咤激励していただいた方々には心よりお礼を申し上げたい。とくに、愛知大学の国際中国学研究センターの研究会では、高橋五郎先生、大島一二先生から多くのアドバイスをいただいた。また、本書を書く上で一つの転換を生み出した三輪車タクシーの写真を撮影し、文献、資料整理なども手伝っていただいたた川村潤子（名古屋大学院生、日本福祉大学非常勤講師）に謝辞を送りたい。また、日本福祉大学の生江明先生（開発学）、片山善博先生（哲学）、曲田浩和先生（日本史）、鈴木健司先生（財政学）、齋藤一晴先生（日本史）、望月秀人先生（世界史）、中京大学の猿田正機先生（経営学）には、貴重な時間を割いて「包」について話を聞いていただき、異なる学問領域から多くのアイデアを授かり、心から感謝している。さらに、愛知大学現代中国学会編『中国21』の校正でもいつもお世話になっている株式会社あるむの吉田玲子さんを初め多くのスタッフにも感謝を申し上げたい。

最後に、本書を真っ先に渡さなければならなかった学部時代からの恩師である塚本隆敏先生、いつもインスピレーションを与え続けてくれた丸山優先生に、この手で渡すことができなかったことは痛恨の極みであるが、後悔を胸に刻み、今後も研究に邁進していくことを墓前に誓いたい。

原田忠直

二〇二二年二月五日

※本書は「日本福祉大学出版助成」による刊行物である。

原田忠直（はらた　ただなお）
1963年生まれ。日本福祉大学経済学部教授。中国経済。
「中国における農地の「集団所有」と「包」についての一考察」「中国における市場の「自由」と「包」についての一考察」「「包」の「特殊性」から読み解く「中国経済のシェーマ」—柏祐賢と加藤弘之が探し求めた中国研究の核心」

新中国経済秩序個性論
——「生意人」が形づくる経済秩序——

2022年3月25日　第1刷発行

著者——原田忠直
発行——株式会社あるむ
〒460-0012 名古屋市中区千代田3-1-12
Tel. 052-332-0861　Fax. 052-332-0862
http://www.arm-p.co.jp　E-mail: arm@a.email.ne.jp
印刷——興和印刷　製本——渋谷文泉閣

　ISBN978-4-86333-199-0